HARRAP'S

GUIDE DE CONVERSATION

Anglais américain

HARRAP

21, rue du Montparnasse
75283 Paris Cedex 06

HARRAP's® est une marque de Larousse SAS.
www.harrap.com

ISBN 978-2-81-870-354-0

Direction du département Dictionnaires et Encyclopédies :
Carine Girac-Marinier

Direction éditoriale : Claude Nimmo

Suivi éditorial : Beata Assaf

Informatique éditoriale : Dalila Abdelkader

Conception graphique et mise en page : Sophie Rivoire

Fabrication : Rebecca Dubois

Remerciements à Marie Gabiache

Édition précédente

Direction éditoriale : Anna Stevenson

Rédaction : Elisabeth Millán, Georges Pilard

Sommaire

Abréviations utilisées dans ce livre

adj	adjectif
adv	adverbe
n	nom
v	verbe

Introduction

Vous partez aux États-Unis et souhaitez profiter de votre séjour au maximum ? Ce tout nouveau guide de conversation en couleurs, illustré de nombreuses photos, est le compagnon indispensable de votre voyage.

Vous disposez de tous les outils nécessaires, que vous voyagiez pour le plaisir ou pour affaires, avec ou sans enfants. Les mots et expressions proposés couvrent l'ensemble des situations de la vie quotidienne : hébergement, courses, visites, sorties, urgences, etc. De plus, le lexique bilingue de quelque 6500 mots et expressions vous aidera à trouver le mot exact en toutes circonstances.

Et pour acquérir une prononciation parfaite, la transcription phonétique de tout le vocabulaire sera un outil précieux, de même que le fichier MP3 comprenant l'enregistrement audio des mots et expressions indispensables, que vous pourrez télécharger sur notre site **www.harrap.com**. À vous les conversations passionnantes avec les gens du pays !

Notre objectif est de vous aider à communiquer en anglais, mais aussi de vous faire découvrir votre destination dans les meilleures conditions. Chaque chapitre fourmille d'informations utiles pour préparer votre voyage. Les encadrés « ne ratez pas ... ! » vous fournissent en exclusivité les informations touristiques et les astuces que seuls les habitants ou les personnes connaissant bien le pays peuvent vous faire partager. Enfin, notre glossaire gastronomique vous permettra de découvrir tous les aspects de la cuisine locale.

Voilà donc tous les atouts pour un voyage réussi !

Crédits photos

Fotolia.com :
© Bill ; © birdiegal ; © Brent Hofacker ; © Chee-Onn Leong ; © Ildi ; © Jeffrey Banke ; © kaiasmart ; © kanonsky ; © languste15 ; © Les Cunliffe ; © lunamarina ; © Maksim Shebeko ; © Mariusz Prusaczyk ; © MasterLu ; © MediablitzImages ; © Melinda Nagy ; © rabbit75_fot ; © Sascha Burkard ; © SeanPavonePhoto ; © Shchipkova Elena ; © surpasspro ; © wildnerdpix © Jiri Foltyn © adrenalinapura © Zechal © littleny ; © dendron ; © Bastos ; © AlexQ ; © Maridav ; © dasharosato

Infos linguistiques

Les outils pour préparer votre immersion

Prononciation

L'alphabet

a	*eï*
b	*bî*
c	*sî*
d	*dî*
e	*î*
f	*èff*
g	*djî*
h	*eïtch*
i	*aï*
j	*djeï*
k	*keï*
l	*èl*
m	*èm*
n	*èn*
o	*ôw*
p	*pî*
q	*kiou*
r	*âr*
s	*èss*
t	*tî*
u	*you*
v	*vî*
w	*d**a**beuliou*
x	*èks*
y	*waï*
z	*zî*

Prononciation et intonation

Pour chaque phrase donnée en anglais dans ce guide, vous trouverez sa prononciation indiquée en italique. En lisant simplement cette transcription phonétique, vous pourrez vous faire comprendre par un Américain.

Veillez à accentuer les voyelles et syllabes qui apparaissent en caractères gras : l'intonation est primordiale en anglais ! Et n'hésitez pas à demander aux gens qu'ils vous répètent les sons que vous avez du mal à prononcer.

Voici les principales particularités de la prononciation de l'anglais :

Les sons « mouillés » (présents en français dans des mots comme « ail », « veille » et « langue d'oïl ») ont été signalés à l'aide d'un tréma :

good-bye *goudb**aï***
OK *ôwk**eï***
boy *b**oï***

Certaines voyelles sont plus longues en anglais, nous les avons signalées par un accent circonflexe. C'est le cas du a long (proche du « â » du français « pâte ») et du i long. Par exemple :

car *câr*
please *plîz*

Le o anglais peut être ouvert (comme dans le français « lotte ») ou fermé (comme dans le français « lot »), mais la particularité de la prononciation anglaise fait qu'on entend comme un « w » après la voyelle, ce qui a été transcrit respectivement *ow* et *ôw*. Par exemple :

good morning *goud m**ow**rninng*
no *nôw*

Le son de « out » dans le mot « knock-out » (mot d'origine anglaise utilisé en français) a été transcrit dans cet ouvrage par *aow*. Par exemple :

how *Haow*

Attention, le r américain n'est pas raclé comme en français, il tend plutôt vers le « w » : pour le prononcer, placez le bout de la langue au milieu du palais. Par exemple :

really ***rî**li*

Certains sons anglais n'existant pas en français, nous avons utilisé des codes pour les retranscrire :

H : un « h » majuscule indique un h aspiré. Par exemple :

hello *Hè**lôw***

TH : un « th » en majuscules signale le fameux th anglais, son proche à la fois du « f », du « v » et du « z » français. Placez le bout de la langue entre les dents du haut et celles du bas et essayez de prononcer un « f ». Par exemple :

thanks *THènks*

Z : un « z » majuscule indique un son proche à la fois du « z » et du « v » français (un peu comme quand on zozote). Placez le bout de la langue contre les dents du haut et essayez de prononcer un « v ». Par exemple :

the *Ze*

Grammaire

Les **articles indéfinis** « un » et « une » se traduisent tous deux par **a** :

un bar a bar, une banque a bank

Devant un son-voyelle, **a** devient **an** :

une pomme an apple, une heure an hour

La forme plurielle « des » ne se traduit pas (**Ø**) :

des restaurants Ø restaurants

Les **articles définis** « le », « la », « l' » et « les » se traduisent tous par **the** :

la plage the beach, le train the train
l'heure the time, les musées the museums

Mais ils ne se traduisent pas (**Ø**) devant la plupart des noms de pays et de notions :

la France Ø France, l'argent Ø money

Les **noms** sont neutres en anglais.

Comme en français, on forme le **pluriel des noms** en ajoutant un **-s** final (qui se prononce en anglais) :

garden → gardens (jardins)

Pour les noms se terminant par « consonne + -y », le -y devient **-ies** au pluriel :

city → cities (villes)

Les noms se terminant par -ch, -o, -s, -sh, -x ou -z ont un pluriel en **-es** :

peach → peaches (pêches)
potato → potatoes (pommes de terre)

Quelques rares noms ont un pluriel irrégulier :

man → **men** (hommes)
woman → **women** (femmes)
child → **children** (enfants)
foot → **feet** (pieds)
tooth → **teeth** (dents)

Les **adjectifs qualificatifs** sont invariables.

Ils se placent toujours devant le nom :

an old house une vieille maison
good restaurants de bons restaurants

La forme du **comparatif** et du **superlatif** en anglais varie selon que l'adjectif est court ou long.

Avec un adjectif long, le fonctionnement est le même qu'en français :

less expensive than moins cher que
more difficult than plus difficile que
the least expensive le moins cher
the most difficult le plus difficile
as difficult as aussi difficile que

Pour former le comparatif de supériorité d'un adjectif court, on accole **-er** à la fin de l'adjectif :

stronger than plus fort que

Pour former son superlatif, on accole **-est** :

the strongest le plus fort

Le fonctionnement pour le comparatif et le superlatif d'infériorité est le même qu'en français :

less strong than moins fort que
the least strong le moins fort

Quand l'adjectif se termine en -y (par exemple, easy), le comparatif est en **-ier** et le superlatif en **-iest** :

it's easier this way c'est plus facile de cette façon
it's the easiest way c'est la façon la plus facile

Quand l'adjectif se termine par « voyelle + consonne » (par exemple, big), le comparatif est en **-er** et le superlatif en **-est**, en outre on double la consonne finale :

it's much bigger than that c'est beaucoup plus grand que ça
it's the biggest in the world c'est le plus grand du monde

Les adjectifs good et bad ont un comparatif et un superlatif irréguliers :

good → **better**, **best** bad → **worse**, **worst**

Adjectifs possessifs

mon, ma, mes	my
ton, ta, tes	your
son, sa, ses	his (possesseur masculin)
son, sa, ses	her (possesseur féminin)
son, sa, ses	its (possesseur neutre)
notre	our
votre	your
leur, leurs	their

En anglais, c'est le possesseur et non ce qui est possédé qui détermine la forme choisie : « son », « sa » et « ses » peuvent tous trois se traduire par his si le possesseur est masculin, her s'il est féminin ou its si c'est un animal ou une chose.

Philippe and ***his*** girlfriend Philippe et sa copine

Ann and ***her*** brother Ann et son frère

the ***city*** and ***its*** cathedral la ville et sa cathédrale

Il existe en anglais un cas possessif, appelé **génitif**. Il est signalé par un **'s** accolé après le nom :

Philippe's girlfriend la copine de Philippe
Ann's brother le frère de Ann

Lorsque le nom se termine déjà par un -s, le génitif se réduit à une apostrophe (') :

my friends' favorite place l'endroit préféré de mes amis

Pronoms personnels

Sujets		*Objets directs/indirects*	
je	I (toujours majuscule)	me	me
tu	you	te	you
il	he (homme), it (neutre)	le/lui	him (homme), it (neutre)
elle	she (femme), it (neutre)	la/lui	her (femme), it (neutre)
nous	we	nous	us
vous	you	vous	you
ils, elles	they	les/leur	them

La forme neutre **it** est employée pour désigner une chose, un animal ou une notion.

You désigne à la fois « tu » et « vous » (pas de distinction en anglais).

je ne la comprends pas bien I don't understand her very well
ils ont été très gentils avec nous they were very nice to us
vous devriez le visiter you should visit it

Dans le sens de « nous », « on » se traduit simplement par **we** :

on est allés à la plage we went to the beach

Pronoms possessifs

le mien/la mienne/les miens/miennes	mine
le tien/la tienne/les tiens/tiennes	yours
le sien/la sienne/les siens/siennes	his (possesseur masculin)
le sien/la sienne/les siens/siennes	hers (possesseur féminin)
le sien/la sienne/les siens/siennes	its (possesseur neutre)
le/la nôtre/les nôtres	ours
le/la vôtre/les vôtres	yours
le/la leur/les leurs	theirs

Les verbes anglais sont précédés de **to** à l'infinitif :

to go aller

Le **présent** des verbes anglais est très simple à former.

Dans les phrases affirmatives, on emploie la même forme du verbe à toutes les personnes, sauf à la 3e personne du singulier où l'on ajoute un **-s** final (qui se prononce) :

I/you/***etc*** like it j'aime/tu aimes/*etc* bien ça
he/she likes her il/elle l'aime bien

Pour les verbes finissant par « consonne + -y », le -y devient **-ies** à la 3e personne du singulier :

to carry → he carries

Pour les verbes finissant par -ch, -o, -s, -sh, -x ou -y, il faut ajouter **-es** à la 3e personne du singulier :

to go → she goes
to push → he pushes

On emploie l'auxiliaire do dans les phrases interrogatives (**do** à toutes les personnes, sauf à la 3e du singulier : **does**) et négatives (**don't** à toutes les personnes, sauf à la 3e du singulier : **doesn't**), suivi du verbe :

do you smoke? est-ce que tu fumes ?
does she smoke? est-ce qu'elle fume ?
I don't smoke je ne fume pas
she doesn't smoke elle ne fume pas

Le verbe **to have** (avoir) a la forme **have** à toutes les personnes sauf à la 3e du singulier (**has**).

Il existe des formes contractées : **'ve** pour have ; **'s** pour has.

Formes négatives contractées : have + not = **haven't** ; has + not = **hasn't**

Le verbe **to be** (être) compte trois formes (**am, are, is**) :
I am, you are, he/she/it is, we are, you are, they are

On emploie souvent des formes contractées, surtout à l'oral :
I'm, you're, he's / she's / it's, we're, you're, they're

Formes négatives contractées : is + not = **isn't** ; are + not = **aren't**

Le **présent progressif** s'emploie pour parler de ce qui se passe en ce moment même, d'une évolution ou d'un futur proche.

Il est formé de l'auxiliaire to be au présent (**am**, **are**, **is**) suivi du verbe avec la terminaison **-ing** :
it's raining il pleut
OK, OK, I'm coming! voilà, j'arrive !
I'm leaving tomorrow je pars demain

Le **prétérit** s'emploie pour une action passée et terminée.

Il existe une seule forme pour toutes les personnes, formée du verbe suivi de la terminaison **-ed** (ou **-d** si le verbe se termine par une voyelle) :
to ask → I/you/he/***etc*** asked j'ai/tu as/*etc* demandé
to like → I/you/he/***etc*** liked it j'ai/tu as/il/*etc* a bien aimé ça

On emploie à toutes les personnes l'auxiliaire to do au prétérit dans les phrases interrogatives (**did**) et négatives (**didn't**), suivi du verbe :
did you ask? est-ce que tu as demandé ?
did she like it? est-ce qu'elle a aimé ?
I didn't ask je n'ai pas demandé
she didn't like it elle n'a pas aimé

Certains verbes ont un prétérit irrégulier : voir pp. 15–17.

On emploie le **present perfect** pour une action passée qui continue ou a une incidence sur le présent.

Il est formé de l'auxiliaire to have au présent (**have** et **has** ; **haven't** et **hasn't** à la forme négative) suivi du participe passé du verbe. Le participe passé a la même forme que le prétérit :
I have almost finished j'ai presque terminé
I think it has it been canceled je crois que ça a été annulé
he hasn't arrived yet il n'est pas encore arrivé

Certains verbes ont un participe passé irrégulier : voir pp. 15–17.

Il existe une seule forme du **futur simple** pour toutes les personnes.

Dans les phrases affirmatives et interrogatives, on emploie l'auxiliaire **will** suivi du verbe.

Will est très souvent abrégé en **'ll** à la forme affirmative :

I'll try (= I will try) j'essaierai
she'll be late (= she will be) elle sera en retard
will you come back? est-ce que tu reviendras ?

Dans les phrases négatives, on emploie **won't** (forme abrégée de will not) suivi du verbe :

they won't be there anymore ils ne seront plus là

Comme dans toutes les langues, vous ne pourrez pas échapper aux **verbes irréguliers** : ce sont tout simplement les plus utilisés !

infinitif	***prétérit***	***participe passé***
be (être)	was, were	been
beat (battre)	beat	beaten
become (devenir)	became	become
begin (commencer)	began	begun
bite (mordre, piquer)	bit	bitten
break (casser)	broke	broken
bring (apporter)	brought	brought
build (construire)	built	built
buy (acheter)	bought	bought
catch (attraper)	caught	caught
choose (choisir)	chose	chosen
come (venir)	came	come
cost (coûter)	cost	cost
cut (couper)	cut	cut
do (faire)	did	done
drink (boire)	drank	drunk
drive (conduire)	drove	driven
eat (manger)	ate	eaten
fall (tomber)	fell	fallen
feel (sentir)	felt	felt
find (trouver)	found	found
fly (voler)	flew	flown

infinitif	*prétérit*	*participe passé*
forbid (interdire)	forbade	forbidden
forget (oublier)	forgot	forgotten
get (obtenir)	got	gotten
give (donner)	gave	given
go (aller)	went	gone
have (avoir)	had	had
hear (entendre)	heard	heard
hold (tenir)	held	held
hurt (blesser)	hurt	hurt
keep (garder)	kept	kept
know (savoir)	knew	known
learn (apprendre)	learned	learned
leave (laisser, partir)	left	left
lose (perdre)	lost	lost
make (faire)	made	made
meet (rencontrer)	met	met
pay (payer)	paid	paid
put (mettre)	put	put
run (courir)	ran	run
say (dire)	said	said
see (voir)	saw	seen
sell (vendre)	sold	sold
send (envoyer)	sent	sent
show (montrer)	showed	shown
shut (fermer)	shut	shut
sit (s'asseoir)	sat	sat
sleep (dormir)	slept	slept
speak (parler)	spoke	spoken
spell (épeler)	spelled	spelled
spend (dépenser)	spent	spent
stand (être debout)	stood	stood
steal (voler)	stole	stolen
sting (piquer)	stung	stung
swim (nager)	swam	swum

infinitif	*prétérit*	*participe passé*
take (prendre)	took	taken
teach (enseigner)	taught	taught
tell (raconter)	told	told
think (penser)	thought	thought
understand (comprendre)	understood	understood
wake (se réveiller)	woke	woken
wear (porter)	wore	worn
win (gagner)	won	won
write (écrire)	wrote	written

Communiquer

Pour échanger avec les locaux dès votre arrivée

Pour tous les jours

Aux États-Unis, les gens s'appellent volontiers par leur prénom, même lorsqu'ils viennent juste d'être présentés, à moins peut-être que l'interlocuteur soit beaucoup plus âgé ou lorsqu'il s'agit d'un enfant s'adressant à un adulte qu'il connaît peu.

Bien sûr, vous n'aurez pas à hésiter entre tutoiement ou vouvoiement, puisque le pronom **you** sert dans tous les cas.

Il est d'usage de se serrer la main pour se saluer (**to shake hands**), particulièrement entre hommes. Les amis proches se donnent parfois l'accolade (**a hug**). Les femmes, elles, peuvent donner une unique bise sur la joue de leurs proches.

La formule consacrée pour dire bonjour est **hello!** ou son équivalent familier **hi!**. Quand on s'adresse à un groupe, on ajoute souvent le mot **guys**, familier lui aussi, que le groupe soit composé uniquement d'hommes ou de femmes, ou qu'il soit mixte (cependant, employé au singulier, ce mot veut dire « un type, un gars »). Ainsi, une personne s'adressant à un groupe, quelle qu'en soit la composition, dira souvent **hi guys! how are you doing?** (« salut tout le monde ! comment ça va ? ») pour dire bonjour et **bye guys!** pour dire au revoir.

Good morning s'entend fréquemment avant midi mais **hello** et **hi** sont plus courants que **good afternoon** et **good evening**. On notera que **good evening** s'emploie pour dire bonjour (en général à partir de 18 heures) mais que **good night** s'emploie uniquement quand on prend congé de quelqu'un le soir. Le reste du temps, on se limite le plus souvent à **good-bye** ou simplement à **bye** pour dire « au revoir ». On dira **see you tomorrow** (« à demain ») aux gens que l'on doit revoir le jour suivant.

Dans un contexte formel, on emploiera la formule **how do you do?** pour saluer une personne que l'on rencontre pour la première fois. Il s'agit d'une question à laquelle on répondra par **pleased to meet you** ou **it's a pleasure to meet you** (« ravi de faire votre connaissance »). Au moment de se quitter, on dira **it was a pleasure meeting you** (« cela a été un plaisir de vous rencontrer »). Dans le cas où l'on connaissait déjà la personne, on pourra dire **it was a pleasure seeing you again** (« cela a été un plaisir de vous revoir »).

On dit **sorry, excuse me** ou **pardon me** lorsqu'on bouscule quelqu'un, qu'on lui marche sur les pieds, etc., mais seulement **excuse me** ou **pardon me** lorsqu'on veut attirer l'attention de quelqu'un pour lui poser une question, lorsqu'on veut demander son chemin ou l'heure par exemple.

Les Américains ne sont pas avares de mercis ; aux mots **thank you** ou **thanks** (qui est un peu plus familier), on répond généralement par les formules **you're welcome, don't mention it** ou **no problem**. Cette dernière s'emploie aussi en réponse à des excuses telles que **sorry** ou **pardon me**, et dans ce cas, elle a le sens de « je vous en prie ».

Kit de survie

à bientôt	see you soon *sî you **sou**n*
à demain	see you tomorrow *sî you toum**a**rôw*
à plus tard	see you later *sî you **leï**teur*
au revoir	good-bye *goud**baï***, bye *baï*
bonjour	*(le matin)* good morning *goud m**ow**rninng* ; *(l'après-midi)* good afternoon *goud**a**ftenoun* ; *(plus familièrement)* hello *Hèl**ôw***
bonne nuit	good night *goud n**aï**te*
bonsoir	good evening *goud**î**vninng*
d'accord	OK *ôw**keï***
excusez-moi	*(pour attirer l'attention)* excuse me *èks**kiou**zmi* ; *(je suis désolé)* sorry *s**o**rri*
merci	thank you *TH**è**nkiou*
non	no *nôw*
non merci	no, thank you *n**ôw**, TH**è**nkiou*
OK	OK *ôw**keï***
oui	yes *yèss*
pardon (Monsieur/ Madame/ Mademoiselle)	excuse me (Sir/Madam/Miss) *èks**kiou**zmi (seur/m**a**dam/miss)*
s'il te / vous plaît	please *plîz*

Formules de base

À vous

j'aimerais …
I'd like …
aïde laïke …

nous aimerions …
we'd like …
wîd laïke …

je voudrais …
I'd like …
aïde laïke …

est-ce que tu veux … ?
do you want …?
dou you wonnte …?

où est … ?
where is …?
wèriz …?

où sont … ?
where are …?
wèrâr …?

pourquoi … ?
why …?
waï …?

quand … ?
when …?
wèn …?

comment … ?
how …?
Haow …?

qui … ?
who …?
Hou …?

est-ce qu'il y a un(e) … (ici) ?
is there a … (here)?
iz Zèr e … (Hir)?

c'est combien ?
how much is it?
Haow meutch izitt?

qu'est-ce que c'est ?
what's that?
watss Zatt?

est-ce que vous parlez français ?
do you speak French?
dou you spîk frèntch?

comment ça se dit en anglais ?
how do you say that in English?
Haow dou you seï Zatt inn innglich?

où sont les toilettes, s'il vous plaît ?
where are the restrooms, please?
wèrâr Ze rèstroumz plîz?

comment allez-vous ?
how are you?
Haow âr you?

très bien, merci, et vous-même ?
very well, thank you, and you?
vèri wèl, THènkiou, ènde you?

salut, ça va ?

ça va, et toi ?

hi, how are you doing?
Haï, Haow âr you dou-inng?

je suis (vraiment) désolé(e)
I'm (really) sorry
aïme (rîli) sorri

je vous en prie
you're welcome
your wèlcomm

il n'y a pas de quoi
you're welcome
your wèlcomm

exactement !
exactly!
igzactli!

ça m'est égal
I don't mind
aï donnte maïnde

fine, and you?
faïne, ènde you?

merci beaucoup
thank you very much
THènkiou vèri meutch

de rien
you're welcome
your wèlcomm

ah bon ?
really?
rîli?

dommage !
what a shame!
wat e cheïme!

c'est pas grave
it doesn't matter
itt dazeunt matteur

Quelques expressions familières

alright? ça va ?
what's up? quoi de neuf ?
see ya! à plus !
shit! merde !
where's the john? où sont les toilettes ?

Vous lirez ...

closed	fermé
entrance	entrée
exit	sortie
free	gratuit
free admission	entrée libre
ladies' room	toilettes pour femmes
men's room	toilettes pour hommes
no smoking	défense de fumer
open	ouvert
reserved	réservé
restrooms	toilettes

Vous entendrez …

there is … / there are …
il y a …

welcome
bienvenue

please sit down
asseyez-vous, je vous en prie

would you mind if …?
ça vous dérange si … ?

one moment, please
un moment, s'il vous plaît

Problèmes de compréhension

À vous

vous pouvez répéter ?
can you repeat that, please?
keun you ripîtt Zatt plîz?

je parle à peine l'anglais
I speak hardly any English
aï spîk Hâdli èni innglich

est-ce que vous pourriez parler plus lentement ?
could you speak more slowly?
coude you spîk mor slôwli?

je ne comprends pas
I don't understand
aï donnte eundeurstènd

je comprends un petit peu
I understand a little
aï eundeurstènd e liteul

je ne comprends rien
I don't understand a word
aï donnte eundeurstènd e weurd

je n'ai pas compris
I didn't understand
aï dideunte eundeurstènd

j'arrive à comprendre l'anglais mais je ne peux pas le parler
I can understand English but I can't speak it
aï keun eundeurstènd innglich beute aï kante spîk-itt

j'ai du mal à comprendre / parler
I have trouble understanding / speaking
aï Hav trabeul eundeurstèndinng / spîkinng

est-ce que vous parlez français ?
do you speak French?
dou you spîk frèntch?

pardon ?
pardon?
pâdonn?

quoi ?
what?
watt?

comment est-ce qu'on dit ... en anglais ?
how do you say ... in English?
*H**a**ow dou you s**e**ï ... inn **i**nnglich?*

comment ça s'écrit ?
how do you spell it?
*H**a**ow dou you sp**è**l-itt?*

comment on appelle ça ?
what's it called?
*watss itt c**o**wld?*

est-ce que vous pourriez l'écrire ?
could you write it down?
*coude you raïte-itt d**a**own?*

qu'est-ce qui se passe ?
what's happening?
*watss H**a**peuninng?*

Vous entendrez ...

do you understand English?
est-ce que vous comprenez l'anglais ?

it's spelled ...
ça s'écrit ...

it means ...
ça veut dire ...

it's a kind of ...
c'est une sorte de ...

Parler de la langue

À vous

j'ai appris quelques mots avec un bouquin
I learned a few words from a book
*aï leurnde e fiou w**eu**rdz fromm e bouk*

j'en avais fait à l'école mais j'ai tout oublié
I took it at school but I've forgotten everything
*aï touk itt att sk**ou**l beute aïve forg**o**tteun **è**vrifinng*

je me débrouille à peu près
I can just about get by
*aï keun dj**eu**st eub**a**owt guèt baï*

je ne sais presque rien
I know hardly anything at all
*aï nôw H**â**dli **è**nifinng at**o**wl*

je trouve ça difficile
I find it difficult
*aï faïnd-ditt d**i**fikeult*

Pour tous les jours

il y a des sons difficiles à prononcer
there are some sounds that are difficult to pronounce
*Zèr âr somm s**a**owndz Zat âr d**i**fikeult tou preun**a**ownss*

je connais les bases mais pas plus
I know the basics but no more than that
*aï nôw Ze b**eï**ssikss beute nôw m**o**wr Zann Zat*

les gens parlent tellement vite
everyone speaks so quickly
***è**vri-wann spîkss sôw kw**i**kli*

Vous entendrez …

you have a very good accent
vous n'avez pas beaucoup d'accent

you speak very well
tu parles très bien

I think you manage very well
je trouve que tu te débrouilles très bien

Demander son chemin

À vous

excusez-moi, où est …, s'il vous plaît ?
excuse me, where is …, please?
*èksk**iou**z-mi, wèriz …, pl**î**z?*

…, c'est par où ?
which way is …?
*witch w**eï** iz …?*

je cherche …
I'm looking for …
aïme loukinn for …

quelle est la route pour … ?
which way is it to …?
*witch w**eï** izitt tou …?*

est-ce que vous pouvez me dire comment aller à … ?
could you tell me how to get to …?
*coude you t**è**l mi H**a**ow tou guèt tou …?*

c'est bien la route pour aller à … ?
is this the way to …?
*iz Ziss Ze w**eï** tou …?*

est-ce que vous pourriez me montrer sur le plan ?
could you show me on the map?
*coude you ch**ôw** mi onn Ze m**a**p?*

est-ce qu'il y a un plan de la ville quelque part ?
is there a street map anywhere?
*iz Zèr e str**î**tmap èniw**è**r?*

c'est loin ?
is it far?
*izitt f**â**r?*

je me suis perdu(e)
I'm lost
*aïme l**o**sst*

je suis complètement perdu(e) / un peu perdu(e)
I'm completely lost / a bit lost
*aïme keumpl**î**tli l**o**sst / e b**i**tt l**o**sst*

je crois que je me suis trompé(e)
I think I've gone the wrong way
*aï TH**i**nnk aïve gonne Ze r**on**gue w**eï***

Vous entendrez ...

continue ...
continuez ...

follow ...
suivez ...

go down ...
descendez ...

go up ...
montez ...

turn left / right
tournez à gauche / à droite

go straight ahead
allez tout droit

make a U-turn
faites demi-tour *(en voiture)*

turn around
faites demi-tour *(à pied)*

are you walking?
vous êtes à pied ?

are you driving?
vous êtes en voiture ?

it's five minutes away on foot / by car
c'est à cinq minutes à pied / en voiture

it's the first / second / third street on the right
c'est la première / deuxième / troisième rue à droite

it's the first / second / third building on the left
c'est le premier / deuxième / troisième bâtiment à gauche

turn right / left at the next four-way stop
tournez à droite / à gauche au prochain carrefour

go straight ahead at the next light
continuez tout droit après le prochain feu

take the next exit
prenez la prochaine sortie

it's not far
ce n'est pas loin

it's just around the corner / it's very close
c'est tout près

you've gone the wrong way
vous avez pris la mauvaise direction

this is a one-way street
c'est un sens unique

you'll see it, it's marked
vous verrez, c'est indiqué

follow me
suivez-moi

Faire connaissance et bavarder

Difficile de dire à quoi ressemble un Américain typique ou un paysage typiquement américain : le pays est si vaste et la diversité culturelle, ethnique et religieuse est telle qu'il est impossible de généraliser.

Il y a peut-être même davantage de points communs entre un Parisien et un New-Yorkais qu'entre ce même New-Yorkais et un habitant d'une région reculée de l'Alaska.

Une bonne façon d'engager la conversation est de demander à son interlocuteur de quelle région des États-Unis il est originaire : est-il de la Nouvelle-Angleterre (**New England**), du Midwest (**the Midwest**), de la côte ouest (**the West Coast**), ou encore du Sud profond (**the Deep South**) ?

L'origine de sa famille fournira aussi matière à bavarder : en général, les Américains aiment évoquer leurs racines, qu'elles soient européennes ou autres. D'ailleurs il n'est pas rare d'entendre des gens se déclarer irlandais, écossais ou italiens, par exemple, même s'ils sont de toute évidence américains et qu'il s'agit là simplement de leurs origines.

Kit de survie

adorer	to love *tou love*
aimer *(apprécier)*	to like *tou laïke*
beau	nice *naïsse*
bien	*(adv)* well *wèl* ; *(adj)* good *goud*
bon marché	cheap *tchîp*
cher	expensive *èkspènsiv*
détester	to hate *tou Heïte*
intéressant	interesting *inntrèstinng*
magnifique	wonderful *wonndeurfoul*
nul	useless *youslèss*

ok	OK *ôwk**eï***
pas mal	not bad *nott badd*
super	great *greïtt*
très bien	(adv) very well *v**è**ri wèl* ; (adj) very good *v**è**ri goud*
vacances	vacation *vek**eï**cheun*

Se présenter, parler de soi

À vous

je m'appelle ...
I'm ...
aïme ...

et toi ?
what about you?
*watt eub**a**owt **you**?*

comment t'appelles-tu ?
what's your name?
*watss your n**eï**me?*

tu es d'ici ?
are you from around here?
*âr you fromm eur**a**ownd H**i**r?*

je te / vous présente mon mari / ma femme
this is my husband / my wife
*Ziss iz maï H**a**zbeund / maï w**aï**fe*

je te / vous présente mon copain / ma copine
this is my boyfriend / my girlfriend
*Ziss iz maï b**oï**-frènd / maï gu**eu**rlfrènd*

enchanté(e)
pleased to meet you
plîzd tou mît you

je suis français(e)
I'm French
*aïme fr**è**ntch*

je viens de ...
I come from ...
aï comm fromm ...

on est belges / suisses
we're Belgian / Swiss
*w**i**r b**è**ldjieun / swiss*

quel âge as-tu ?
how old are you?
Haow ôwld âr you?

j'ai 22 ans
I'm twenty-two
aïme twènti-tou

qu'est-ce que vous faites dans la vie ?
what do you do (for a living)?
watt dou you dou (for e livinng)?

tu es étudiant(e) ?
are you a student?
âr you e stioudeunt?

je travaille
I work
aï weurk

je fais des études d'économie
I'm studying economics
aïme steudi-inng iconomiks

tu travailles dans quoi ?
what kind of job do you have?
watt kaïnnd ov djob dou you Hav?

je suis prof
I'm a teacher
aïme e tîtcheur

je suis à la retraite
I'm retired
aïme ritayeurd

je travaille dans le marketing
I work in marketing
aï weurk inn mârketinng

moi aussi
me too
mi tou

je ne travaille pas, je m'occupe des enfants
I don't work, I'm a stay-at-home Mom / Dad
aï donnte weurk, aïme e steï att Hôwm mom / dad

j'ai deux enfants
I have two children
aï Hav tou tchildreun

deux garçons et une fille
two boys and a girl
tou boïz ènde e gueurl

un garçon de cinq ans et une fille de deux ans
a five-year-old boy and a two-year-old girl
e faïve-yeur-old boï ènde e tou-yeur-old gueurl

on n'a pas d'enfants
we don't have any children
wi donnte Hav èni tchildreun

ils ont quel âge ?
how old are they?
Haow ôwld âr Zeï?

est-ce que vous êtes déjà allé(e) en France ?
have you ever been to France?
Hav you èveur binn tou franss?

Vous entendrez …

are you French?
vous êtes français(e) ?

I know France well
je connais bien la France

we have a house here for the summer
nous avons une maison ici pour l'été

I'd like to get to know Paris
j'aimerais beaucoup connaître Paris

I have family in France
j'ai de la famille en France

La famille

beau-fils	*(gendre)* son-in-law *seuninn-low* ; *(fils du conjoint)* stepson *stèp-seun*
beau-frère	brother-in-law *broZeur-inn-low*
beau-père	*(père du conjoint)* father-in-law *faZeur-inn-low* ; *(conjoint de la mère)* stepfather *stèp-faZeur*
belle-fille	*(bru)* daughter-in-law *dowteur-inn-low* ; *(fille du conjoint)* stepdaughter *stèp-dowteur*
belle-mère	*(mère du conjoint)* mother-in-law *moZeur-inn-low* ; *(conjoint du père)* stepmother *stèp-moZeur*
belle-sœur	sister-in-law *sisteur-inn-low*
compagne	partner *pârtneur*
compagnon	partner *pârtneur*
(petit) copain	boyfriend *boï-frènd*
(petite) copine	girlfriend *gueurlfrènd*
cousin(e)	cousin *cazeun*
enfants	children *tchildreun*
femme	wife *waïfe*
fiancé(e)	fiancé(e) *fiyanseï*
fille	daughter *dowteur*
fils	son *seun*
frère	brother *broZeur*
grand-mère	grandmother *grannd-moZeur*

grand-père	grandfather *grannd-faZeur*
grands-parents	grandparents *grannd-pareuntss*
mari	husband *Hazbeund*
mère	mother *moZeur*
neveu	nephew *nèfiou*
nièce	niece *nîss*
oncle	uncle *eunkeul*
parents	parents *pareuntss*
père	father *fâZeur*
petite-fille	granddaughter *grannd-dowteur*
petit-fils	grandson *grannd-seun*
petits-enfants	grandchildren *grannd-tchildreun*
sœur	sister *sisteur*
tante	aunt *annt*

Quelques expressions familières

he's my best buddy c'est mon meilleur pote
I've got three kids j'ai trois gamins
my in-laws are driving me nuts! mes beaux-parents me rendent dingue !

Parler de son séjour

À vous

je suis arrivé(e) il y a trois jours
I arrived three days ago
aï euraïvd THri deïz egôw

c'est la première fois que je viens
it's the first time I've been here
itss Ze feurst taïme aïv binn Hir

nous ne sommes ici que pour trois jours
we're only here for three days
wir onnli Hir for THri deïz

je suis seulement de passage ici
I'm just passing through
*aïme djeust p**a**ssinng THrou*

on est venus pour notre anniversaire de mariage
we've come for our wedding anniversary
*wîv comm for **â**weur wèdinng anniv**eur**sseri*

c'est notre lune de miel
we're on our honeymoon
*wir onn **â**weur H**eu**nimoun*

je visite la région
I'm visiting the area
*aïme v**i**zitinng Zi **è**ri-eur*

je suis venu(e) avec un(e) ami(e)
I've come with a friend
*aïve comm wiTH e fr**è**nd*

on est ici avec des ami(e)s
we're here with friends
*wir H**i**r wiTH fr**è**ndz*

je suis venu rejoindre des ami(e)s
I've come to meet up with friends
*aïve comm tou mît-teup wiTH fr**è**ndz*

je suis en vacances
I'm on vacation
*aïme onn vek**eï**cheun*

on a trouvé un vol pas cher
we found a cheap flight
wi faownd e tchîp flaïte

je suis ici pour mon travail
I'm here for work
*aïme H**i**r for w**eu**rk*

on m'a conseillé d'aller à …
I've been told to go to …
aïve binn tôwld tou gôw tou …

j'ai l'intention d'aller à …
I plan to go to …
aï plann tou gôw tou …

on pense à acheter une maison ici
we're thinking about buying a house here
wir THinnkinng eubaowt bayinng e Haowss Hir

Vous entendrez ...

enjoy the rest of your stay!
bonne fin de séjour !

all the best!
bonne continuation !

see you!
à une prochaine !

is this the first time you've been here?
c'est la première fois que vous venez ici ?

how long are you here for?
vous êtes ici pour combien de temps ?

do you like it?
ça vous plaît ?

have you been to visit ...?
vous avez déjà été visiter ... ?

have a great vacation
passez de bonnes vacances

Garder contact

À vous

on reste en contact, hein ?
we'll stay in touch, won't we?
wîl steï inn teutch, wantt wi?

je peux te donner mon adresse e-mail
I can give you my e-mail address
aï keun giv you maï i-meïl eudrèss

voici ma carte de visite avec mes coordonnées
here's my business card with all my information
Hirz maï bizneuss cârd wiTH owl maï innformeïcheun

voilà mes coordonnées en France, si vous passez un jour
here is my address and phone number, if you're ever in France
Hir iz maï eudrèss ènde fôwn nammbeur, if your èveur inn franss

tu peux me trouver sur Facebook® / MySpace®
you can find me on Facebook® / MySpace®
you keun faïnd mi onn feïssbouk / maï-speïsse

Vous entendrez …

will you give me your address?
tu me donnes ton adresse ?

do you have an e-mail address?
est-ce que vous avez une adresse e-mail ?

you're always welcome
vous êtes toujours les bienvenus

Échanger ses impressions

Les Américains se montrent en général très directs et cordiaux lorsqu'on les rencontre pour la première fois. Aucun sujet n'est tabou, qu'il s'agisse de politique, de religion, de situation professionnelle, etc.

Un bon moyen pour lier conversation est de parler sport, particulièrement entre hommes. Il n'est pas rare d'être invité chez quelqu'un alors même qu'on vient juste de faire sa connaissance.

À vous

j'aime beaucoup …
I like … very much
aï laïke … vèri meutche

je n'aime pas …
I don't like …
aï donnte laïke …

j'adore …
I love …
aï love …

j'ai beaucoup aimé …
I liked … very much
aï laïkt … vèri meutch

je n'ai pas aimé …
I didn't like …
aï dideuntt laïke …

j'ai adoré …
I loved …
aï lovd …

j'aimerais bien …
I'd really like to …
*aïde r**î**li laïke tou …*

je trouve ça …
I find it …
aï faïnd-ditt …

c'est génial
it's great
itss greïte

c'est magnifique
it's wonderful
*itss w**o**nndeurfoul*

je suis d'accord
I agree
*aï eugr**î***

je ne sais pas
I don't know
aï donnte nôw

ça me plaît
I like it
aï laïke itt

c'était ennuyeux
it was boring
*itt waz b**o**rinng*

c'est très animé le soir
it's very busy at night
*itss v**è**ri bizi att naïte*

il y a trop de monde
there are too many people
*Zèr âr tou mèni p**î**peul*

on s'est bien amusés
we had a good time
*wi Hadd e goud t**aï**me*

je n'ai pas compris grand-chose
I didn't understand very much
*aï dideunte eundeurst**è**nd vèri m**eu**tch*

il y avait une super bonne ambiance
there was a great atmosphere
*Zèr waz e greïte **a**tmeusfir*

j'aurais bien aimé …
I'd really have liked to …
*aïde r**î**li Hav laïkt tou …*

j'ai trouvé ça …
I found it …
*aï f**a**ownd-ditt …*

c'était génial
it was great
it waz greïte

c'était magnifique
it was wonderful
*it waz w**o**nndeurfoul*

je ne suis pas d'accord
I don't agree
*aï donnte eugr**î***

ça m'est égal
I don't mind
aï donnte maïnd

ça ne me dit pas trop
it doesn't really appeal to me
*itt d**a**zeunt rîli eup**î**l tou mi*

c'est un attrape-touristes
it's a tourist trap
itss e tourist trap

il n'y a pas grand monde
there aren't many people
*Zèr ante mèni p**î**peul*

il y avait beaucoup de monde
there were lots of people
*Zèr wèr lotss ov p**î**peul*

j'ai rencontré des gens très sympas
I met some really nice people
aï mèt somm rîli naïsse pîpeul

on a trouvé un petit hôtel très sympa
we found a really nice little hotel
wi faownd e rîli naïsse liteul Hôwtèl

Vous entendrez ...

do you like ...?
est-ce que tu aimes ... ?

do you feel like going ...?
ça te dit d'aller ... ?

did you like it?
ça t'a plu ?

it's nothing special
ça n'a rien d'exceptionnel

it's a beautiful area
c'est une très belle région

you should go
vous devriez y aller

it's worth a detour
ça vaut le détour

it's better going during the week, it's not so busy
il vaut mieux y aller en semaine, il y a moins de monde

you absolutely must try ...
il faut absolument que vous goûtiez ...

we could ...
on pourrait ...

how about going ...?
et si on allait ... ?

Quelques expressions familières

it was garbage c'était nul
we had a blast on s'est éclatés
it was so-so ce n'était pas fameux
it's a rip-off c'est de l'arnaque
it gets on my nerves ça me tape sur les nerfs

Parler du temps qu'il fait

L'époque de l'année où vous visiterez les États-Unis dépendra de vos centres d'intérêt : vous aimez le ski ? Alors, venez passer une partie de l'hiver dans l'Ouest ou en Nouvelle-Angleterre. Ou peut-être préférez-vous prendre le soleil pendant que la France frissonne ? Alors visitez donc la Floride de décembre à avril !

Le climat des États-Unis est aussi varié que les paysages : subarctique en Alaska, tropical à Hawaï et dans le sud de la Floride, méditerranéen dans le sud de la Californie, aride dans le Sud-Ouest, continental (chaud en été et très froid en hiver) dans la région des Grands Lacs, tempéré froid dans les Grandes Plaines et en Nouvelle-Angleterre …

Souvenez-vous que dans certaines régions, les caprices du temps tout comme l'amplitude thermique sont à l'échelle américaine : abondantes chutes de neige dans les Rocheuses, chaleur intense dans la Death Valley en Californie, tornades dévastatrices dans les Grandes Plaines au printemps et en été, chaleur humide dans le Sud profond, cyclones occasionnels sur la côte est au début de l'automne… Bref, il y a en a pour tous les goûts !

Notez que les Américains se servent des dégrés Fahrenheit et non des Celsius. On comprend que cela a son importance quand on sait que 32°F correspond à 0°C !

Vous trouverez une table de conversion à la page 251 en fin d'ouvrage.

À vous

quelles sont les prévisions météo pour demain ?
what's the weather forecast for tomorrow?
*watss Ze wè****Z****eur f****o****re-casst for toum****a****rôw?*

il va faire mauvais
it's going to be bad
*itss g****o****-inn tou bi badd*

il va faire beau
it's going to be nice
*itss g****o****-inn tou bi naïsse*

il fait vraiment chaud
it's really hot
itss rîli Hott

il fait froid le soir
it's cold in the evenings
itss côwld inn Zi ***i****vninngz*

il fait humide
it's damp
itss dammp

quel sale temps !
what horrible weather!
*watt H****o****ribeul w****è****Zeur!*

quelle belle journée, hein ?
it's a beautiful day, isn't it?
itss e ***biou****tifoul deï,* ***i****zeunt-titt?*

on a de la chance avec le temps
we're lucky with the weather
wir ***leu****ki wiTH Ze w****è****Zeur*

il a fait un temps magnifique
the weather was beautiful
*Ze w****è****Zeur waz bi****ou****tifoul*

il a fait plus de 25 degrés
it was more than seventy-seven degrees
*it waz mowr zeun s****è****veunti-s****è****veun digr****iz***

on a eu un peu de pluie
we had some rain
wi Hadd somm reïne

Vous entendrez ...

it might rain
il risque de pleuvoir

they've forecast good weather for the whole week
ils ont prévu du beau temps pour toute la semaine

it will be hot again tomorrow
il va encore faire chaud demain

Quelques expressions familières

it's raining cats and dogs il tombe des cordes
it's freezing il fait un froid de canard
it's chilly today il fait frisquet aujourd'hui
it's boiling / it's a scorcher il fait une chaleur à crever

Voyager

Tout ce que vous devez savoir pour l'organisation de votre séjour

Voyages et déplacements

Kit de survie

aéroport	airport ***è**rpowrt*
aller (simple)	one-way ticket *wann **weï** **ti**keut*
aller-retour	round trip (ticket) ***ra**ownd trip (**ti**keut)*
arrêt de bus	bus stop ***beu**ss stop*
autoroute	freeway ***frî**weï*
avion	plane *pl**eï**ne*
bagages	baggage ***ba**guidj*, luggage ***leu**guidj*
bateau	boat ***bôwt***
billet	ticket ***ti**keut*
bus	bus *beuss*
car	bus *beuss*
carte *(géographique)*	map *map*
casier	locker ***lo**keur*
centre-ville	downtown *daownt**a**own*
chariot à bagages	luggage cart ***leu**guidj cârt*
consigne	checkroom *tch**è**kroum*
embarquement	boarding ***bow**rdinng*
enregistrement	check-in *tch**è**k-inn*
essence	gas *gass*, gasoline *gasso**lî**nn*
ferry	ferry ***fè**rri*
gare	station *st**eï**cheun*
gare routière	bus station *beuss st**eï**cheun*
horaires	timetable *taïmmt**eï**beul*
louer	to rent *tou rènnt*
métro	subway ***seu**bweï*
navette	shuttle *ch**eu**teul*
passeport	passport *p**a**sspowrt*
pièce d'identité	ID *aï-di*
plan	map *map*
porte	gate *gueïte*
quai	platform *pl**a**tfowrm*
réserver	to book *tou bouk*, to reserve *tou riz**eu**rv*
route	road *rôwd*
rue	street *strît*
station de métro	subway station ***seu**bweï st**eï**cheun*

taxi	taxi *t**a**xi*
terminal	terminal ***teu**rmineul*
ticket	ticket ***ti**keut*
train	train *treïne*
tramway	streetcar *str**î**tcâr*
voiture	car *câr*
vol	flight *fl**aï**te*

À vous

où est-ce que je peux acheter des billets ?
where can I buy tickets?
*wèr keun aï **baï** tikeutss?*

un billet pour ..., s'il vous plaît
a ticket to ... please
*e **ti**keut tou ... plîz*

je voudrais réserver un billet
I'd like to buy a ticket
*aïde **laï**ke tou **baï** e **ti**keut*

combien coûte un billet pour ... ?
how much is a ticket to ...?
*Haow m**eu**tch iz e **ti**keut tou ...?*

est-ce qu'il y a des réductions pour les étudiants ?
are there any student discounts?
*âr Zèr **è**ni sti**ou**deunt disk**aow**nts?*

est-ce que vous auriez un dépliant avec les horaires ?
do you have a timetable, please?
*dou you Hav e **taï**mteïbeul, plîz?*

est-ce qu'il vous reste des places pour ... ?
are there any tickets left for ...?
*âr Zèr **è**ni **ti**keutss **lè**ft for ...?*

il n'y en a pas plus tôt / tard ?
is there an earlier / a later one?
*iz Zèr ann **eu**rli-eur / e **leï**teur wann?*

combien de temps dure le voyage ?
how long does the trip take?
Haow longue daz Ze trip teïke?

est-ce que cette place est libre ?
is this seat taken?
*iz Ziss sîtt **teï**keun?*

désolé(e), il y a déjà quelqu'un
I'm sorry, this seat is taken
aïme sorri, Ziss sîtt iz teïkeun

Vous lirez ...

Déchiffrer les abréviations

arr (= arrival) arrivée
dep (= departure) départ
M-F (= Monday to Friday) lundi à vendredi
ex Sun (= except Sundays) sauf le dimanche
Les jours de la semaine : **Mon., Tues., Wed., Thurs., Fri., Sat., Sun.**
1:50 p.m. = 13h50

arrivals	arrivées
bathrooms	toilettes
canceled	annulé
connections	correspondances
delayed	retardé
departures	départs
entrance	entrée
exit	sortie
information	renseignements
ladies' room	toilettes pour femmes
men's room	toilettes pour hommes
no entry	entrée interdite
restrooms	toilettes

Vous entendrez ...

everything is completely sold out
tout est complet

En avion

En raison de l'immensité du territoire des États-Unis, les Américains se déplacent très volontiers en avion. Même les villes relativement peu importantes sont souvent dotées d'un aéroport.

Si vous souhaitez explorer une région située à l'écart d'une grande ville, la formule **fly and drive** (avion + voiture) est tout indiquée : c'est plus pratique et moins cher que de réserver séparément votre vol et votre véhicule de location.

Par ailleurs, souvenez-vous que depuis les attentats du 11 septembre 2001, les mesures de sécurité accrues se traduisent par des temps d'embarquement plus longs que par le passé.

Pour éviter les longues files d'attente à l'enregistrement, vous aurez souvent l'option **curbside check-in** (littéralement « enregistrement au bord du trottoir »), qui est un service d'enregistrement prioritaire des bagages dès votre arrivée à l'aéroport, avant même de franchir les portes de l'aérogare.

À vous

où est l'enregistrement des bagages pour American Airlines ?
where is the American Airlines check-in desk?
*wèr iz Zî eum**è**rikeun **è**rlaïnnz tchèk-kinn dèsk?*

j'ai un billet électronique
I have an electronic ticket
*aï Hav ann èlèktr**o**nik tikeut*

j'ai déjà enregistré en ligne
I've already checked in online
*aïve owlrèdi tch**è**kt-tinn onn-l**aï**ne*

où est le comptoir de dépôt des bagages ?
where is the baggage drop?
*wèr iz Ze b**a**guidj drop?*

une valise et un bagage à main
one suitcase and one carry-on
*wann s**ou**tkeïss ènde wann k**a**ri-onn*

est-ce que je peux mettre mes skis / mon snowboard / mes clubs de golf en soute ?
can I check my skis / snowboard / golf clubs?
*keun aï tchèk maï sk**i**z / sn**ô**wbowrd / g**o**lf kleubz?*

à quelle heure embarque-t-on ?
what time does boarding start?
*watt taïme daz b**ow**rdinng start?*

je voudrais confirmer mon vol de retour
I'd like to confirm my return flight
*aïde laïke tou konnfeurm maï rit**eu**rn flaïte*

il me manque une valise
one of my suitcases is missing
*wann ov maï s**ou**tkeïsseuz iz m**i**ssinng*

mes bagages ne sont pas arrivés
my luggage hasn't arrived
*maï **leu**guidj Hazeunt eur**aï**vd*

l'avion a eu deux heures de retard
the plane was two hours late
*Ze pleïne waz tou **â**weurz leïte*

j'ai raté ma correspondance
I've missed my connection
*aïve misst maï keunn**è**kcheun*

j'ai oublié quelque chose dans l'avion
I've left something on the plane
*aïve lèft sommTHinng onn Ze pl**eï**ne*

je voudrais faire une déclaration de perte pour mes bagages
I'd like to report the loss of my luggage
*aïde laïke tou rip**o**rte Ze loss ov maï **leu**guidj*

Vous lirez ...

airport transfer	transfert vers l'aéroport
anything to declare	marchandises à déclarer
baggage claim	retrait des bagages
boarding	embarquement

boarding pass	carte d'embarquement
check-in	enregistrement des bagages
curbside check-in	enregistrement express des bagages devant l'aéroport
customs	douane
domestic flight	vol intérieur
immediate boarding	embarquement immédiat
nothing to declare	rien à déclarer
passenger lounge	salle d'embarquement
priority boarding	embarquement prioritaire
self-service check-in	borne libre-service

Vous entendrez ...

how many pieces of luggage do you have?
combien de bagages avez-vous ?

your luggage is ten pounds overweight
vous avez un excédent de presque cinq kilos

did you pack all your bags yourself?
avez-vous fait vous-même tous vos bagages ?

has anyone given you anything to carry on board?
quelqu'un vous a-t-il donné quelque chose à emporter à bord ?

would you like a window seat or an aisle seat?
une place côté hublot ou côté couloir ?

you'll have to change at ...
vous avez une correspondance à ...

boarding begins at ...
l'embarquement commencera à ...

here's your boarding pass
voilà votre carte d'embarquement

please go to gate number ...
veuillez vous rendre à la porte ...

please wait in the passenger lounge
veuillez patienter dans la salle d'embarquement

last call for ...
dernier appel pour ...

call this number to see if your luggage has arrived
appelez ce numéro pour savoir si vos bagages sont arrivés

En train, car, bus, métro, tramway

Les États-Unis sont un pays tellement vaste que les Américains ont tendance à se déplacer relativement rarement en train sur de grandes distances, préférant l'avion. À quelques exceptions près, les trains de la société Amtrak (www.amtrak.com) circulent sur tout le territoire américain mais le réseau ferroviaire est peu dense. Ceci dit, le train constitue un excellent moyen d'admirer la splendeur des paysages américains dans toute leur immensité.

L'un des plus beaux voyages se fait à bord du **California Zephyr** (départ quotidien), qui relie Chicago à San Francisco en passant par les Grandes Plaines, les Rocheuses et la Sierra Nevada, le tout en un peu plus de 50 heures. Le seul train à grande vitesse du pays, le **Acela Express**, relie Boston à Washington D.C., en passant par New York, Philadelphie et Baltimore.

Pour les amateurs de voyages en chemin de fer, il est possible d'acheter un **USA Rail Pass**, forfait qui permet de circuler sur tout le réseau Amtrak pendant 15, 30 ou 45 jours, au choix.

Le car (**bus**) constitue également un excellent moyen de découvrir les États-Unis pour ceux qui ont un budget limité et qui disposent de suffisamment de temps. Les cars **Greyhound** (www.greyhound.com), avec leur fameux logo représentant un lévrier, desservent presque toutes les villes. À noter que dans les grandes villes la gare routière est souvent située dans des quartiers pas toujours très bien fréquentés : mieux vaut éviter de s'y rendre à pied, surtout le soir.

Parmi les villes qui disposent d'un métro (**subway**), citons New York, Boston, Chicago, Los Angeles, San Francisco, Miami, Philadelphie et Washington D.C. Pour circuler dans des villes comme New York et Boston, souvent embouteillées, il s'agit du mode de transport le plus pratique. Le métro de New York fonctionne 24 heures sur 24 et compte 462 stations. Pour éviter d'acheter un ticket à chaque voyage, vous pouvez vous procurer un **Fun Pass** (pour des trajets illimités en métro et en autobus pendant 24 heures) ou si vous restez plus longtemps, une **MetroCard** (valable pour 7, 14 ou 30 jours).

À vous

est-ce que je peux avoir un plan du métro ?
can I have a map of the subway?
*keun aï Hav e m**a**p ov Ze s**eu**bweï?*

à quelle heure est le prochain train pour … ?
when is the next train to …?
*wèn iz Ze nèkst tr**eï**ne tou …?*

à quelle heure part le dernier train ?
when is the last train?
*wèn iz Ze **la**st treïne?*

de quel quai part le train pour … ?
what platform does the train for … leave from?
*watt pl**a**tfowrm daz Ze treïne for … l**î**ve fromm?*

est-ce qu'il est possible de transporter des vélos dans le train ?
is it possible to take bikes on the train?
*izitt p**o**ssibeul tou teïk b**aï**kss onn Ze treïne?*

où est la consigne, s'il vous plaît ?
where is the checkroom please?
*wèr iz Ze tch**è**kroum pl**î**z?*

j'ai raté mon train
I've missed my train
*aïve misst maï tr**eï**ne*

c'est bien l'arrêt pour … ?
is this the right stop for …?
*iz Ziss Ze r**aï**te stop for …?*

où est-ce que je peux prendre un bus pour … ?
where can I get a bus to …?
*wèr keun aï guèt e b**eu**ss tou …?*

quelle ligne dois-je prendre pour … ?
which line do I take to get to …?
witch laïne dou aï teïk tou guèt tou …?

c'est bien d'ici que part le car pour … ?
does the bus for … leave from here?
*daz Ze b**eu**ss for … live fromm H**i**re?*

pourriez-vous me dire quand il faut descendre ?
could you tell me when I have to get off?
*coude you t**è**l mi wèn aï Hav tou guèt **o**ff?*

Vous lirez …

local train omnibus
lockers consigne automatique
monthly mensuel
reservations réservations
ticket office billetterie
to all trains accès aux quais
waiting room salle d'attente
weekly hebdomadaire

Vous entendrez …

there's a stop just a little further on, on the right
il y a un arrêt juste un peu plus loin à droite

exact fare only, please
faites l'appoint, s'il vous plaît

you have to transfer at …
vous avez un changement à …

you have to take the number … bus
vous devez prendre le bus n° …

this train stops at …
ce train dessert les gares de …

two stops from here
dans deux arrêts

tickets, please!
vos billets, s'il vous plaît !

En voiture

Avec ses routes qui n'en finissent pas, les États-Unis sont le pays de l'automobile par excellence. et la voiture reste l'un des meilleurs moyens d'explorer le pays.

Les conditions requises pour la location d'une voiture sont les suivantes : il faut être âgé d'au moins 21 ans (parfois 25), être titulaire d'un permis de conduire valide et disposer d'une carte de crédit ou de débit internationale, la plupart des sociétés de location exigeant une caution pouvant aller de 250 à 1000 dollars. L'assurance vous coûtera entre 15 et 25 dollars par jour. Pour être tranquille vous pouvez également choisir de prendre le **collision damage waiver** ou **CDW**, qui vous évite de devoir payer une franchise en cas d'accrochage ; il faut cependant savoir que cette option n'est pas bon marché.

La plupart des voitures sont équipées d'une boîte de vitesses automatique, mais il est tout de même possible de trouver des véhicules avec une boîte manuelle (**manual transmission**).

Les distances sont exprimées en **miles** (1 mile = 1,609 km).

La vitesse maximale autorisée varie selon les États (tout comme les règles régissant le port de la ceinture de sécurité et l'usage des téléphones portables au volant) mais, d'une manière générale, sur les grandes routes (**highways**) elle est comprise entre 50 et 65 **mph** (abréviation de **miles per hour**), c'est-à-dire entre 80 et 105 km/h.

Dans les zones résidentielles, elle est de 30 mph (50 km/h), sauf indication contraire.

Efforcez-vous de respecter les limitations de vitesse sans quoi vous vous retrouveriez bien vite aux prises avec la police. Dans ce cas de figure, obéissez aux instructions du policier, arrêtez-vous sur le bas-côté de la route et ne sortez de votre véhicule que lorsqu'il vous y invite. Inutile de préciser que l'ivresse au volant (**driving while intoxicated** ou **DWI**) est sévèrement réprimée.

Dans les stations-service, l'essence (**gasoline** ou **gas**) se mesure non pas en litres mais en **gallons** (1 gallon = 3,78 litres). Vous aurez le choix entre le sans-plomb (**unleaded**) qui se décline en **regular**, **super** et **premium** (par ordre croissant de prix) et le **diesel**. Bonne nouvelle étant donné les distances à parcourir : le carburant est beaucoup moins cher qu'en France.

Il existe aux États-Unis des routes à péage (**tollways** ou **turnpikes**), qui fonctionnement d'une manière un système comparable à celles qu'on trouve en France. Certaines autoroutes (**Freeways** et **Interstate Highways**) sont payantes.

Enfin, il faut savoir que l'auto-stop est interdit dans la plupart des États.

À vous

où est-ce que je peux trouver une station-service ?
where can I find a gas station?
*wèr keun aï faïnde e gass st**eï**cheun?*

le plein de sans-plomb / super / diesel, s'il vous plaît
fill it up with unleaded / premium / diesel, please
*fil itt eup wiTH eunl**è**did / pr**î**m-yom / d**î**zeul, pl**î**z*

c'est combien le gallon ?
how much is it a gallon?
*Haow meutch izitt e g**a**lonn?*

savez-vous si on peut se garer ici ?
do you know if parking is allowed here?
*dou you nôw if p**â**rkinng iz eul**â**owd Hire?*

on a été bloqués dans un embouteillage
we got stuck in a traffic jam
*wi gott st**eu**k inn e tr**a**ffic djamm*

on a mis un sabot à ma voiture
my car has been booted
*maï c**â**r Haz binn b**ou**tid*

nous venons d'avoir un accident
we've just had an accident
wîv djeust Hadd ann ***a****ksideunt*

En panne

je suis tombé(e) en panne
I've broken down
*aïve br****ôw****keun d****a****own*

nous sommes en panne d'essence
we've run out of gas
wîv reun ***a****owtov gass*

pourriez-vous m'emmener au garage le plus proche ?
could you take me to the nearest service station?
*coude you t****eï****k mi tou Ze n****î****reust s****eu****rviss st****eï****cheun?*

pouvez-vous nous aider à pousser la voiture pour dégager la route ?
could you help us push the car off the road?
*coude you H****è****lp euss p****ou****ch Ze câr off Ze r****ôw****d?*

avez-vous le numéro d'un service de dépannage ?
do you have the number of a towing service?
*dou you Hav Ze n****o****mmbeur of e t****ôw****inng s****eu****rviss?*

pouvez-vous m'aider à changer la roue ?
can you help me change the tire?
*keun you H****è****lp mi tch****è****ndj Ze t****aï****yeur?*

est-ce que vous pouvez me remorquer ?
could you tow me?
*coude you t****ôw*** *mi?*

est-ce que vous pouvez pousser la voiture pour m'aider à démarrer ?
could you push to help me start?
*coude you p****ou****ch tou Hèlp mi st****âr****t?*

pourriez-vous me donner de l'eau pour mon radiateur ?
could you give me some water for my radiator?
*coude you guive mi somm w****ow****teur for maï r****eï****dyeïteur?*

Voyages et déplacements

Au garage

est-ce qu'il y a un garage par ici ?
is there a service station near here?
*iz Zèr e s**eu**rviss st**eï**cheun n**î**r H**i**re?*

la batterie est morte
the battery's dead
*Ze b**a**teuriz dèd*

j'ai crevé
I've had a flat
aïve Hadd e flatt

j'ai laissé mes clés à l'intérieur de ma voiture
I've locked my keys in the car
*aïve lokt maï k**î**z inn Ze c**â**r*

le radiateur fuit
the radiator is leaking
*Ze r**eï**dyeïteur iz l**î**kinng*

le moteur cale
the engine keeps stalling
*Zi **è**ndjinn kîpss st**ow**linng*

le moteur surchauffe
the engine is overheating
*Zi **è**ndjinn iz **ow**veurH**î**tinng*

ma voiture ne démarre pas
my car won't start
*maï câr wonnte st**â**rt*

la courroie du ventilateur est cassée
the fan belt is broken
*Ze f**a**nn bèlt iz br**ow**keun*

un des phares / feux arrière ne fonctionne pas
one of my headlights / taillights is out
*wann ov maï H**è**dlaïtss / t**eï**laïtss iz **a**owt*

le pot d'échappement est tombé
the exhaust pipe has fallen off
*Zi igz**ow**st païpe Haz f**ow**leun off*

les freins ne marchent pas correctement
the brakes aren't working properly
*Ze br**eï**kss ante w**eu**rkinng pr**o**peuli*

il y a un problème avec la direction
there's something wrong with the steering
*Zèrz sommTHinng r**on**gue wiTH Ze st**î**rinng*

il y a une fissure sur le pare-brise
there's a crack in the windshield
*Zèrz e krak inn Ze w**i**nndchîld*

le moteur fait un bruit bizarre
the engine's making a funny noise
*Zi **è**ndjinnz meïkinng e f**eu**ni noïze*

les vitesses passent mal
the gears are sticking
*Ze guîrz âr st**i**kinng*

l'embrayage est fatigué
the clutch is going
*Ze cl**eu**tch iz g**o**-inn*

pourriez-vous vérifier l'embrayage / les freins / l'huile / l'allumage ?
could you check the clutch / the brakes / the oil / the ignition?
*coude you tch**è**k Ze cl**eu**tch / Ze br**eï**kss / Zi **oï**l / Zi ig-n**i**cheun?*

ma voiture a besoin d'une vidange
my car needs an oil change
*maï câr nîdz ann **oï**l tchèndj*

je crois qu'il y a un faux contact
I think there's a loose connection
*aï THinnk Zèrz e l**ou**ss keunn**è**kcheun*

ça va prendre combien de temps à réparer ?
how long will it take to repair?
*Haow longue wil itt teïke tou rip**è**r?*

Pièces auto

accélérateur	accelerator *aks**è**leureïteur*
alternateur	alternator ***o**ltèrneïteur*
ampoule de phare	headlight bulb *H**è**dlaïte beulb*
batterie	battery *b**a**tteuri*
boîte de vitesses	gearbox *gu**î**rbax*
bouchon de radiateur	radiator cap *r**eï**dyeïteur cap*
bougie	spark plug *spark pleugue*
câbles de démarrage	jump cables *djeump k**eï**beulz*
carburateur	carburetor *cârbur**è**tteur*
châssis	chassis *ch**a**ssi*
clé de contact	ignition key *ig-n**i**cheun kî*
clignotant	turn signal *teurn s**i**g-nol*

climatisation	air-conditioning *èr-konndicheuninng*
coffret d'ampoules de rechange	bulb set *beulb sèt*
colonne de direction	steering column *stîrinng kâleum*
compteur de vitesse	speedometer *spîdomiteur*
courroie de ventilateur	fan belt *fann bèlt*
culasse	cylinder head *sileundeur Hèd*
distributeur	distributor *distribieuteur*
durite	radiator hose *reïdyeïteur Hôwz*
embrayage	clutch *cleutch*
enjoliveur	hubcap *Heubcap*
essieu	axle *akseul*
essuie-glace	windshield wiper *winndchîld waïpeur*
feu de détresse	emergency lights *émèrdjeunnsi laïtss*
feux arrière	taillights *teïl laïtss*
feux de recul	backup lights *bakeup laïtss*
feux de stop	brake lights *breïk laïtss*
filtre à air	air filter *èr filteur*
filtre à essence	fuel filter *fiou-eul filteur*
filtre à huile	oil filter *oïl filteur*
freins	brakes *breïkss*
frein à main	handbrake *Hanndbreïk*
fusible	fuse *fiouz*
garniture de frein	brake pad *breïk pad*
huile de moteur	engine oil *èndjinn oïl*
jauge d'huile / d'essence	oil / gas gauge *oïl / gass gueïdj*
klaxon	horn *Horn*
levier de vitesses	gear shift *guîr chift*
liquide de freins	brake fluid *breïk flou-eude*
liquide de refroidissement	coolant *kouleunte*
moteur	engine *èndjinn*
pare-brise	windshield *winndchîld*
pare-chocs	bumper *bammpeur*
pédale	pedal *pèdeul*
phares	headlights *Hèdlaïtss*

phares antibrouillard	fog lights *fog laïtss*
pièce de rechange	spare part *sp**è**re pârt*
plaque minéralogique	license plate ***laï**sseunss pleïte*
plaquettes de freins	brake pads *breïk padz*
pneu	tire *t**aï**yeur*
pompe d'alimentation	fuel supply pump *fi**ou**-eul seupl**aï** pammp*
pompe de direction assistée	power-assisted steering pump *paweur-eussisteud stîrinng pammp*
pot d'échappement	exhaust pipe *igz**ow**st païpe*
radiateur	radiator *r**eï**dyeïteur*
réservoir	tank *tannk*
roue	wheel *wîl*
solénoïde de démarreur	starter solenoid *st**â**rteur s**ôw**leunoïde*
suspension	suspension *seusp**è**ncheun*
thermostat	thermostat *TH**eu**rmeustatt*
transmission	transmission *trannsm**i**cheun*
triangle de sécurité, triangle de signalisation	warning triangle *w**ow**rninng traïy**o**nngueul*
verrouillage centralisé	central locking *s**è**nntreul l**a**kinng*

Panneaux

bus lane	couloir d'autobus
delays possible	risques de bouchons
detour	déviation
emergency stopping only	bande d'arrêt d'urgence
end of road construction	fin des travaux
entrance for residents only	accès réservé aux résidents

entrance only	interdit sauf riverains
falling rocks	chutes de pierres
keep back	sortie de véhicules
lane merges right / left	mettez-vous sur la bonne file
no passing lane	ne changez pas de file
no stopping at any time	arrêt interdit
one way	sens unique
permit holders only	réservé aux personnes autorisées
reduce speed now	ralentissez
road closed	route barrée
road construction	travaux
turn on headlights	allumez vos phares
yield	cédez le passage
yield to oncoming traffic	cédez le passage

Location de voitures

je voudrais louer une voiture pour un jour / trois jours / une semaine
I'd like to rent a car for a day / three days / a week
aïde laïke tou rènnt e ***câr*** *for e* ***deï*** */ THr****i*** *deïz / e* ***wîk***

je voudrais une voiture deux-portes / quatre-portes
I'd like a two-door / four-door car
*aïde laïke e t****ou****-dowr / fowr-dowr* ***câr***

je voudrais une voiture avec toit ouvrant
I'd like a car with a sunroof
aïde laïke e ***câr*** *wiTH e s****eu****nrouf*

je voudrais un monospace
I'd like a van
*aïde laïke e v****a****nn*

je voudrais un 4x4
I'd like a four-by-four
*aïde laïke e f****ow****r-baï-fowr*

je préfèrerais une diesel
I would prefer a diesel
*aï woud prif****eu****r e* ***dî****zeul*

vous avez des voitures de sport / des décapotables ?
do you have any sports cars / any convertibles?
*dou you Hav èni sp****o****rtss cârz / èni konnv****eu****rtibeulz?*

une voiture à boîte de vitesses automatique
an automatic
ann owteumatik

une voiture manuelle
a manual
*e m**a**niou-eul*

est-ce que je peux louer un siège pour bébé ?
can I rent a baby seat?
*keun aï rènnt e b**eï**bi sît?*

est-ce que la voiture a la climatisation / est équipée d'un GPS ?
does the car have air-conditioning / GPS?
*daz Ze c**âr** Hav èr-konnd**i**cheuninng / djîpîèss?*

est-ce que le kilométrage est compris ?
is the mileage included?
*iz Ze m**aï**lidj inncl**ou**did?*

est-ce que je peux ramener la voiture à votre agence de New York ?
can I return the car to your New York office?
*keun aï riteurn Ze c**âr** tou your nouy**o**rk **o**ffiss?*

je voudrais prendre une assurance tous risques
I'd like to take out comprehensive insurance
*aïde laïke tou t**eï**kaowt commpreuH**è**nnsiv innch**ou**reunss*

En taxi

Pour prendre un taxi (**taxi**, **cab** ou **taxicab**), vous pouvez attendre à un arrêt de taxi (**taxi stand**) ou appeler un taxi par téléphone mais il est également courant d'en héler un dans la rue. À New York, les taxis sont facilement repérables grâce à leur couleur jaune caractéristique.

L'usage est de laisser un pourboire correspondant à environ 15 % du prix de la course.

pourriez-vous m'appeler un taxi, s'il vous plaît ?
could you call me a taxi, please?
*coude you c**owl** mi e t**a**xi plîz?*

je voudrais un taxi pour 8 heures
I'd like to reserve a taxi for eight o'clock
*aïde laïke tou riz**eu**rv e t**a**xi for **eï**te e-cl**o**k*

est-ce qu'il y a une station de taxis près d'ici ?
is there a taxi stand near here?
*iz Zèr e t**a**xi stannd nîr H**i**re?*

mettez le compteur, s'il vous plaît
please start the meter
*plîz st**â**rt Ze m**î**teur*

je voudrais aller à …
I'd like to go to …
*aïde laïke tou g**ôw** tou …*

vous pouvez m'arrêter ici, merci
you can drop me off here, thanks
*you keun dr**o**p mi of H**i**re, THènks*

pourriez-vous m'attendre, s'il vous plaît
could you wait for me, please
*coude you w**eï**t for mi plîz*

combien ça va me coûter pour aller à l'aéroport ?
how much will it cost to go to the airport?
*Haow meutch wil-litt c**o**st tou gôw tou Zi **è**rpowrt?*

En auto-stop

je vais à …
I'm going to …
*aïme g**o**-inn tou …*

est-ce que vous pourriez me déposer ici ?
could you drop me off here?
*coude you drop mi off H**i**re?*

merci de m'avoir emmené(e)
thank you for the ride
*TH**è**nkiou for Ze raïd*

on est venus en stop
we hitchhiked here
*wi Hittch-Haïkt H**i**re*

Vous lirez ...

car rental	location de voitures
diesel	diesel, gazole
full	complet
gas	carburant, essence
keep your ticket	conservez votre ticket
no parking	stationnement interdit
parking lot	parking
parking meter	parcmètre
slow	ralentissez
unleaded	sans-plomb

Vous entendrez ...

what kind of car would you like?
vous voudriez quelle catégorie de véhicule ?

what is the driver's name?
quel est le nom du conducteur ?

the car must be returned by noon
il faut ramener la voiture avant midi

there's a supplementary deposit for the GPS system
il y a une caution supplémentaire pour le système GPS

I need your driver's license, some ID and your credit card
il me faut votre permis de conduire, une pièce d'identité et votre carte de crédit

the deposit is five hundred dollars
la caution est de 500 dollars

I can take you as far as ...
je vais vous avancer jusqu'à ...

Quelques expressions familières

there was a fender-bender down the road il y a eu un accrochage un peu plus loin
I hitched a ride j'ai fait du stop
it was bumper to bumper all the way il y avait une circulation monstre

En bateau

Si vous vous trouvez à New York, pourquoi ne pas prendre le **Staten Island Ferry** ? Ce bateau relie le sud de Manhattan à Staten Island en 25 minutes environ et passe à proximité de **Liberty Island**, permettant aux passagers d'admirer la fameuse statue. Ce service fonctionne 24 heures sur 24, et il est gratuit, ce qui ne gâche rien. Au retour, la vue sur Manhattan est imprenable.

Si vous visitez les chutes du Niagara (**Niagara Falls**) et que vous souhaitez les admirer de près, prenez place à bord du **Maid of the Mist** pour une mini-croisière qui vous mènera jusqu'au pied des chutes (vous aurez droit à un poncho imperméable avec le prix du ticket !).

Pour ceux qui se rendent à la Nouvelle-Orléans (**New Orleans**), une petite excursion à bord d'un authentique bateau à aubes (**paddle steamer**) s'impose : depuis le cœur de la vieille ville (**French Quarter**), le **Natchez** vous fera faire un tour sur le Mississippi, comme au temps de Mark Twain.

À vous

combien de temps dure la traversée ?
how long is the crossing?
Haow longue iz Ze crossinng?

j'ai le mal de mer
I'm seasick
*aïme s**î**-sik*

à quelle heure est la prochaine excursion en bateau ?
what time is the next boat trip?
*watt t**aï**me iz Ze nèkst b**ôw**t trip?*

à quelle heure est le dernier bateau pour le retour ?
what time does the last boat come back?
*watt taïme daz Ze l**a**ste b**ôw**t comm bak?*

est-ce qu'on peut acheter des billets à bord ?
can you buy tickets on board?
*keun you baï **ti**keutss onn b**ôw**rd?*

est-ce qu'on peut louer un bateau pour la journée ?
can we rent a boat for the day?
*keun wi rènnt e **bôw**t for Ze **deï**?*

Vous lirez ...

next crossing at ...	prochain départ à ...
only passengers without cars	passagers sans véhicule

Ne ratez pas ... !

Si vous visitez San Francisco, profitez-en pour faire une petite excursion à Alcatraz Island depuis Fisherman's Wharf. Cette île-prison abrita les criminels les plus endurcis (dont Al Capone) pendant de nombreuses années. Aujourd'hui, à défaut de prisonniers, l'île accueille environ un million de touristes chaque année.

Voyager avec des enfants

Les États-Unis sont une destination que l'on qualifierait en anglais de **child-friendly**, c'est-à-dire que les familles avec enfants y sont très bien accueillies. On y trouve de très nombreux restaurants pour les familles qui proposent des menus pour enfants et où l'on occupe les petits en leur donnant de quoi faire des coloriages.

La plupart des restaurants proposent des chaises hautes (**high chairs**) pour les tout-petits ainsi que des rehausseurs (**booster chairs**). Par ailleurs, les toilettes de très nombreux établissements disposent d'une zone avec tables à langer, pour changer votre bébé (**diaper-changing area**).

Si vous avez l'intention de louer une voiture, n'oubliez pas de réserver un siège pour bébés (**baby car seat**) ou un siège enfants (**child restraint seat**), c'est obligatoire.

La plupart des hôtels proposent un service de garde d'enfants. Ils fournissent également des lits d'enfants (**cribs**) et des lits de camp (**cots**).

Les lieux de vacances pour les familles proposent des activités pour tous les âges, et il est fréquent que le séjour des enfants de moins de 12 ans soit gratuit ; dans certains cas, il arrive même que les enfants de moins de 18 ans puissent partager la chambre de leurs parents sans supplément.

De nombreux musées, parc nationaux et parcs d'attractions proposent des réductions. Les enfants en bas âge paient généralement demi-tarif (**half-fare**) dans les transports en commun.

Kit de survie

aire de jeu	playground *pleïgraownd*
allaiter	to breast-feed *tou br**è**stfîd*
baby-sitter	babysitter ***beï**bissiteur*
bagage à main	carry-on *k**a**ri-onn*
bavoir	bib *bib*
bébé	baby *b**eï**bi*
biberon	bottle *b**o**tteul*
bracelet d'identité	ID bracelet ***aï**-di br**eï**ssleut*
chaise haute	high chair *Haï tchèr*
coin bébé	diaper-changing area *d**aï**epeur-tcheïndjinng **è**ri-eu*
couche jetable / lavable	disposable / washable diaper *disp**ow**zebeul / w**a**chebeul d**aï**epeur*
crèche	childcare center *tch**aï**ldkèr s**è**nteur*
doudou	security blanket *sèk**you**riti blannkèt*
écharpe de portage	baby sling *b**eï**bi slinng*
enceinte	pregnant *pr**è**g-neunt*
enfant	child *tchaïld*
jouer	to play *tou pleï*
jouet	toy *toï*
lait en poudre	formula *f**ow**mioula*
lingette	baby wipe *b**eï**bi waïpe*
lit de bébé	crib *krib*
mouchoir	tissue ***ti**chou*
parc d'attractions	amusement park *eum**iou**zmeunt pârk*
porte-bébé	baby carrier *beïbi k**a**rieur*
pot de chambre	potty *p**o**tti*
poupée	doll *dol*
poussette	stroller *strôwleur*
rehausseur	booster seat *b**ou**wsteur sît*
sac vomitoire	vomit bag *vomit bag*
siège auto / enfant	*(pour bébé)* baby seat *b**eï**bi sît ; (pour enfant)* child seat *tchaïld sît*
solution de stérilisation	sterilizing solution *st**è**reulaïzinng seul**ou**cheun*
sieste	nap *nap*
table à langer	diaper-changing table *d**aï**epeur-tch**è**ndjinng t**eï**beul*
tétine	pacifier *p**a**ssifaïeur*
vomir	to be sick *tou bi sik*

À vous

je suis enceinte de … mois
I'm … months pregnant
aïme … monnTHss prèg-neunt

j'ai besoin de …
I need …
aï nîd …

je cherche …
I'm looking for …
aïme loukinng for …

avez-vous … ?
do you have …?
dou you Hav …?

ça vous dérange si j'allaite mon bébé ici ?
do you mind if I breast-feed my baby here?
dou you maïnde if aï brèstfîd maï beïbi Hir?

pouvez-vous chauffer ce biberon ?
could you heat this bottle?
coude you Hîtt Zis botteul?

est-ce qu'il y a une table à langer ici ?
is there a diaper-changing table here?
iz Zèr e daïepeur-tchèndjinng teïbeul Hir?

pourriez-vous m'appeler un taxi avec siège enfant ?
could you call me a taxi with a child seat?
coude you côwl mi e taxi wiTH e tchaïlde sît?

est-ce qu'il y a un magazine de bord / un plateau-repas pour enfants ?
is there an in-flight magazine / a meal for children?
iz Zèr ann inn-flaïte magueuzine / e mîl for tchildreun?

avez-vous du papier et des crayons de couleur, s'il vous plaît ?
do you have any paper and crayons, please?
dou you Hav èni peïpeur ènde crèyonnz, plîz?

pouvez-vous installer un lit supplémentaire / un lit d'enfant ?
could you set up an extra bed / a crib?
coude you sèt eup ann èkstra bèd / e krib?

Vous lirez …

baby on board	bébé à bord *(à l'arrière d'une voiture)*
keep out of reach of children	ne pas laisser à la portée des enfants

Vous entendrez ...

do you have children?
vous avez des enfants ?

what age are your children?
quel âge ont vos enfants ?

Activités

Pour vos sorties en famille, vous ne serez jamais bien loin d'une aire de jeu (**playground**), d'un parc d'attractions (**amusement park**) ou d'un zoo (**zoo**). Il existe également de très nombreux musées (**museums**) qui ne manqueront pas d'intéresser les enfants.

À New York, une sortie au **American Museum of Natural History** s'impose : sa galerie de fossiles de dinosaures, la plus importante au monde, garantira à elle seule le succès de votre visite ! Quant à **l'Empire State Building**, il ne laissera personne indifférent : la vue depuis la plate-forme d'observation panoramique du 86e étage est à couper le souffle ! À Chicago, la **Willis Tower** (anciennement **Sears Tower**), le plus haut gratte-ciel des États-Unis, se visite également. Toujours à Chicago, le **Kohl Children's Museum** est un musée qui propose aux enfants de moins de huit ans toutes sortes d'activités éducatives, ludiques et interactives.

En Floride, la région d'Orlando regorge d'attractions pour toute la famille, avec bien sûr **Disney World**, qu'il est inutile de présenter ; le célèbre parc à thème futuriste **Epcot Center** ; **Sea World**, parc d'attractions marin où l'on peut notamment nager avec des dauphins ; et, pour les passionnés de la conquête spatiale, le **Kennedy Space Center**.

La côte ouest offre également une profusion d'activités, à commencer par **Disney Land**, à Anaheim. Non loin de là, à Los Angeles, une visite des studios Universal (**Universal Studios**, à Hollywood) ne plaira pas seulement aux cinéphiles puisqu'on y trouve un véritable parc d'attractions spectaculaire sur le thème du cinéma hollywoodien. Toujours à Hollywood, les enfants pourront s'amuser à chercher les étoiles de leurs acteurs et personnages préférés, incrustées dans le trottoir de la **Hollywood Walk of Fame** ou encore essayer de les reconnaître au musée de cire (**Hollywood Wax Museum**).

Plus au sud, le zoo de **San Diego**, d'une extrême richesse, est l'un des plus beaux au monde et ne manquera pas d'enchanter petits et grands. La ville possède également un parc animalier, le **San Diego Wild Animal Park**, qui vaut le détour, ainsi qu'un **Sea World**, comparable à celui que l'on trouve en Floride.

À San Francisco, l'**Exploratorium** est un musée des sciences et de la technologie qui propose des centaines d'activités interactives qui passionneront les enfants. Allez également passer un moment à **Fisherman's Wharf** (littéralement « le quai du pêcheur »), quartier portuaire très animé et prisé des touristes avec de nombreuses attractions, dont un aquarium et un musée de cire. En outre, de très nombreuses otaries ont élu domicile à proximité.

Enfin, on ne peut pas quitter San Francisco sans s'offrir le plaisir d'un trajet dans l'un des célèbres tramways (**cable cars**) de la ville !

Voir aussi l'encadré « À la plage », page 135.

À vous

avez-vous un service de garde d'enfants ?
do you have a babysitting service?
dou you Hav e ***beï****bisittinng* ***seu****rviss?*

j'ai besoin d'un(e) baby-sitter francophone
I need a French-speaking babysitter
*aï nîd e fr****è****nntch-spîkinng* ***beï****biss****i****teur*

je viendrai les chercher à 14h / 21h
I'll come to pick them up at two o'clock / nine o'clock
âl comm tou pik THèmmeup att tou e-clok / naïne e-clok

avez-vous un menu enfant ?
do you have a children's menu?
*dou you Hav e tch**i**ldreunz mèniou?*

où est le zoo / l'aire de jeu / le parc d'attractions le plus proche ?
where is the nearest zoo / playground / amusement park?
*wèr iz Ze nîreust z**ou** / ple**ï**graownd / eum**iou**zmeunt park?*

il y a une réduction pour les enfants / les familles ?
is there a discount for children / families?
*iz Zèr e disc**aow**nt for tch**i**ldreun / **fa**meuliz?*

quelles sont les activités organisées pour les enfants ?
what activities are there for children?
*watt acti**v**itiz âr Zèr for tch**i**ldreun?*

est-ce que la visite convient aux enfants ?
is the tour suitable for children?
*iz Ze tour s**ou**tebeul for tch**i**ldreun?*

mon fils / ma fille a disparu
I've lost my son / my daughter
*aïve losst maï s**o**nn / maï d**ô**wteur*

Vous lirez ...

children are not allowed	les enfants ne sont pas admis
do not climb	ne pas escalader
do not touch	ne pas toucher
free admission	entrée gratuite
minimum age six years	réservé aux plus de 6 ans
never leave children unattended	ne jamais laisser les enfants sans surveillance
no admittance to children 5 **under five**	interdit aux enfants de moins de ans
not suitable for children	déconseillé aux enfants
size restrictions apply	limitations de taille

Vous entendrez ...

the babysitting service is open from nine a.m. till four p.m.
la garde est ouverte de 9h à 16h

the kids' club is open from one till five
le club enfant est ouvert de 13h à 17h

… is looking for his / her parents / is waiting at reception
le petit … / la petite … cherche ses parents / attend à l'accueil

your children are still too young
vos enfants sont encore trop petits

our hotel offers an excellent children's activity program
notre hôtel offre tout un programme d'activités pour les enfants

Ne ratez pas … !

Pour les amoureux de l'Ouest américain, des westerns et des vacances actives, le ranch-hôtel (guest ranch ou dude ranch) est une formule intéressante. Les visiteurs sont invités à découvrir le milieu naturel à cheval et à se familiariser avec les joies de la vie de cow-boy, encadrés par des professionnels, pendant quelques jours ou quelques semaines. Il existe toutes sortes de ranchs, des working ranches, qui sont de véritables ranchs en activité, à ceux qui accueillent les familles et organisent des activités pour les enfants. Pour plus de renseignements, consulter http://www.duderanch.org/.

Voyages d'affaires

Certains Américains bénéficient des horaires flexibles (**flexible work hours**) mais la plupart travaillent de 8h à 16h ou de 9h à 17h. Il n'est pas rare de commencer la journée de travail avec un **breakfast meeting** (réunion avec petit déjeuner), parfois dès 7h30. De nombreux employés préparent leur déjeuner chez eux et le consomment sur leur lieu de travail car la pause-déjeuner (**lunch break**) ne dépasse généralement pas les 45 minutes : on appelle cela **to brown bag it** du fait que les gens se servent le plus souvent de sacs en papier marron (**brown bags**) pour porter leurs provisions.

Les grandes entreprises disposent parfois d'une **cafeteria** (cantine) où l'on peut déjeuner et éventuellement prendre sa pause-café (**coffee break**).

Sachez que dans l'ensemble, les Américains ne sont pas gâtés question vacances (**vacation**), en effet la plupart d'entre eux n'ont droit qu'à deux semaines de congé par an, qu'il prennent rarement d'une traite. À partir de dix ans d'ancienneté les salariés bénéficient de quelques jours supplémentaires.

Kit de survie

à l'attention de ...	to the attention of ... *tou Zi etèncheunnov ...*
accusé de réception	acknowledgment of receipt *eukn**o**lidjmeunt ov rissîtt*
bagages	luggage ***leu**guidj*
bagage à main	carry-on *k**a**ri-onn*
bureau *(lieu de travail)*	office ***o**ffiss*
carte de visite	business card *b**i**zneuss cârd*
classe affaires	business class *b**i**zneuss class*
clé USB	USB memory stick ***you**-èss-bî m**è**meuri stik*
client	client *cl**a**yeunt*
collègue	colleague *c**o**ligue*
conférence (sur)	conference (on) *c**o**nnfreunss (onn)*
contrat	contract *c**o**nntract*

costume	suit *soutt*
courrier	mail *meïl*
courrier recommandé	recorded delivery *ricordeud diliveuri*
coursier	courier *courièr*
déjeuner d'affaires	business lunch *bizneuss leuntch*
e-mail	e-mail *î-meïl*
entreprise	business *bizneuss*
exposition	exhibition *èksibicheun*
fax	fax *fax*
faxer	to fax *tou fax*
femme d'affaires	businesswoman *bizneusswoumann*
foire commerciale	trade fair *treïde fèr*
homme d'affaires	businessman *bizneussmann*
Internet	Internet *innteunèt*
interprète	interpreter *innteurprèteur*
itinéraire	itinerary *aïtinèreuri*
ordinateur	computer *commpiouteur*
ordinateur portable	laptop *laptop*
photocopie	photocopy *fôwtôwcopi*
photocopier	to photocopy *tou fôwtôwcopi*
portable *(téléphone)*	cell *sèll*
recharger	to charge *tou tchârdj*
reçu	receipt *rissîtt*
réunion	meeting *mîtinng*
serviette *(sac)*	briefcase *brifkeïss*
taxi	taxi *taxi*
téléconférence	conference call *connfreunss côwl*
traduire	to translate *tou trannsleïte*
voiture de location	rental car *rènntol câr*

À vous

où est le salon classe affaires ?
where is the business class lounge?
wèr iz Ze bizneuss class laowndje?

je suis ici pour affaires
I'm here on business
aïme Hir onn bizneuss

je viens de la part de …
I'm here on behalf of …
aïme Hir onn biHaf ov …

je suis venu(e) pour une formation en …
I'm here for training in …
aïme Hir for treïninng inn …

je suis ici pour un salon / une foire professionnelle
I'm here for a trade exhibition / a trade fair
aïme Hir for e treïde èksibicheun / e treïde fèr

je travaille dans … / pour …
I work in … / for …
aï weurk inn … / for …

je travaille à mon compte
I'm self-employed
aïme sèlfimmploïde

voici ma carte de visite
here's my business card
Hirz maï bizneuss card

vous pouvez m'appeler …
please call me …
plîz cowl mi …

j'aimerais envoyer un fax en France
I'd like to send a fax to France
aïde laïke tou sènnd e fax tou franss

est-ce que vous savez où je peux photocopier / imprimer quelque chose ?
do you know where I can photocopy / print something?
dou you nôw wèr aï keun fôwtôwcopi / prinnt sommTHinng?

j'en voudrais trois copies
I'd like three copies
aïde laïke THrî copiz

où est-ce que je peux brancher mon ordinateur portable ?
where can I plug in my laptop?
wèr keun aï pleuguinn maï laptop?

je voudrais parler à Monsieur / Madame / Mademoiselle …
I'd like to speak to Mr. / Mrs. / Miss / Ms. …
aïde laïke tou spîk tou misteur / missiz / miss / miz …

pouvez-vous me passer le poste 321, s'il vous plaît ?
could you give me extension three two one, please?
coude you give mi ikstèncheun THrî tou wann, plîz?

Vous entendrez ...

did you have a good trip?
vous avez fait bon voyage ?

which hotel are you staying at?
à quel hôtel êtes-vous ?

his / her extension is ...
son numéro de poste est le ...

I'll connect you
je vous le / la passe

who's calling?
c'est de la part de qui ?

he's in a meeting, can I take a message?
il est en rendez-vous, je peux prendre un message ?

En réunion

Avant toute chose, un conseil : soyez à l'heure à vos rendez-vous (**appointments**) car les Américains ne plaisantent pas avec la ponctualité ; pensez à prévenir si vous risquez d'arriver en retard.

Bien que les Américains appellent volontiers les gens par leur prénom et qu'ils aient une attitude souvent plus décontractée que les Européens, il est préférable, lors d'une première prise de contact, de s'adresser aux gens en employant leur nom de famille précédé de **Mr.** (*misteur*) pour un homme, et de **Ms.** (*miz*) pour une femme, cette dernière appellation étant souvent préférable à **Mrs.** (*missiz*) ou **Miss** (*miss*), qui elles précisent le statut de la personne (respectivement mariée ou célibataire). À noter qu'on emploie fréquemment l'appellation **Dr.** (*doctor*) lorsqu'on s'adresse à une personne titulaire d'un doctorat.

Supérieurs hiérarchiques et subordonnés s'appellent le plus souvent par leur prénom. Cette pratique est systématique entre collègues, et ce dès la première rencontre. Cependant, par précaution, il est préférable d'attendre que la personne à qui vous parlez vous invite elle-même à l'appeler par son prénom en disant **please call me John/Jane**/etc (appelez-moi John/Jane/etc.).

Petit détail pratique qui a son importance : n'oubliez pas que si vous avez rendez-vous au **first floor**, il ne s'agit pas du premier étage mais du rez-de-chaussée ! Notre premier étage correspond à leur **second floor** et ainsi de suite…

Sachez également que de nombreuses sociétés américaines ont adopté le **casual Friday** (littéralement le « vendredi décontracté ») : ce jour-là les employés de bureau sont invités à laisser de côté cravates et costumes. Si par hasard vous aviez un rendez-vous d'affaires un vendredi, ne vous étonnez pas d'être l'une des rares personnes à porter un costume !

À vous

j'ai rendez-vous avec … à … heures
I have a meeting with … at … o'clock
*aï Hav e m**î**tinng wiTH … att … e-cl**o**k*

merci d'être venu(e)
thank you for coming
THènnk you for cominng

j'ai besoin d'un interprète qui parle français
I need a French-speaking interpreter
*aï nîd e fr**è**nntch-spîkinng innt**eu**rprèteur*

pourriez-vous vous charger du compte rendu ?
could you take the minutes?
*coude you teïke Ze m**i**neutss?*

nous sommes ici pour parler de …
we're here to talk about …
*wîr Hir tou t**ôw**k-keubaowt …*

quelle est votre position sur le sujet ?
what's your opinion on this subject?
*watss your eup**i**gneun onn Ziss s**eu**bdjèct?*

d'après moi …
in my opinion …
*inn maï eup**i**gneun …*

à mon avis …
in my view …
inn maï viou …

pourriez-vous m'expliquer … ?
could you explain … to me?
*coude you èkspl**eï**n … tou m**i**?*

bien, je pense que c'est tout
OK, I think that's everything
*ôw-keï, aï THinnk Zatss**è**vriTHinng*

fixons la date de notre prochaine réunion
let's set a date for our next meeting
*lètss sètt e d**eï**te for aweur n**è**kst m**î**tinng*

cela m'a fait très plaisir de vous rencontrer
it's been really nice meeting you
*itss binn r**î**li n**aï**sse m**î**tinng you*

je vous recontacterai dans une semaine / dans un mois
I'll be in touch in a week / in a month
*al bi inn t**eu**tch inn e w**î**k / e m**o**nnTH*

Vous lirez ...

agenda ordre du jour
any other business questions diverses
meeting room salle de réunion

Vous entendrez ...

you managed to find us all right?
vous avez réussi à nous trouver sans difficulté ?

let me take your coat
laissez-moi vous débarrasser de votre manteau

if you'd like to wait, I'll tell him you're here
si vous voulez bien patienter, je vais le prévenir de votre arrivée

can I get you something to drink?
puis-je vous proposer quelque chose à boire ?

Mr. / Ms. ... will see you now
Monsieur / Madame / Mademoiselle ... va vous recevoir

the director is waiting for you in his office
le directeur vous attend dans son bureau

it's on the first floor, second door on the left
c'est au rez-de-chaussée, la deuxième porte à gauche

À l'hôtel

À vous

il y a des messages pour moi ?
are there any messages for me?
âr Zèr èni ***mè****sseudjeuz for mi?*

il y a du courrier pour moi ?
is there any mail for me?
iz Zèr èni meïl for mi?

pouvez-vous poster cette lettre pour moi ?
could you mail this letter for me?
coude you meïl Ziss ***lè****tteur for m****i****?*

pouvez-vous me passer la chambre 29, s'il vous plaît ?
could you connect me with room twenty-nine, please?
*coude you ken****è****kt mi wiZ roum tw****è****nti-naïne, pl****î****z?*

comment fait-on pour appeler à l'extérieur ?
what do I dial to get an outside line?
*watt dou aï d****aï****eul tou guèt ann* ***aow****tsaïde laïne?*

à combien s'élève ma note de téléphone ?
how much is my telephone bill?
Haow meutch iz maï ***tè****leufôwn bil?*

y a-t-il une connexion WiFi ?
is there a WiFi connection?
*iz Zèr e waï-faï conn****è****kcheun?*

vous avez un coffre-fort ?
do you have a safe?
*dou you Hav e s****eï****fe?*

vous pourriez me réveiller à … heures ?
could you wake me up at … o'clock?
*coude you w****eï****ke mi eup att … e-cl****o****k?*

pouvez-vous m'expliquer comment fonctionne la climatisation ?
could you tell me how the air conditioning works?
*coude you tèl mi Haow Zi èr konnd****i****cheuninng w****eu****rks?*

Voyages d'affaires

y a-t-il un service de blanchisserie ?
is there laundry service?
iz Zèr ***low****ndri* ***seu****rviss?*

je pars demain très tôt
I'm leaving very early tomorrow
aïme ***lî****vinng vèri* ***eu****rli toum****a****rôw*

pouvez-vous m'appeler un taxi ?
could you call me a taxi?
*coude you c****owl*** *mi e t****a****xi?*

Vous entendrez …

do you need a receipt?
avez-vous besoin d'un reçu ?

there's a message / a fax for you
il y a un message / un fax pour vous

Mr. / Ms. … came to see you this afternoon at three o'clock
Monsieur / Madame / Mademoiselle … est venu vous voir cet après-midi à 15 heures

the taxi will be here in ten minutes
le taxi sera là dans dix minutes

Voyageurs handicapés

Si vous êtes handicapé ou que vous voyagez avec une personne handicapée, vous ne devriez pas rencontrer trop de difficultés pendant votre séjour aux États-Unis. En effet, la loi stipule que tout édifice public doit être accessible aux personnes se déplaçant en fauteuil roulant.

En outre la plupart des rues sont équipées de **curb cuts** (trottoirs aménagés) pour faciliter la circulation des personnes à mobilité réduite.

Par ailleurs, de nombreux cinémas et salles de concerts sont pourvues de **hearing loops** (boucles d'induction pour malentendants).

Pour obtenir des informations précises sur les aménagements pour handicapés, nous vous recommandons de vous renseigner auprès de l'office du tourisme de l'État ou de la région que vous souhaitez visiter.

Kit de survie

accompagnateur	caretaker *kèrr**teï**keur*, nurse ***neu**rsse*
ambulance	ambulance ***a**mmbiouleunnss*
à mobilité reduite	(with) reduced mobility *(wiTH) rid**you**st môwb**i**leuti*
ascenseur	elevator ***è**leveïteur*
aveugle *(adj)*	blind *blaïnnd*
béquille	crutch *creutch*
braille	Braille *breïl*
canne	cane *keïne*
canne blanche	white stick *w**aï**te stik*
chariot à bagages	luggage cart ***leu**guidj cârt*
chien d'aveugle	guide dog *gaïde dog*
daltonien	color blind *c**o**leur bl**aï**nnd*
déambulateur	Zimmer® frame *z**i**mmeur fr**eï**me*, walker *w**ow**keur*
diabétique	diabetic *dayeub**è**tic*
discrimination	discrimination *discr**i**meun**eï**cheun*
docteur	doctor *d**o**cteur*

épileptique	epileptic ***è**peulèptic*
escalier mécanique	escalator ***è**skeuleïteur*
fauteuil roulant	wheelchair *w**î**l-tchèr*
handicap	disability *d**i**sseubi**l**euti*
handicapé	*(adj)* disabled *disse**ï**beuld* ; *(n)* disabled person *disse**ï**beuld **peu**rseun*
handicapé mental	*(adj)* mentally-disabled *m**è**nnteuli-disse**ï**beuld* ; *(n)* mentally-disabled person *m**è**nnteuli-disse**ï**beuld **peu**rseun*
handicapé physique	*(adj)* physically-disabled *f**i**zikli-disse**ï**beuld* ; *(n)* physically-disabled person *f**i**zikli-disse**ï**beuld **peu**rseun*
interprète	interpreter *innt**eu**rprèteur*
langue des signes	sign language *s**aï**nn l**è**nngweudj*
lire sur les lèvres	to lip read *tou lip rîd*
lunettes	glasses *gl**a**sseuz*
malentendant *(adj)*	hearing-impaired *Hîrinng-immp**è**rd*
malvoyant *(adj)*	partially sighted *p**â**rcheuli s**aï**teude*
médicaments	medication *mèdik**eï**cheun*
monte-escaliers	stairlift *st**è**r-lift*
ordonnance	prescription *prèscr**i**pcheun*
personnes âgées	elderly ***è**ldeuli*
prothèse auditive	hearing aid *H**î**rinng eïde*
pharmacie	drugstore *dr**eu**gstôwr*, drug pharmacy *dr**eu**g f**a**rmeussi*
rampe	ramp *r**a**mmp*
SAMU	paramedics *param**è**dikss*, ambulance service ***a**mmbiouleunss s**eu**rviss*
soins *(médicaux)*	medical care *m**è**dikeul k**è**r*
sourd *(adj)*	deaf *d**è**f*
sourd-muet *(adj)*	deaf-mute *dèf-mioute*

À vous

je suis handicapé(e)
I'm disabled
*aïme disse**ï**beuld*

Voyageurs handicapés

j'ai besoin d'un fauteuil roulant / d'un déambulateur
I need a wheelchair / a Zimmer® frame
*aï nîd e **wîl**-tchèr / e **zi**mmeur **freï**me*

je suis aveugle / malvoyant(e)
I'm blind / partially sighted
*aïme bl**aï**nd / **pâ**rcheuli **saï**teud*

j'ai un chien d'aveugle / une canne blanche
I have a guide dog / a white stick
*aï Hav e **gaï**de dog / e **waï**te stik*

je suis sourd(e) / malentendant(e)
I'm deaf / hearing-impaired
*aïme d**è**f / H**î**rinng-immp**è**rd*

j'utilise une prothèse auditive
I use a hearing aid
*aï youz e H**î**rinng **eï**de*

j'ai besoin d'un interprète en langue des signes
I need a sign-language interpreter
*aï nîd e s**aï**nn-l**è**nngweudj innt**eu**rprèteur*

pourriez-vous me l'écrire, s'il vous plaît ?
could you write it down for me, please?
*coude you r**aï**t-titt d**aow**n for mi pl**î**z?*

parlez plus fort, s'il vous plaît
speak up, please
*sp**î**k-keup, pl**î**z*

pouvez-vous m'aider ?
can you help me?
*keun you H**è**lp mi?*

qu'est-ce que vous avez comme aménagements pour les handicapés ?
what facilities do you have for the disabled?
*watt feuss**i**litiz dou you Hav for Ze diss**eï**beuld?*

est-ce qu'il y a des toilettes pour handicapés ?
are there restrooms for the disabled?
*âr Zèr r**è**stroumz for Ze diss**eï**beuld?*

Vous lirez ...

access ramp	rampe d'accès
adapted for wheelchairs	adapté aux fauteuils roulants
automatic door	porte automatique
handicapped access	accès pour handicapés
handicapped parking	place de parking pour handicapés
handicapped restrooms	toilettes pour handicapés
pedestrian zone	zone piétonne

Vous entendrez ...

can I help you?
est-ce que je peux vous aider ?

Voyager

À vous

est-ce que quelqu'un peut porter mes bagages ?
can someone carry my luggage?
*kenn sommwann k**è**ri maï **leu**guidj?*

y aura-t-il quelqu'un pour m'aider à l'arrivée ?
will there be someone to help me when I arrive?
*wil Zèr bi sommwann tou H**è**lp mi wènn aï eur**aï**ve?*

où est l'ascenseur / l'entrée pour les fauteuils roulants ?
where is the elevator / the handicapped entrance?
*wèr iz Ze **è**leveïteur / Ze H**a**nndikapt **è**nntreunss?*

est-ce qu'il y a des rampes d'accès ?
are there handicapped-access ramps?
*âr Zèr H**a**nndikapt-euks**è**ss r**a**mmpss?*

il y a des places de parking pour handicapés ?
are there handicapped parking spaces?
*âr Zèr H**a**nndikapt p**â**rkinng sp**eï**sseuz?*

j'aurais besoin d'aide pour embarquer
I will need help boarding
*aï wil nîd Hèlp b**ow**rdinng*

est-ce que j'aurai droit à un embarquement prioritaire ?
will I have priority boarding?
wil aï Hav prayoriti bowrdinng?

j'ai une prothèse de la jambe / du bras
I have a prosthetic leg / arm
aï Hav e prosTHètik lèg / ârm

je voudrais réserver un siège côté couloir
I'd like to reserve an aisle seat
aïde laïke tou rizeurv ann aïle sît

il y a de la place pour un fauteuil roulant ?
is there room for a wheelchair?
iz Zèr roum for e wîl-tchèr?

y a-t-il un service de vente ambulante dans le train ?
is there food service on this train?
iz Zèr foud seurviss onn Ziss treïne?

pourriez-vous m'appeler un taxi pour handicapés ?
could you call me a taxi suitable for the handicapped?
coude you cowl mi e taxi soutebeul for Ze Hanndikapt?

pouvez-vous m'aider à traverser la rue ?
could you help me cross the street?
coude you Hèlp mi cross Ze strît?

Vous lirez ...

seat reserved for disabled passengers siège réservé aux personnes handicapées

Vous entendrez ...

you need to be there one hour before check-in closes
il faut vous présenter une heure avant la fin de l'enregistrement

À l'hôtel

À vous

est-ce que l'hôtel est dans le centre-ville ?
is the hotel downtown?
iz Ze Hôwtèl daowntaown?

y a-t-il un ascenseur ?
is there an elevator?
iz Zèr ann èleveïteur?

quelle est la largeur des portes ?
how wide are the doors?
Haow waïde ar Ze dowrz?

avez-vous des chambres libres au rez-de-chaussée ?
do you have rooms available on the first floor?
dou you Hav roumz euveïleubeul onn Ze feurst flor?

avez-vous des chambres spéciales pour handicapés ?
do you have rooms for the handicapped?
dou you Hav roumz for Ze Hanndikapt?

avez-vous des chambres communicantes ?
do you have connecting rooms?
dou you Hav keunèctinng roumz?

est-ce que la salle de bains est équipée de barres de maintien ?
does the bathroom have handrails?
daz Ze baTHroum Hav Hanndreïlz?

j'ai des médicaments qui doivent être réfrigérés
I have medication that needs to be refrigerated
aï Hav mèdikeïcheun Zat nîdz tou bi rifridjeureïteud

pouvez-vous venir me chercher ?
can you come to pick me up?
keun you comm tou pik mî eup?

Voyageurs handicapés

Visites

À vous

il y a combien de marches dans le musée / le restaurant / le théâtre ?
how many steps are there in the museum / restaurant / theater?
Haow mèni stèpss ar Zèr inn Ze myouzi-eum / rèstreunt / THi-ateur?

la visite est-elle fatigante ?
is the tour tiring?
iz Ze tour taïrinng?

il y a un tarif réduit pour les handicapés ?
is there a discount for the handicapped?
iz Zèr e discaownt for Ze Hanndikapt?

où est-ce que je peux m'asseoir ?
where can I sit down?
wèr keun aï sitt daown?

est-ce que ce guide est disponible en gros caractères / en braille / en noir et blanc ?
is the guide available in large type / in Braille / in black and white?
iz Ziss gaïde euveïleubeul inn lârdj taïpe / inn breïl / inn blak ènd waïte?

quelles activités proposez-vous pour les aveugles / les sourds / les handicapés ?
what activities do you offer for the blind / the deaf / the disabled?
watt activitiz dou you offeur for Ze blaïnnd / Ze dèf / Ze disseïbeuld?

avez-vous un audioguide ?
do you have an audioguide?
dou you Hav ann owdiogaïde?

est-ce qu'il y a des soins médicaux sur place ?
are there any medical provisions on site?
ar Zèr èni mèdikeul preuvijeunz onn saïte?

Vous lirez …

guide dogs allowed	les chiens d'aveugles sont autorisés
free entry for disabled visitors	entrée gratuite pour les visiteurs handicapés

Vous entendrez …

we have a hearing loop
nous avons une boucle d'induction

may I see your proof of disability?
puis-je voir votre carte d'handicapé ?

Hébergement

Toutes les grandes villes et destinations présentant un intérêt touristique sont dotées d'un office du tourisme (**Tourist Information Center**) qui pourra vous renseigner sur les formules d'hébergement disponibles, les restaurants, les commerces et les attractions touristiques locales, et vous donnera également un aperçu de l'histoire de la ville ou de la région en question.

Si vous emportez des appareils électriques, sachez que sur tout le territoire des États-Unis le voltage est de 110 V.

Kit de survie

accueil	reception *ris**è**pcheun*
appartement	apartment *eup**a**rtmeunt*
auberge de jeunesse	youth hostel *youTH H**o**steul*
avec cuisine	with kitchen *wiTH k**i**tcheun*
avec douche	with shower *wiTH ch**a**weur*
baignoire	bath *baTH*
balcon	balcony *b**a**lkeuni*
camping	*(lieu)* campsite *c**a**mmpsaïte* ; *(activité)* camping *c**a**mmpinng*
caravane	recreational vehicle *rikri**eï**cheunol vîikeul,* RV *ârvî*
chambre	room *roum*
chambre double	double room *d**a**beul roum*
chambre familiale	family room *f**a**meuli roum*
chambre pour une personne	single room *s**i**nngueul roum*
chauffage	heating *H**î**tinng*
clé	key *k**î***
clé magnétique	keycard *k**î**cârd*
climatisation	air conditioning *èr konnd**i**cheuninng*
climatisé	air conditioned *èr konnd**i**cheund*
couverture	blanket *bl**a**nnkèt*
demi-pension	modified American plan *m**o**difaïd eum**è**rikeun plann*
dortoir	dormitory *d**o**rmiteri*

douche shower *ch**a**weur*
draps sheets *chîtss*
gîte vacation cottage *veke**ï**sheun c**o**ttidj*
hôtel hotel *Hôwt**è**l*
lit bed *bèd*
lit d'enfant cot *cott*
lit double double bed *d**a**beul bèd*
lit pour une personne single bed *s**i**nngueul bèd*
lits jumeaux twin beds *twinn b**è**dz*
locataire tenant *t**è**neunte*
location vacation rental *veke**ï**sheun r**è**nntol*
louer to rent *tou rènnt*
maison house *H**a**owss*
pension complète American plan *eum**è**rikeun plann*
petit déjeuner compris breakfast included *br**è**kfeust innkl**ou**deud*
prix par nuit price per night *praïss peur naït*
prix par personne price per person *praïss peur p**eu**rsonn*
propriétaire owner ***ô**wneur*
réserver to reserve *tou riz**eu**rv*, to book *tou bouk*
salle de bains bathroom *b**a**THroum*
service de chambre room service *roum s**eu**rviss*
tente tent *tènnt*
toilettes restrooms *r**è**stroumz*
tout compris all inclusive *owl-innkl**ou**ziv*

Hébergement

À vous

est-ce que vous pouvez m'écrire l'adresse ?
could you write down the address for me?
*coude you raïte d**a**own Zi eudr**è**ss f**o**r mi?*

j'ai fait une réservation
I've made a reservation
*aïv meïde e rizeurve**ï**sheun*

au nom de …
in the name of …
*inn Ze ne**ï**me ov …*

j'ai réservé une chambre pour deux sur Internet / par téléphone
I reserved a room for two online / over the phone
aï rizeurvde e roum for tou onn-laïne / ôwveur Ze fôwn

où peut-on faire les courses dans le coin ?
where can I do some shopping around here?
wèr keun aï dou somm choppinng euraownd Hir?

est-ce qu'il serait possible de rester une autre nuit ?
would it be possible to stay another night?
woud-ditt bi possibeul tou steï enoZeur naïte?

vous acceptez les cartes de crédit ?
do you take credit cards?
dou you teïke krèditt cârdz?

y a-t-il une banque par ici ?
is there a bank near here?
iz Zèr e bannk nîr Hir?

Vous lirez ...

bathroom	salle de bains
cable television	télévision par câble
double room	chambre double
en-suite room	chambre avec salle de bains
king-size bed	lit très grand format (de 2 mètres sur 1,95 mètre)
no vacancies	complet
private	privé
queen-size bed	lit grand format (de 2 mètres sur 1,50 mètre)
rack rate	tarif de la chambre, hors promotions et offres spéciales
reception	réception
satellite television	télévision par satellite
single room	chambre pour une personne
vacancies	chambres libres
with kitchen	avec cuisine

Vous entendrez ...

can I see your passport?
est-ce que je peux voir votre passeport ?
could you fill out this form?
est-ce que vous pouvez remplir cette fiche ?
can I see a credit card, please?
si vous voulez bien me montrer votre carte de crédit, s'il vous plaît

Hôtel et chambre d'hôte

Tout comme en Europe, il existe aux États-Unis des hôtels pour tous les budgets. Les réservations se font généralement à l'aide d'une carte de crédit internationale, par Internet ou par téléphone.

Les hôtels de charme (bizarrement nommés **boutique hotels**) ont de plus en plus de succès aux États-Unis. Généralement plus petit que l'hôtel moyen, l'hôtel de charme vous proposera un service plus personnalisé dans un cadre soigné.

Le matin vous aurez le choix entre un **continental breakfast**, qui correspond au petit déjeuner tel qu'on le consomme en France, et un petit déjeuner à l'américaine, beaucoup plus copieux. Sachez que dans les grands hôtels le petit déjeuner n'est pas toujours compris, il est donc recommandé de se renseigner à l'avance.

Les **motels** sont une forme d'hébergement typiquement américaine. Ils sont conçus pour répondre aux besoins des automobilistes, la plupart d'entre eux sont donc situés aux abords des routes importantes. Quand ils sont complets, les motels affichent généralement **no vacancies** (et dans le cas contraire **vacancies**) à l'aide d'un néon situé à proximité de la route. Bien qu'ils ne proposent pas toujours tous les services que l'on trouve dans les hôtels, les motels constituent une formule d'hébergement meilleur marché que ces derniers, et certains sont tout de même assez luxueux.

De nombreux motels appartiennent à des chaînes du type Howard Johnson, Best Western, et Holiday Inn mais les établissements indépendants ont souvent plus de charme et permettent aux voyageurs de se faire une meilleure idée du caractère de la région visitée. Le prix de la chambre comprend généralement un **continental breakfast**.

Le **bed and breakfast** (littéralement « lit et petit déjeuner »), ou plus couramment **B&B** (prononcez *bî ènd bî*) constitue également une solution de logement intéressante pour ceux qui veulent éviter le caractère impersonnel des chaînes hôtelières. Ces établissements sont souvent situés dans d'anciennes demeures et décorés de meubles anciens. Le petit déjeuner y est fréquemment servi sous forme de buffet (**buffet style**), ce qui donne l'occasion aux clients de lier connaissance s'ils le souhaitent.

Nombreux sont les hôtels et B&B entièrement non-fumeurs. Ceci dit, il n'est pas rare que les grands hôtels aient quelques chambres réservées aux fumeurs, voire un étage entier. Si vous souhaitez fumer pendant votre séjour à l'hôtel, renseignez-vous avant de réserver.

Pour ce qui est de régler, la note sera le plus souvent glissée sous la porte de votre chambre le matin de votre départ. Selon les hôtels, l'heure limite de départ (**check-out time**) varie de midi à 15h ; dans les motels il faut libérer les chambres plus tôt, généralement entre 11h et midi.

Enfin, sachez que dans l'immense majorité des cas les prix affichés sont hors taxes : il faut parfois ajouter jusqu'à 15% de **hotel tax**.

À vous

est-ce qu'il vous reste des chambres de libres ?
do you have any rooms available?
*dou you Hav èni roumz euv**eï**lebeul?*

combien coûte une chambre individuelle / double ?
how much is a single room / double room?
*H**a**ow meutch iz e s**i**nngueul roum / d**a**beul roum?*

je voudrais réserver une chambre pour une personne / une chambre double
I'd like to reserve a room for one person / a double room
*aïde laïke tou riz**eu**rv e r**ou**m for wann p**eu**rsonn / e d**a**beul roum*

je voudrais réserver deux chambres individuelles
I'd like to reserve two single rooms
*aïde laïke tou riz***eu***rv tou s***i***nngueul roumz*

je voudrais une chambre avec des lits jumeaux
I'd like a double room
*aïde laïke e d***a***beul roum*

une chambre pas chère pour une personne
a cheap single room
*e tchîp s***i***nngueul roum*

pour trois nuits
for three nights
for THri naïtss

une chambre familiale pour un couple et deux enfants
a family room for a couple and two children
*e f***a***meuli roum for e k***a***peul ènde t***ou** *tch***i***ldreun*

vous n'avez rien de moins cher ?
do you have anything cheaper?
dou you Hav ***è****niTHinng tch***î***peur?*

combien coûte une chambre avec salle de bains ?
how much is a room with an en-suite bathroom?
*H***a***ow meutch iz e roum wiTH ann en-suite b***a***THroum?*

nous pensons rester deux nuits
we're planning to stay for two nights
*w***i***r pl***a***nninng tou steï for tou naïtss*

pourriez-vous me recommander un autre hôtel ?
could you recommend another hotel?
*coude you rècomm***è***nd en***o***Zeur Hôwt***è***l?*

est-ce que l'hôtel est près du centre ?
is the hotel near downtown?
*iz Ze Hôwt**è**l nîr d**a**owntaown?*

est-ce qu'il est possible d'ajouter un lit supplémentaire ?
would it be possible to add an extra bed?
*woud-ditt bi p**o**ssibeul tou ad ann **è**kstra bèd?*

est-ce que je peux voir la chambre ?
can I see the room?
kènaï sî Ze roum?

avez-vous quelque chose de plus calme / grand ?
do you have anything quieter / bigger?
*dou you Hav **è**niTHinng kw**aï**yeteur / b**i**gueur?*

c'est bien, je la prends
it's fine, I'll take it
*itss f**aï**ne, al t**eï**k-kitt*

à quelle heure la chambre sera-t-elle prête ?
what time will the room be ready?
*watt t**aï**me wil Ze roum bi r**è**di?*

la clé de la ..., s'il vous plaît
the key for room ..., please
*Ze k**î** for roum ..., pl**î**z*

Services

est-ce que le petit déjeuner est inclus ?
is breakfast included?
*iz br**è**kfeust innkl**ou**deud?*

à quelle heure est servi le petit déjeuner ?
what time is breakfast served?
*watt taïme iz br**è**kfeust s**eu**rvd?*

est-ce que je pourrais prendre le petit déjeuner dans ma chambre ?
could I have breakfast in my room?
*coud-daï Hav br**è**kfeust inn maï r**ou**m?*

je ne veux pas de petit déjeuner
I don't want breakfast
*aï donnte wante br**è**kfeust*

est-ce qu'il y a un ascenseur ?
is there an elevator?
iz Zèr ann ***è****leveïteur?*

est-ce que vous pouvez me téléphoner pour me réveiller demain matin ?
could you give me a wake-up call tomorrow morning?
*coude you giv mi e weïkeup c****o****wl toum****a****rôw m****o****wrninng?*

est-ce que j'ai accès à la salle de gym ?
can I use the gym?
keun aï ***iou****z Ze dj****i****mm?*

est-ce que je pourrais emprunter un fer à repasser ?
could I borrow an iron?
*coud-daï b****â****row ann* ***aï****yeun?*

je voudrais commander quelque chose à manger
I'd like to order something to eat
aïde laïke tou ***o****rdeur sommTHinng tou* ***î****tt*

Problèmes

j'aimerais changer de chambre, la mienne est trop bruyante
I'd like another room, mine is too noisy
aïde laïke enoZeur roum, maïne iz tou noïzi

est-ce que je peux avoir une couverture supplémentaire ?
could I have an extra blanket?
coud-daï Hav ann ***è****kstra bl****a****nnkèt?*

y a-t-il une prise pour le rasoir ?
is there a socket for shavers?
*iz Zèr e s****o****kkèt for ch****eï****veurz?*

la climatisation ne marche pas
the air conditioning isn't working
*Zi èr konnd****i****cheuninng* ***i****zeunte w****eu****rkinng*

il n'y a pas de bonde pour la baignoire
there's no plug for the bath
*Zèrz nôw pl****eu****g for Ze b****a****TH*

je n'arrive pas à faire marcher la douche
I can't get the shower to work
*aï kante guèt Ze ch****a****weur tou w****eu****rk*

pouvez-vous me montrer comment ça marche ?
can you show me how it works?
kenn you chôw mi Haow itt weurkss?

nous n'avons pas de serviettes de toilette
we don't have any towels
*wi donnte Hav èni t**a**weulz*

il n'y a plus de papier toilette
there's no toilet paper
*Zèrz nôw t**oï**lèt p**eï**peur*

Vous entendrez …

there's a hotel near …
il y a un hôtel près de …

what are you looking for?
qu'est-ce que vous cherchez ?

with or without an en-suite bathroom?
une chambre avec ou sans salle de bains ?

no, I'm sorry, we're full / there's no vacancy
non, je regrette, nous sommes complet / il n'y a plus aucune chambre de libre

I only have one double room left
il ne me reste qu'une chambre double

how many nights is it for?
c'est pour combien de nuits ?

the rooms are available from noon
les chambres sont disponibles à partir de midi

what's your name, please?
quel est votre nom, s'il vous plaît ?

what time do you think you'll be arriving?
à quelle heure pensez-vous arriver ?

this is the key to the front door and the other one is your room key
celle-là est la clé de la porte d'entrée et l'autre celle de votre chambre

check-out time is noon
les chambres doivent être libérées avant midi

yes, breakfast is included
oui, le petit déjeuner est inclus

no, breakfast isn't included
non, le petit déjeuner n'est pas inclus

breakfast is served between half past seven and nine / seven thirty and nine
le petit déjeuner est servi entre 7h30 et 9h

what's the problem?
quel est le problème ?

which room are you in?
vous êtes dans quelle chambre ?

would you like me to call you a taxi?
voulez-vous que je vous appelle un taxi ?

Auberge de jeunesse

Les auberges de jeunesse (**Youth Hostels**) constituent une formule d'hébergement intéressante pour ceux qui ont un budget limité ou qui souhaitent rencontrer d'autres voyageurs. Aux États-Unis, on les repère grâce au logo **Hostelling International** qui représente une maison et un sapin dans un triangle bleu. La plupart des auberges (**hostels**) sont situées dans les grandes villes ou à proximité des sites touristiques importants ; les **backpackers** (routards) y sont les bienvenus.

Elles proposent des chambres collectives non mixtes et d'autres pour les couples et les familles. Il en existe plus d'une soixantaine, concentrées essentiellement à l'est et à l'ouest du pays ; le centre du pays, beaucoup moins touristique, en est largement dépourvu.

Certaines auberges bénéficient de cadres exceptionnels, comme celle de Klamath, située dans le Redwood National Park, au nord de la Californie, aménagée dans une vaste demeure de pionniers de la fin du XIe siècle, ou encore celle de Midpines, à la lisière du parc national de Yosemite, installée dans une maison en bois au milieu des arbres. Il est conseillé de réserver à l'avance, surtout en haute saison et dans les régions touristiques. Pour connaître la liste des auberges et réserver, consultez http://www.hihostels.com/dba/country-US.fr.htm. Il est recommandé de se procurer une carte internationale des auberges de jeunesse avant votre départ (http://www.fuaj.org).

Dans certaines villes, comme New York, les **YMCA** (**Young Men's Christian Association**) et les **YWCA** (**Young Women's Christian Association**) constituent également une formule d'hébergement relativement bon marché (http://www.ymcanyc.org/index.php?id=1134).

À vous

est-ce qu'il vous reste de la place pour deux personnes pour cette nuit ?
do you have any vacancies for two people for tonight?
dou you Hav èni ***veï****keunssiz for t****ou*** *pîpeul for toun****aï****te?*

on a réservé pour deux personnes pour trois nuits
we have a reservation for two people for three nights
*wi Hav e rizeurv****eï****sheun for t****ou*** *pîpeul for THr****i*** *n****aï****tss*

une chambre privée
a private room
*e pr****aï****veut roum*

est-ce que je peux laisser mon sac à dos à la réception ?
can I leave my backpack at reception?
*keun aï l****î****v maï b****a****kpak att ris****è****pcheun?*

est-ce qu'il y a un endroit où on pourrait laisser nos vélos ?
is there somewhere we can leave our bikes?
*iz Zèr s****o****mmwèr wi keun l****î****v aweur b****aï****kss?*

je viendrai le récupérer vers 7 heures
I'll come and get it around seven o'clock
*al comm ènde guèt itt eur****a****ownd s****è****veune e-cl****o****k*

il n'y a pas d'eau chaude
there's no hot water
*Zèrz nôw Hott w****ow****teur*

l'évier est bouché
the sink's clogged
Ze sinnkss klogde

est-ce qu'il y a un couvre-feu ?
do you have a curfew?
*dou you Hav e k****eur****fiou?*

Hébergement

Vous lirez ...

bunk bed	lit superposé
female dormitory	dortoir femmes
male dormitory	dortoir hommes
mixed dormitory	dortoir mixte
private room	chambre privée
shared bathroom	salle de bains commune

Vous entendrez …

do you have a membership card?
avez-vous une carte de membre ?

sheets are provided
les draps sont fournis

the hostel is open again from six o'clock
l'auberge rouvre à 6 heures

twenty-four hour reception
réception ouverte 24h/24

Location

Si vous souhaitez vous immerger véritablement dans l'**American way of life**, une bonne solution est de louer logement le temps de votre séjour. Bien entendu les prix varient en fonction du logement, du lieu et de la saison, mais il s'agit dans l'ensemble d'une solution intéressante d'un point de vue tant financier que culturel.

Depuis l'appartement au cœur de Manhattan jusqu'à la maison en rondins (**log cabin**) dans les Rocheuses, en passant par la maison au bord de l'océan (**beach house**) en Californie ou en Floride, les possibilités sont presque infinies. Le plus pratique est d'effectuer ses recherches sur Internet, en visitant www.vacationrentals.com, par exemple.

À vous

je cherche quelque chose qui soit près du centre
I'm looking for something close to downtown
*aïme loukinng for sommTHinng clôwss tou d**a**owntaown*

où dois-je prendre / laisser les clés ?
where do I pick up / leave the keys?
*wèr dou aï pikeup / l**î**v Ze k**î**z?*

l'électricité est-elle comprise dans le prix ?
is electricity included in the price?
*iz ilèctr**i**ssiti innkl**ou**deud inn Ze pr**aï**ss?*

les draps et serviettes sont-ils fournis ?
are sheets and towels provided?
*âr chîtss ènde taweulz prov**aï**did?*

y a-t-il une piscine ?
is there a swimming pool?
*iz Zèr e sw**i**mminng poul?*

faut-il avoir une voiture ?
do you need a car?
*dou you nîd e c**â**r?*

la location convient-t-elle à des personnes âgées / à des enfants ?
are the accommodations suitable for the elderly / for children?
*âr Zi akameud**eï**cheunz s**ou**tebeul for Zi **è**ldeuli / for tch**i**ldreun?*

où est le compteur électrique ?
where is the electricity meter?
*wèr iz Zi ilèctr**i**ssiti m**î**teur?*

est-ce qu'il y a des ... de rechange ?
are there any spare ...?
âr Zèr èni spère ...?

où dois-je sortir les poubelles ?
where do I throw out the garbage ?
wèr dou aï THrôw aowt Ze gârbidj?

je suis désolé(e), j'ai cassé le / la ...
I'm sorry, I've broken the ...
aïme sorri, aïve brôwkeun Ze ...

je ne trouve pas le / la ...
I can't find the ...
aï kante faïnde Ze ...

j'ai fermé la porte en laissant les clés à l'intérieur
I've locked myself out
aïve lokt maïsèlf aowt

Vous entendrez ...

someone will come to clean the house after you leave
il y a quelqu'un qui va passer pour le ménage après votre départ

it's fully furnished
c'est entièrement meublé

the price includes heating, electricity and gas
le prix comprend le chauffage, l'électricité et le gaz

there is an extra charge for bed linens and towels
il faut payer un supplément pour les draps et les serviettes

your reservation is pending until you pay a deposit of 50 percent
votre réservation est provisoire jusqu'à réception d'une caution de 50 pour cent

it's essential to have a car in this region
il est indispensable d'avoir une voiture dans cette région

Camping

On trouve des terrains de camping (**campgrounds**) dans la plupart des parcs nationaux (**National Parks**) et des parcs d'État (**State Parks**). La plupart sont dotés de bornes de raccordement pour les camping-cars (**recreational vehicles** ou **RV**), et sont pourvus de sanitaires. Il existe aussi des campings privés dont certains font partie de l'organisation **Campgrounds of America** (**KOA**) (http://www.campgroundsofamerica.com/); ces derniers disposent souvent d'une piscine, d'une salle de jeux et d'un magasin d'alimentation.

Attention, ne campez jamais dans les aires de repos (**reststops**) ou le long de la route : non seulement c'est illégal mais c'est aussi très risqué.

À vous

y a-t-il un camping près d'ici ?
is there a campsite near here?
*iz Zèr e c**am**mpsaïte nî**r** Hi**r**?*

je voudrais un emplacement pour une tente pour deux jours
I'd like a space for one tent for two days
*aïde laïke e speïss for wann t**è**nnt for tou deïz*

est-ce qu'il y a une cabine téléphonique ?
is there a public phone?
*iz Zèr e p**a**blik f**ôw**n?*

c'est combien par jour ?
how much is it a day?
*H**a**ow meutch izitt e d**eï**?*

où sont les poubelles / les douches ?
where are the garbage cans / the showers?
*wèr âr Ze g**â**rbidj kannz / Ze ch**a**weurz?*

je voudrais régler
I'd like to pay
*aïde laïke tou p**eï***

est-ce que vous pourriez nous prêter votre … ?
could you lend us your …?
coude you lènndeuss your …?

Vous entendrez …

don't hesitate to call me if you have any problems
n'hésitez pas à m'appeler si vous avez un problème

it's … a day / per person and … per tent
c'est … par jour / par personne et … par tente

you'll need two dollars for the showers
vous aurez besoin de deux dollars pour les douches

the dishwashing area is over there
le coin vaisselle est là-bas

do you need an electric hook-up?
avez-vous besoin d'un branchement ?

Matériel de camping

allumettes	matches *matchiz*
bidon	canteen *canntinn*
boussole	compass *cammpeuss*
branchement	electric hook-up *ilèctric Houk-keup*
briquet	lighter *laïteur*
buanderie	laundry room *lowndri roum*
Camping-Gaz®	camping stove *cammpinng stôwve*
canif	pocketknife *pokèt-naïfe*
chaise pliante	folding chair *fôwldinng tchèr*
corde	rope *rôwpe*
corde de tente	guy rope *gaï rôwpe*
décapsuleur	bottle opener *botteul ôwpeneur*
double toit	flysheet *flaï-chît*
eau potable	drinking water *drinnkinng wowteur*
glacière	ice box *aïss box*
hamac	hammock *Hammeuk*
lampe de poche	flashlight *flachlaït*
lit de camp	camp bed *cammp bèd*
maillet	mallet *maleut*
marteau	hammer *Hammeur*
mât de tente	tent pole *tènnt pôwle*
matelas pneumatique	inflatable mattress *innfleïtebeul mattrèss*

matériel de camping	camping equipment *cammpinng ikwipmeunt*
moustiquaire	mosquito net *meuskîtôw nètt*
oreiller	pillow *pilôw*
ouvre-boîtes	can opener *kann-ôwpeneur*
papier hygiénique	toilet paper *toïlèt peïpeur*
piquet de tente	tent peg *tènnt pèg*
pompe	pump *peump*
réchaud	portable stove *powrtebeul stôwve*
sac à dos	knapsack *napsak*
sac de couchage	sleeping bag *slîpinng bag*
seau	bucket *bakeutt*
tapis de sol	ground sheet *graownd chîtt*
tente	tent *tènnt*
Thermos®	thermos *THeurmoss*
trousse de secours	first-aid kit *feurst-teïd kit*

Cuisine et loisirs

Pour profiter au maximum de ce que les États-Unis peuvent vous offrir

Sortir

D'une manière générale, les Américains sont plutôt chaleureux et il n'est pas rare d'être invité à prendre un verre ou manger un morceau par une personne que l'on vient de rencontrer. Cependant, même si vous voyagez seul, vous ne manquerez pas de distractions. Les hôtels disposent le plus souvent de guides où sont répertoriées les attractions touristiques locales. Dans les grandes villes et les zones touristiques on pourra se renseigner auprès de l'office du tourisme (**Tourist Information Center**), parfois également appelé **Convention and Visitors Bureau** ou **CVB**.

On peut consulter les informations touristiques sur le site Internet de l'État que l'on souhaite visiter. Il est également recommandé de consulter le supplément week-end du journal local où l'on trouvera la liste des expositions, spectacles, restaurants, boîtes de nuit, etc. À New York on consultera le magazine **Time Out New York** et le **Village Voice** (hebdomadaire gratuit, également consultable en ligne).

Pour accéder à une foule de renseignements en ligne sur les choses à faire et à voir dans les grandes villes (dont New York, Chicago, Las Vegas, Los Angeles, Miami et San Francisco), consultez le site de **Time Out** (http://www.timeout.com/).

Kit de survie

bar	bar *bâr*
boîte de nuit	(night)club *(n**aï**te)cleub*
cinéma	*(bâtiment)* movie theater *m**ou**vi THi-ateur ; (genre)* movies *mouviz*
cirque	circus *s**eu**rkseuss*
comédie	comedy *c**o**meudi*
comédie musicale	musical *m**you**zikeul*
concert de rock / jazz / pop	rock / jazz / pop concert *rok / djaz / pop k**o**nnsseurt*
danse classique	ballet *b**a**leï*
danse contemporaine	modern dance *m**o**deurn d**a**nnss*
festival	festival *f**è**stiveul*

film film *film*, movie *m**ou**vi*
folklorique folk *f**ô**wk*, traditional *treud**i**cheuneul*
groupe *(de musique)* group *group*, band *bènnd*
musique classique classical music *cl**a**ssikeul m**you**zik*
musique traditionnelle traditional music *treud**i**cheuneul m**you**zik*
réserver to reserve *tou rizeurv*
soirée *(organisée)* party *p**â**rti*
sortir to go out *tou gôw **a**owt*
spectacle show *chôw*
théâtre theater *TH**i**-ateur*
ticket ticket *t**i**kèt*
VO sous-titrée subtitled ***seu**btaïteuld*

Proposer, inviter

À vous

où est-ce qu'on peut aller ?
where can we go?
*wèr keun wi g**ôw**?*

qu'est-ce que tu veux faire ?
what do you want to do?
*watt dou you wante tou d**ou**?*

on va prendre un verre ?
let's go for a drink
*lètts g**ôw** for e dr**i**nnk*

qu'est-ce que tu fais ce soir ?
what are you doing tonight?
*watt âr you d**ou**-inng toun**aï**te?*

tu as quelque chose de prévu ?
do you have anything planned?
dou you Hav èniTHinng plannd?

Sortir

ça te dit d'aller … ?
how about going …?
*Haow eub**a**owt g**o**-inn …?*

on pensait aller à …
we were thinking about going to …
*wi wèr THinnkinng eub**a**owt g**o**-inn tou …*

c'est une bonne idée, pourquoi pas ?
that's a good idea, why not?
*Zatss e goud aïd**i**-eu, waï nott?*

aujourd'hui je ne peux pas mais un autre jour si tu veux
I can't today but we can make it another day if you want
*aï kante toud**eï** beutt wi keun meïk-kitt en**o**Zeur d**eï** if you wante*

je ne suis pas sûr(e) de pouvoir
I'm not sure I can make it
*aïme nott ch**ou**re aï keun m**eï**k-kitt*

avec plaisir
that would be good
*Zat woud bi g**ou**d*

Se donner rendez-vous

À vous

est-ce qu'on ne pourrait pas se retrouver un peu plus tard ?
could we meet a little later?
*coude wi mîtt e liteul l**eï**teur?*

à demain soir
see you tomorrow night
*sî you toum**a**rôw n**aï**te*

on se retrouve où ?
where should we meet?
*wèr choude wi m**î**tt?*

je dois rejoindre … à 9 heures
I have to meet … at nine o'clock
*aï Hav tou mîtt … att n**aï**ne e-cl**o**k*

on se retrouve à quelle heure ?
what time should we meet?
*watt taïme choude wi m**î**tt?*

je ne sais pas où c'est mais je trouverai sur la carte
I don't know where it is but I'll find it on the map
*aï donnte nôw wèr itiz beute al f**aï**nd-ditt onn Ze m**a**p*

je vous rejoindrai plus tard
I'll meet you later
*al mîtt you l**eï**teur*

tu auras mangé avant ?
will you have already eaten?
*wil you Hav owlr**è**di **î**teun?*

désolé(e) d'être en retard
sorry, I'm late
*s**o**rri, aïme l**e**ïte*

Vous entendrez …

is that OK with you?
est-ce que ça te va ?

we'll meet in front of …
on se retrouve devant …

I'll come by and pick you up around eight o'clock
je passerai te chercher vers 8 heures

we'll just meet there
on se rejoint directement là-bas

I'll give you my number, just call me tomorrow
je vais te donner mon numéro, tu n'as qu'à m'appeler demain

Cinéma, spectacles, concerts

Pour les amateurs de grosses productions théâtrales et de comédies musicales (**musicals**), une visite à **Broadway** s'impose. Ceci dit, il n'est pas obligatoire de se rendre à New York pour aller au théâtre dans la mesure où de nombreuses villes disposent désormais de leurs propres compagnies, qui proposent des spectacles de grande qualité ; par ailleurs les stars de Broadway font fréquemment des tournées dans le reste du pays.

Plusieurs villes américaines sont dotées de remarquables orchestres symphoniques ainsi que d'opéras ; on se bornera ici à citer le **New York Philharmonic** et le **Metropolitan Opera** de New York, et le **Chicago Symphony** et le **Lyric Opera** de Chicago, car il serait impossible de dresser une liste exhaustive.

Si vous aimez la chanson et que vous n'avez pas dépensé tous vos sous au casino, sachez que les plus grandes stars internationales du genre se produisent régulièrement à **Las Vegas**.

Quel que soit votre style de musique préféré, du blues traditionnel au hip hop en passant par le jazz et la country, vous n'aurez aucun mal à trouver votre bonheur. Dans les régions ensoleillées, vous pourrez assister à des concerts et à des projections de films en plein air tout au long de l'année. Et si vous avez la nostalgie de l'Amérique des années 50 et que vous en avez l'occasion, pourquoi ne pas aller voir un film depuis votre voiture dans l'un des **drive-in theaters** qui subsistent (http://www.drive-ins.com/) ?

Pour vous procurer des billets de spectacle à prix réduit, adressez-vous aux **discount ticket booths** ; il s'agit de sortes de kiosques que l'on trouve dans la plupart des grandes villes. On peut s'y procurer des billets pour des spectacles ayant lieu le jour même ; les billets pour les spectacles en matinée (**matinees**) doivent être retirés la veille. On peut obtenir de 20% à 50% de réduction ; la commission est d'environ 4 dollars par billet.

À vous

est-ce qu'il y a un guide des spectacles ?
is there an entertainment guide?
*iz Zèr ann ènteurt**eï**nmeunt gaïde?*

deux tickets, s'il vous plaît
two tickets, please
*tou t**i**keutss, pl**î**z*

je voudrais trois places pour …
I'd like three tickets for …
*aïde laïke THri t**i**keutss for …*

ça s'appelle …
it's called …
*itss c**ow**ld …*

je l'ai déjà vu(e) en France, c'est pas mal
I already saw it in France, it's not bad
*aï owlr**è**di sow itt inn fr**an**ss, itss nott b**a**dd*

j'en ai entendu parler, il paraît que c'est …
I've heard of it, it's apparently …
*aïve H**eu**rd euvitt, itss eup**a**reuntli …*

j'ai vu la bande-annonce, ça a l'air …
I've seen the trailer, it looks …
*aïve s**î**nn Ze tr**eï**leur, itt loukss …*

à quelle heure est la séance ? et le film ?
what time does the program start? what about the movie?
*watt t**aï**me daz Ze pr**ôw**gramm st**a**rt? watt eub**a**owt Ze m**ou**vi?*

j'aimerais bien aller voir un spectacle
I'd like to go to a show
aïde laïke tou gôw tou e chôw

je vais appeler pour voir s'il reste des places
I'll call and see if there are any tickets left
*al c**ow**l ènde s**î** if Zèr âr **è**ni t**i**keutss lèft*

est-ce qu'il faut réserver à l'avance ?
do you have to reserve ahead of time?
*dou you H**a**v tou riz**eu**rv euH**è**d ov t**aï**me?*

est-ce qu'il y a des places à l'orchestre / au premier balcon / au deuxième balcon?
are there any seats on the main floor / in the first balcony / in the upper balcony?
*âr Zèr èni s**î**ts onn Ze m**eï**n flor / inn Ze f**eu**rst b**a**lkoni / inn Ze **eu**peur b**a**lkoni?*

est-ce qu'il y a des loges ?
are there any box seats available?
*âr Zèr èni b**o**ks sîts euv**eï**lebeul ?*

à quelle heure commence / finit la représentation ?
what time does the show start / end?
*watt taïme daz Ze ch**ô**w st**â**rt / **è**nd?*

ça joue jusqu'à quand ?
how long does it run?
Haow longue daz itt reun?

c'est quel genre de musique ?
what kind of music is it?
*watt kaïnde ov m**you**zik izitt?*

est-ce qu'il reste des places un autre jour ?
are there any tickets left for another day?
*âr Zèr **è**ni t**i**keutss lèft for en**o**Zeur deï?*

j'aimerais bien aller à un concert
I'd like to go and see some live music
*aïde laïke tou gôw ènde s**î** somm l**aï**ve m**you**zik*

est-ce qu'il y a des concerts gratuits ?
are there any free concerts?
*âr Zèr èni frî k***o***nnsseurtss?*

je n'aime pas beaucoup ce type de musique
I don't like that type of music very much
*aï donnte laïke Zat taïpe ov m***you***zik vèri meutch*

Vous lirez …

arthouse films	cinéma d'art et d'essai
blockbuster	grosse production, film commercial
box office	billetterie
limited view	place sans visibilité
matinee	matinée *(au théâtre)*
on general release from …	sortie le …
please turn off your cell phone	prière d'éteindre votre portable
reservations	réservations

Vous entendrez …

there's a classical music concert in the church
il y a un concert de musique classique dans l'église

it's an outdoor concert
c'est un concert en plein air

it's out next week
ça sort la semaine prochaine

it's had some very good reviews
il y a de très bonnes critiques

it's showing at eight o'clock at the Capitol
ça joue à 20h au Capitol

this show is sold out
il n'y a plus de places pour cette séance

it's sold out until …
c'est complet jusqu'au …

it's best to get there fifteen minutes early
il est conseillé de venir un quart d'heure avant

the tickets are on sale at the door
les places sont vendues à l'entrée

it's not worth reserving ahead of time
ce n'est pas la peine de réserver à l'avance

the play lasts for an hour and a half, including intermission
la pièce dure une heure et demie avec entracte

Fêtes, soirées, discothèques

La vente d'alcool étant interdite aux moins de 21 ans dans tout le pays, que ce soit dans les bars, les clubs, ou les magasins de spiritueux (**liquor stores**), on vous demandera bien souvent avant de vous servir de fournir une pièce d'identité (**I.D.**) portant votre date de naissance, on appelle ça **to be carded** (« se voir demander une pièce d'identité »). Vous devrez également prouver que vous êtes majeur si vous voulez acheter des cigarettes. Il est donc recommandé de toujours avoir une pièce d'identité sur soi.

Les jeunes et aussi les moins jeunes sortent volontiers en boîte (**club**). Le code vestimentaire (**dress code**) varie selon le type de lieu fréquenté, mais les jeunes Américains ont tendance à s'habiller plus décontracté que leurs homologues européens quand ils sortent. En revanche, les gens d'âge plus mûr font généralement un effort vestimentaire (**to dress up**) lorsqu'ils vont au restaurant, au spectacle ou en boîte de nuit.

Les heures de fermeture (**closing times**) varient selon les établissements, les villes et les États, mais dans une ville comme New York, dont on dit que c'est « la ville qui ne dort jamais » (**the city that never sleeps**), vous n'aurez aucun mal à trouver de quoi vous divertir jusqu'au petit matin. Dans les bars, sachez que l'heure de la fermeture approche lorsque le barman annonce **last call!** pour inviter les clients à commander un dernier verre s'ils le souhaitent.

Souvenez-vous qu'il est interdit de fumer dans quasiment tous les lieux publics fermés, ainsi que dans de nombreux lieux publics extérieurs. Ne vous étonnez pas si on vous demande de vous mettre à une distance d'au moins cinq mètres de l'entrée d'un édifice public pour fumer.

Si vous êtes invité à une soirée, ne soyez pas surpris si vous êtes prié d'apporter la boisson, ce qui correspond à la mention **BYO**, c'est-à-dire **bring your own (bottle)** « apportez votre bouteille » sur le message d'invitation : c'est une pratique tout à fait courante.

À vous

j'organise une petite soirée pour mon départ
I'm planning a little farewell party
*aïme pl**a**nninng e liteul f**è**rwèll p**â**rti*

est-ce qu'il faut apporter quelque chose à boire ?
do we need to take something to drink?
dou wi nîdd tou teïke sommTHinng tou drinnk?

on pourrait aller en boîte après
we can go to a club afterwards
*wi keun gôw tou e cleub **a**fteuweurdz*

qu'est-ce qu'il y a à faire le soir ici ?
what is there to do in the evenings here?
*watt iz Zèr tou dou inn Zi **i**vninngz H**i**r?*

où sont les meilleurs bars ?
where are the best bars?
wèr âr Ze bèst bârz?

quels sont les bars que fréquentent les gens du coin ?
which bars do the locals go to?
*witch b**â**rz dou Ze l**ôw**keulz gôw tou?*

à quelle heure ferment les bars / les boîtes ?
what time do the bars / clubs close?
watt taïme dou Ze bârz / cleubz clôwze?

est-ce qu'il y a des boîtes gay ?
are there any gay clubs?
*âr Zèr èni gu**eï** cleubz?*

est-ce qu'il y a un quartier gay ?
is there a gay district?
*iz Zèr e gu**eï** d**i**strict?*

est-ce qu'il y a un code vestimentaire ?
is there a dress code?
iz Zèr e drèss cowde?

ils passent quel genre de musique ?
what sort of music do they play?
*watt sorte ov m**you**zik dou THeï pl**eï**?*

l'entrée est payante ?
do you have to pay to get in?
dou you Hav tou peï tou guèt inn?

où est le vestiaire ?
where's the cloakroom?
*wèrz Ze cl**ôw**kroum?*

je dois retrouver quelqu'un à l'intérieur
I need to meet someone inside
*aï nîdd tou mîtt sommwann inns**aï**de*

vous me laisserez entrer quand je reviendrai ?
will you let me in when I come back?
wil you lèt mi inn wèn aï comm bak?

tu viens souvent ici ?
do you come here often?
*dou you comm H**ir** **o**ffeun?*

merci, mais je suis avec mon copain / ma copine
thanks, but I'm with my boyfriend / girlfriend
THènks, beute aïme wiTH maï boïfrènd / gueurlfrènd

ça te dérange si je fume ?
do you mind if I smoke?
*dou you m**aï**nd if aï sm**ôw**ke?*

non merci, je ne fume pas
no thanks, I don't smoke
*nôw TH**è**nks, aï donnte sm**ôw**ke*

Vous lirez …

amusement park	fête foraine
cloakroom	vestiaire
outdoors	en plein air
parade	défilé

Vous entendrez …

the admission fee includes a drink
l'entrée donne droit à une boisson gratuite

can I see some ID, please?
pouvez-vous me présenter une pièce d'identité, s'il vous plaît ?

you can't come in with sneakers / a T-shirt on
vous ne pouvez pas rentrer en baskets / en tee-shirt

there's a party at her place
il y a une soirée chez elle

do you want to dance?
tu veux danser ?

can I buy you a drink?
je t'offre quelque chose à boire ?

do you have a light?
est-ce que tu aurais du feu ?

could I have a cigarette?
est-ce que tu aurais une cigarette ?

you're gorgeous
tu es très belle

can I take you home?
je peux vous raccompagner ?

could we see each other again?
on peut se revoir ?

cheers!
santé !

Quelques expressions familières

would you like to get a bite to eat?
tu veux aller manger un bout ?
we went barhopping on a fait la tournée des bars
I've had one too many j'ai bu un coup de trop
she's a real party animal c'est une grande fêtarde

Ne ratez pas ... !

Comme chacun sait, les États-Unis sont la patrie du blues, du jazz et du rock, et la scène musicale y est d'une extrême richesse.

Si vous visitez New York pendant l'été, allez faire un tour au Central Park SummerStage qui est une scène en plein air où se produisent gratuitement toutes sortes de groupes et de musiciens. Les amateurs de country se doivent de passer par Nashville, dans le Tennessee, et les fans d'Elvis Presley pourront pousser jusqu'aux abords de Memphis pour aller faire un pèlerinage à Graceland, le domaine du King. Plus au sud, New Orleans (La Nouvelle-Orléans) ravira tous les amoureux du jazz dixieland, et une visite à Preservation Hall (dans le Vieux Carré) n'est à manquer sous aucun prétexte pour les puristes du genre. Toujours à New Orleans, le Jazz Fest a lieu fin avril et propose dix jours de musique avec les plus grands noms du jazz et de la musique cajun. Fin octobre, le festival de jazz de San Francisco est un événement de réputation internationale. Pour les fans de rock, citons le célèbre festival de Lollapalooza, jadis itinérant, mais qui a désormais lieu début août à Chicago.

Visites touristiques

Le prix d'entrée des musées et des monuments varie selon les lieux. Cependant, si vous vous trouvez à Washington, profitez-en, car les 19 musées de la **Smithsonian Institution** ainsi que le zoo (**National Zoo**) sont gratuits. Dans les grandes villes, de nombreux musées sont gratuits une fois par semaine ; d'autres, comme le **Metropolitan Museum of Art** et le **American Museum of Natural History**, qui se trouvent tous les deux à New York, suggèrent à leurs visiteurs de verser respectivement 20 dollars et 15 dollars, mais les gens donnent ce qu'ils peuvent. À Chicago, les musées ouvrent leurs portes gratuitement un jour par semaine.

Kit de survie

antique	antique ***a****nntik*
aquarium	aquarium *eukw****é****rieume*
architecture	architecture ***â****rkeutèktcheur*
art contemporain	contemporary art *konnt****è****mporeuri ârt*
art moderne	modern art *m****o****deurn ârt*
bus panoramique	open-top bus ***ow****peun-top beuss*
carte postale	postcard *p****ôw****stcârd*
catalogue d'exposition	exhibition catalog *èksibi****b****icheun c****a****teulog*
cathédrale	cathedral *keuTH****i****dreul*
centre culturel	arts center ***â****rtss s****è****nteur*
centre-ville	downtown *d****a****owntaown*
cimetière	cemetery *s****è****meutri*
circuit touristique	organized tour ***ow****rgueunaïzd tour*
découverte à pied	walking tour *w****ow****kinng tour*
église	church *tcheurtch*
exposition	exhibition *èksibi****b****icheun*
forteresse	fortress *f****o****rtreuss*
galerie	gallery *g****a****leuri*
guide	*(personne)* guide *gaïde* ; *(livre)* guidebook *g****aï****dbouk*
jardin	garden *g****a****rdeun*
jardin botanique	botanic garden *bot****a****nic g****a****rdeun*
monastère	monastery *m****a****neustri*

musée	museum *myouz**i**-eum*
office du tourisme	tourist office *t**ou**rist **o**ffiss*
palais	palace *p**a**leuss*
parc	park *pârk*
parc d'attractions	amusement park *eumi**ou**zmeunt pârk*
parc national	national park *n**a**cheuneul pârk*
parcours pédestre	pedestrian route *ped**è**strieun route*
peinture	painting *p**eï**nntinng*
quartier	area ***è**ri-eu*
ruines	ruins *rounz*
siècle	century *s**è**ntcheuri*
site touristique	tourist attraction *t**ou**rist eutr**a**kcheun*
tableau	painting *p**eï**nntinng*
tombe	tomb *toum*
tour	tour *tour*
touristique	tourist *tourist*
vol en hélicoptère	helicopter flight *Hèlic**o**pteur flaïte*
zoo	zoo *zou*

À vous

je voudrais avoir des renseignements sur ...
I'd like some information on ...
*aïde laïke somm innfeurm**eï**cheun onn ...*

où est-ce que je peux trouver des informations sur ... ?
where can I find information on ...?
*wèr keun aï faïnde innfeurm**eï**cheun onn ...?*

est-ce que vous auriez un plan de New York ?
do you have a street map of New York?
*dou you Hav e str**î**tt map ov nou york?*

on m'a dit qu'il y a une ancienne église qu'on peut visiter
I've heard there's an old church that you can visit
*aïve H**eu**rd Zèrz ann ôwld tcheurtch Zat you keun v**i**zitt*

vous pouvez me montrer où c'est sur le plan ?
can you show me where it is on the map?
*keun you chôw mi wèr ittiz onn Ze m**a**p?*

Visites touristiques

comment on y va ?
how do I / we get there?
Haow dou aï / wi guèt Zèr?

c'est gratuit ?
is it free?
izitt frî?

où est la billetterie ?
where is the ticket office?
wèr iz Ze tikeut offiss?

est-ce que le guide parle français ?
does the guide speak French?
daz Ze gaïde spîk frèntch?

peut-on avoir une visite guidée en français ?
can we have a guided tour in French?
keun wi Hav e gaïdeud tour inn frèntch?

quand est-ce que ça a été construit ?
when was it built?
wèn wazitt bilt?

Vous lirez …

American Civil War	guerre de Sécession
automobile museum	musée de l'automobile
children's museum	musée de l'enfance
natural history museum	musée d'histoire naturelle
renovation / restoration work	travaux de rénovation / restauration
science museum	musée de la science
war	guerre
Wild West	Far West

Ne ratez pas … !

Pour véritablement découvrir une ville ou un quartier et s'imprégner de son atmosphère, rien ne vaut un walking tour (visite organisée à pied) : que vous soyez à New York, à San Francisco, à Washington ou dans toute autre ville touristique, vous n'aurez aucun mal à trouver un guide qui se fera un plaisir de vous faire découvrir tous les secrets de sa ville (se renseigner à l'office du tourisme local). À New York, ceux qui n'aiment pas la marche à pied peuvent toujours s'offrir un tour en calèche (a horse-drawn carriage ride) à Central Park.

Vous entendrez ...

you'll have to ask when you're there
il faut vous renseigner sur place

you can sign up here
vous pouvez vous inscrire ici

the church dates from the early 1700s
l'église date du début du XVIIIe siècle

several paintings go as far back as the Middle Ages
plusieurs tableaux remontent au Moyen Âge

Musées, expositions et monuments

Quels que soient vos centres d'intérêts, vous trouverez de quoi satisfaire votre curiosité. Pour les amateurs d'art moderne, le **MoMA** (**Museum of Modern Art**) de New York, probablement le plus beau du genre, est un must absolu. Sur la côte ouest, le **Getty Center**, situé dans le cadre magnifique des montagnes de Santa Monica (non loin de Los Angeles), propose une collection d'objets d'art, de peintures et de sculptures d'une très grande richesse. Dans un registre bien différent, le **Salem Witch Museum** situé à Salem, dans le Massachusetts est consacré aux fameux procès des « sorcières de Salem » de la fin du XVIIe siècle. Toujours au chapitre de l'histoire, le musée de l'immigration de **Ellis Island** (au large de New York) vaut vraiment le coup d'œil. Si vous visitez les états du Sud, la vieille ville de **Charleston**, en Caroline du Sud, comporte de nombreux monuments et demeures coloniales de toute beauté ; on peut également y visiter **Fort Sumter**, où retentirent les premiers coups de canon de la guerre de Sécession.

Le monument le plus emblématique et le plus célèbre des États-Unis est sans aucun doute la Statue de la Liberté (**the Statue of Liberty**), qui fut offerte par la France en 1886 pour commémorer le centenaire de la déclaration d'indépendance (avec dix ans de retard !). Les visiteurs peuvent grimper les 354 marches qui mènent jusqu'à la couronne, qui est à nouveau ouverte au public après une longue interruption à la suite des attentats du 11 septembre 2001.

Parmi les autres monuments célébrissimes à voir aux États-Unis, citons le **Washington Monument** (un obélisque de près de 170 mètres de haut) et le **Lincoln Memorial**, tous deux situés à Washington. Si vos pérégrinations vous mènent jusqu'au Dakota du Sud, le **Mount Rushmore National Monument** vaut le détour : il s'agit des fameuses sculptures de quatre présidents américains (Washington, Jefferson, Teddy Roosevelt et Lincoln) taillées à même le roc dans une falaise.

La plupart des musées sont ouverts tous les jours de l'année à l'exception du jour de Noël.

(Voir aussi l'encadré « Activités » pages 69–70).

À vous

il paraît qu'il y a une très bonne expo sur ... en ce moment
apparently there's a very good … exhibition on at the moment
*eup**a**reuntli Zèrz e v**è**ri goud … èksibi**b**icheun onn att Ze m**ôw**meunt*

combien coûte l'entrée ?
how much does it cost to get in?
*Haow meutch dazitt c**o**st tou guèt inn?*

le ticket est valable aussi pour l'exposition ?
is this ticket good for the exhibition too?
*iz Ziss t**i**keut goude for Zi èksibi**i**cheun t**ou**?*

est-ce qu'il y a des réductions pour les enfants / les personnes âgées / les handicapés ?
are there any discounts for children / seniors / the disabled?
*âr Zèr èni disc**aow**ntss for tch**i**ldreun / sinyeurz / Ze diss**eï**beuld?*

quelles sont les heures d'ouverture ?
what are the opening hours?
*watt âr Zi **o**peuninng **a**weurz?*

vous fermez à quelle heure ?
what time do you close?
watt taïme dou you clôwze?

combien dure la visite ?
how long does the tour last?
*Haow longue daz Ze t**ou**r last?*

est-ce que c'est ouvert le dimanche ?
is it open on Sundays?
*izitt ôwpeun onn s**eu**nndeïz?*

Visites touristiques

deux tarifs réduits et un plein tarif
two tickets at reduced price and one full price
tou tikeuts att ridyousst praïsse ènde wann foul praïss

j'ai cette carte de mon université
I have this student card
*aï Hav Ziss st**you**deunt cârd*

à quelle heure est la prochaine visite guidée ?
when is the next guided tour?
*wèn iz Ze nèkst g**aï**deud t**ou**r?*

est-ce qu'on peut prendre des photos ?
can we take photos?
*kèn wi teïke f**ôw**tôwz?*

avez-vous le catalogue de l'exposition (en français) ?
do you have the exhibition catalog (in French)?
*dou you Hav Zi èksibi**i**cheun c**a**teulog (inn frèntch)?*

Vous lirez ...

audioguide	audioguide
closed	fermé
free admission	entrée libre
guided tour	visite guidée
no flash photography	flash interdit
no photography	photos interdites
open	ouvert
permanent exhibition	exposition permanente
reduced price	tarif réduit
silence, please	silence, s'il vous plaît
temporary exhibition	exposition temporaire
this way	sens de la visite
ticket office	billetterie
you are here	vous êtes ici *(sur un plan)*

Vous entendrez ...

entry to the museum costs ...
l'entrée du musée coûte ...

follow me, please
suivez-moi s'il vous plaît

this ticket also entitles you to see the exhibition
avec ce ticket, vous avez aussi accès à l'exposition

the tickets are already all sold out
les billets sont déjà tous vendus

do you have your student card with you?
vous avez votre carte d'étudiant ?

there is a guided tour in French that starts in five minutes
il y a une visite guidée en français qui commence dans cinq minutes

come a little closer
approchez-vous un peu

don't push!
ne poussez pas !

Impressions

À vous

c'est magnifique
it's magnificent
*itss mag-n**i**fisseunt*

c'était magnifique
it was magnificent
*itt waz mag-n**i**fisseunt*

ça ne m'a pas tellement plu
I didn't like it that much
*aï dideunt laïke itt Zat m**eu**tch*

je ne suis pas fana d'art contemporain
I'm not a fan of modern art
*aïme nott e f**a**nn ov m**o**deurn ârt*

c'est cher pour ce que c'est
it's expensive for what it is
*itss èksp**è**nsiv for watt itt**i**z*

c'est très touristique
it's very popular with tourists
*itss v**è**ri p**o**piouleur wiTH t**ou**ristss*

il y avait énormément de monde
it was extremely crowded
*itt waz èkstr**î**mli cr**aow**did*

finalement on n'y a pas été, il y avait trop de queue
we didn't end up going, the lines were too long
*wi d**i**ndeunt **è**nd eup gôwinng, Ze laïnz wèr tou l**on**gue*

on n'a pas eu le temps de tout voir
we didn't have enough time to see everything
*wi d**i**deunt Hav inof t**aï**me tou sî **è**vriTHinng*

Vous lirez …

famous	célèbre
picturesque	pittoresque
typical	typique

Vous entendrez ...

you must go and see ...
il faut absolument que vous alliez voir ...

I recommend that you go to ...
je vous recommande d'aller à ...

there's a wonderful view
il y a une vue superbe

it has become very popular with tourists
c'est devenu très touristique

the coast has been completely ruined
la côte a été complètement défigurée

Quelques expressions familières

it was packed c'était plein à craquer
it's a seedy area c'est un peu craignos comme quartier
I was bored stiff in the museum je me suis ennuyé(e) à mourir au musée

Ne ratez pas ... !

Si vous visitez Las Vegas, profitez-en pour faire une excursion au Hoover Dam, situé dans le désert à une cinquantaine de kilomètres seulement de la capitale du jeu. Ce barrage gigantesque, construit sur le fleuve Colorado pendant les années de la grande dépression, vaut vraiment le coup d'œil avec sa voûte de plus de 200 mètres de haut. Des visites guidées sont organisées pour les touristes (http://www.usbr.gov/lc/hooverdam/). Pour la petite histoire, ce sont les milliers d'ouvriers qui travaillèrent sur le chantier du barrage qui contribuèrent à l'expansion de Las Vegas puisqu'ils allaient y dépenser leur argent dès qu'ils en avaient l'occasion.

Sports et jeux

Les Américains adorent le sport et ils suivent de très près les exploits de leurs équipes et de leurs athlètes préférés. Le base-ball (**baseball**) est une sorte d'obsession, on en parle d'ailleurs comme du **national pastime** (le passe-temps national). La saison débute au printemps et elle s'achève au mois d'octobre avec le **World Series**, le championnat qui voit s'affronter les meilleures équipes nord-américaines.

La fin de la saison de base-ball coïncide avec le début de la saison de **football** (football américain). Une petite mise au point avant de poursuivre : en anglais américain, le mot **football** désigne le « football américain » ; pour parler du football tel qu'il est pratiqué dans le reste du monde, on emploie le mot **soccer**. Le **Super Bowl** est la finale du championnat de football américain des équipes professionnelles ; cet événement bat immanquablement tous les records d'audimat, et les places s'arrachent à prix d'or. Pour une expérience authentiquement américaine, rien ne vaut un match de football (américain bien sûr) : les gens s'y retrouvent entre amis ou en famille, on y mange (surtout des hot-dogs), on y boit (surtout de la bière), et chaque équipe vient avec sa fanfare et ses **cheerleaders** (pom pom girls).

Le basket (**basketball**) est un autre sport qui jouit d'une très grande popularité aux États-Unis : c'est probablement le sport le plus suivi après le football et le baseball (il a la particularité d'être une invention entièrement américaine !). La saison s'étend d'octobre à avril.

Le hockey sur glace (**hockey** ou **ice hockey**) est extrêmement populaire dans tout le nord des États-Unis ; le clou de la saison est la coupe Stanley (**Stanley Cup**).

Pour une ambiance bruyante, déchaînée et 100% américaine, le catch (**professional wrestling**) est un spectacle (plus qu'un sport à proprement parler) qui vaut le coup d'œil.

Les amateurs de sports mécaniques, quant à eux, pourront assister à une course de **stock cars**, aux carambolages fréquents et spectaculaires.

Kit de survie

arbitre	referee *rèfeur**î***
balle	ball *bôwl*
ballon	ball *bôwl*
basket-ball	basketball *b**a**skeutbowl*
cartes	cards *cârdz*
coup d'envoi	kick-off ***ki**koff*
coupe	cup *keup*
dé	dice *daïsse*
échecs	chess *tchèss*
équipe	team *tîm*
équitation	horse-back riding ***How**rss-bak r**aï**dinng*
escalade	climbing *cl**aï**minng*
excursion	trip *trip*
faire de la randonnée	to go hiking *tou gôw H**aï**kinng*
faire du roller	to rollerblade *tou r**ôw**leurbleïd*
faire du skateboard	to skateboard *tou sk**eï**tbowrd*
faire une partie de …	to play a game of … *tou pleï e gu**eï**me ov …*
football	soccer *s**o**kkeur ; (americain)* football *f**ou**tbowl*

gagnant	winner *w**i**nneur*
golf	golf *golf*
jeu de société	parlor game *p**â**rleur gueïme ; (Monopoly® etc)* board game *b**ow**rd gueïme*
jouer à …	to play … *tou pleï …*
jouer au basket-ball	to play basketball *tou pleï b**a**skeutbowl*
match	match *match*
match nul	draw *drow*
mi-temps	half-time *Haf-taïme*
moniteur	instructor *innstr**eu**cteur*
natation	swimming *sw**i**minng*
patinage	ice-skating *aïss-sk**eï**tinng*
perdant	loser *l**ou**zeur*
piscine	swimming pool *sw**i**minng p**ou**l*
planche à voile	windsurfing *w**i**nnd-s**eu**rfinng*
raquette	racket *r**a**keut*
rugby	rugby *r**eu**gbi*
saut à l'élastique	bungee jumping *b**eu**ndji dj**eu**mpinng*
sentier de randonnée	hiking trail *H**aï**kinng treïl*
ski (alpin)	(downhill) skiing *(daownH**i**l) sk**î**-inng*
ski de fond	cross-country skiing *cross-k**eu**nntri sk**î**-inng*
ski nautique	waterskiing *w**ow**teur-sk**î**-inng*
skier	to ski *tou sk**î***
sport	sport *sportt*
sports d'hiver	winter sports *w**i**nnteur sportss*
tennis	tennis *t**è**nniss*
vélo	bike *baïke*
volley-ball	volleyball *v**a**libowl*
VTC	hybrid *H**aï**bridd*
VTT	mountain bike *m**a**ownteun baïke*

À vous

je suis débutant(e)
I'm a beginner
*aïme e bigu**i**neur*

je joue à l'avant / à l'arrière
I play offense / defense
*aï pleï ofènns / dif**è**nss*

je suis d'un niveau intermédiaire / avancé
I'm intermediate / advanced
*aïme innteurm**i**dieute / eudv**a**nst*

je ne suis pas très sportif / sportive
I'm not very athletic
aïme nott vèri euTHlètik

j'aime les sports extrêmes
I like extreme sports
aï laïke ikstrîme sportss

j'aime jouer à / au …
I like playing …
aï laïke pleï-yinng …

je n'en ai jamais fait
I've never done it before
aïve nèveur donne itt bifowre

je suis nul(le) en …
I'm useless at …
aïme iouzlèss att …

j'en ai fait une ou deux fois, il y a longtemps
I've done it once or twice, a long time ago
aïve donne itt wannss owr twaïss, e longue taïme eugôw

quel est le score ?
what's the score?
watss Ze score?

je n'en peux plus
I'm exhausted
aïme igszowsteud

un point pour moi / toi !
a point for me / you!
e poïntt for mi / you!

on a joué à / au …
we played …
wi pleïd …

Vous entendrez …

well done!
bien joué !

do you have any experience or are you a complete beginner?
est-ce que vous avez des notions ou vous êtes complètement débutant(e) ?

Randonnée

Les États-Unis sont un pays aux dimensions d'un continent, ce qui explique qu'on y trouve pas moins de 391 parc nationaux (**National Parks**). À noter toutefois que l'appellation ne se borne pas au patrimoine naturel et comprend également des monuments, des champs de bataille de la guerre de Sécession et des demeures historiques.

Situé aux confins du Wyoming, du Montana et de l'Idaho, **Yellowstone** est le plus ancien parc national des États-Unis (créé en 1872) et l'un des plus célèbres. Même si vous ne partez pas en randonnée sur ses nombreux sentiers, vous pouvez toujours le parcourir en voiture grâce à une route de 282 km qui fait une boucle et qui donne un bon aperçu des merveilles qui s'y trouvent, dont le geyser **Old Faithful** (littéralement « vieux fidèle »), ainsi nommé car il entre en éruption environ toutes les 90 minutes ; on y rencontre aussi une flore et une faune d'une extrême richesse.

Les activités proposées au visiteur dans les parcs nationaux sont aussi variées que les parcs eux-mêmes : randonnées (**hiking**) ou promenades à cheval (**horseback riding**) le long de l'Atlantique dans le **Acadia National Park** dans l'État du Maine (extrême nord-est), découverte du **Grand Canyon** (Arizona) à dos d'âne ou en rafting en eaux vives (**whitewater rafting**), découverte des marais des **Everglades** (Floride) en hydroglisseur (**airboat**), exploration du **Sequoia National Park** en Californie, où l'on trouve les plus grands arbres du monde, ou encore escalade (**rock climbing**) et vélo (**biking**) dans le parc national de **Yosemite**, toujours en Californie.

Ceux qui aiment la chaleur apprécieront le parc national de la Vallée de la mort (**Death Valley National Park**), aux confins du Nevada et de la Californie, l'un des endroits les plus arides de la planète.

L'accès à la plupart des parcs nationaux est payant et le séjour maximum autorisé est généralement d'une semaine. Les formules d'hébergement varient du confort le plus rudimentaire (terrains de camping et cabanes) au grand luxe (hôtels 5 étoiles).

Les amoureux du grand air et des grands espaces qui désirent s'attarder dans les parcs nationaux ont tout intérêt à se procurer un **National Park Pass** (forfait annuel d'accès aux parcs nationaux) ; pour tout renseignment, visitez le site http://store.usgs.gov/pass/index.html.

À vous

est-ce qu'il y a des sentiers de randonnée ?
are there any hiking trails?
*âr Zèr èni H**aï**kinng treïlz?*

qu'est-ce que vous nous conseillez comme marche dans les environs ?
what walks would you recommend to us in the area?
*watt w**ow**kss woud you rècomm**è**nd tou euss inn Zi **è**ri-eu?*

est-ce qu'il faut avoir des chaussures de randonnée ?
do you need hiking boots?
*dou you nîdd H**aï**kinng boutss?*

c'est une randonnée de combien d'heures ?
how many hours does the hike take?
*Haow mèni **a**weurz daz Ze H**aï**ke teïke?*

est-ce que ça monte beaucoup ?
is it very steep?
*izitt v**è**ri st**î**p?*

où est-ce que le sentier démarre ?
where's the start of the trail?
*wèrz Ze st**â**rt ov Ze treïl?*

est-ce que le sentier est balisé ?
is the path marked?
iz Ze paTH mârkt?

est-ce que c'est un chemin circulaire ?
is it a circular walk?
*iz Ziss e s**i**rkiouleur wowk?*

Vous entendrez …

the hike takes approximately two hours
la randonnée dure environ deux heures

it's a three-hour hike including breaks
c'est une marche d'environ trois heures en comptant les pauses

bring a waterproof jacket and hiking boots
prévoyez un K-Way® et des chaussures de marche étanches

Ne ratez pas … !

Si vous visitez l'est du pays et que vous êtes amateur de randonnée pédestre, réjouissez-vous ! En effet, le Appalachian Trail est un sentier d'environ 3500 kilomètres de long qui relie le mont Katahdin dans le Maine, à l'extrême nord-est du pays, au Mont Springer, en Géorgie, en traversant douze États. Le sentier passe par plusieurs sommets des Appalaches et traverse essentiellement des régions sauvages. Il est ponctué d'environ 250 abris et refuges. L'immense majorité des randonneurs se contentent d'en explorer des tronçons étant donné qu'il faut entre quatre et sept mois pour le parcourir dans son intégralité !

Assister à un match

À vous

où est-ce que je peux acheter une place pour le match ?
where can I buy a ticket for the game?
wèr keun aï baï e tikeut for Ze gueïme?

est-ce qu'il y a un parking à côté du stade ?
is there a parking lot at the stadium?
iz Zèr e parkinng lat at Ze steïdyeum?

où sont les guichets ?
where's the ticket office?
wèrz Ze tikeut offiss?

où est l'entrée numéro 8 ?
where's gate eight?
wèrz gueïte eïte?

combien coûtent les places ?
how much are the seats?
Haow meutch âr Ze sîtss?

combien de temps avant le début du match faut-il arriver ?
how long before kick-off do we need to arrive?
Haow longue bifowre kikoff dou wi nîdd tou euraïve?

vous êtes pour quelle équipe ?
which team are you for?
witch tîm âr you for?

je suis pour …
I'm for …
aïme seuportinng …

il reste combien de temps ?
how much time is left?
Haow meutch taïme iz lèft?

qui joue ?
who's playing?
Houz pleï-yinng?

qui gagne ?
who's winning?
Houz winninng?

quel est le score ?
what's the score?
watss Ze score?

À la plage

Le littoral américain, toutes côtes confondues, s'étend sur près de 20 000 kilomètres, le long de la côte Atlantique et du golfe du Mexique, le long de la côte Pacifique (Alaska comprise), sans oublier Hawaï. Il existe de belles plages tout le long de la côte Atlantique depuis le Maine (frileux s'abstenir) jusqu'en Floride.

Les deux villes les plus grandes du pays, New York et Los Angeles, ont des plages très faciles d'accès depuis le centre. À New York, la plage de **Coney Island** n'est qu'à quelques stations de métro de Brooklyn. Los Angeles compte une vingtaine de plages, dont la très célèbre **Venice Beach** avec sa promenade (**boardwalk**) toujours très animée, et son parc d'attractions ; **Zuma Beach** quant à elle, fera le bonheur des surfeurs. Non loin de là, à **Westward Beach**, les amoureux de la nature pourront observer les baleines depuis une plate-forme installée à cet effet. Un peu plus au sud, la ville de San Diego compte plus de cent kilomètres de plages !

À noter que les eaux du Pacifique Nord étant froides, c'est dans le sud de la Californie que les gens se baignent le plus volontiers.

Les plages de Floride (dont la fameuse **Miami Beach** qui s'étend sur seize kilomètres) attirent de très nombreux touristes venus du nord du pays et du Canada.

La pêche est une activité très populaire, notamment en Nouvelle-Angleterre et en Floride. Les amateurs de surf (**surfing**), eux, fréquentent surtout les plages de Hawaï et de la côte ouest.

Il existe sur les plages un système de drapeaux et de panneaux semblables à celui que l'on connaît en France pour prévenir les baigneurs en cas de mer trop agitée ou de courants dangereux. Le cas échéant, la présence d'animaux marins dangereux (du type méduses ou, exceptionnellement, requins) est signalée.

À vous

on va à la plage ?
should we go to the beach?
*choud wi gôw tou Ze b**î**tch?*

où est la plage ?
where's the beach?
*wèrz Ze b**î**tch?*

je vais me baigner
I'm going for a swim
aïme go-inng for e swimm

tu viens te baigner ?
are you going for a swim?
âr you goinng for e swimm?

est-ce que vous pourriez surveiller mes affaires un moment ?
could you watch my things for a minute?
*coude you watch maï THinngz for e m**i**neute?*

elle est bonne ?
how is the water?
*Haôw iz Ze w**ow**teur?*

est-ce qu'elle est profonde ?
is it deep?
*izitt d**î**p?*

je ne sais pas nager
I can't swim
aï kante swimm

elle est bonne / froide / glaciale
the water's nice / cold / freezing
*Ze w**ow**teurz naïsse / côwld / fr**î**zinng*

je voudrais louer un pédalo
I'd like to rent a paddle boat
aïde laïke tou rènnt e padeul bôwt

la baignade est-elle surveillée ?
is there a lifeguard?
*iz Zèr e l**aï**fgardd?*

combien coûte une chaise longue / un parasol / une cabine de bain ?
how much is a deck chair / a beach umbrella / a cabana?
*Haow meutch iz e d**è**k tchèr / e b**î**tch eumbr**è**leu / e keb**a**na?*

j'aimerais faire du ski nautique / de la planche à voile
I'd like to go waterskiing / windsurfing
*aïde laïke tou gôw w**o**wteur-skî-inng / w**i**nnd-s**eu**rfinng*

à quelle heure est la marée haute / basse ?
what time is high / low tide?
watt taïme iz Haï / lôw taïde?

peut-on se baigner sans danger ici ?
can you swim safely here?
*keun you swimm s**eï**fli Hir?*

Vous lirez …

high tide	marée haute
lifeguard on duty	baignade surveillée
low tide	marée basse

no swimming	baignade interdite
private beach	plage privée
public beach	plage publique
warning, strong current	attention aux courants

Autres sports

À vous

où peut-on louer des vélos / des raquettes ?
where can we rent bikes / rackets?
*wèr keun wi rènnt baïkss / r**a**kètss?*

y a-t-il des pistes cyclables / des courts de tennis près d'ici ?
are there any bicycle paths / tennis courts near here?
*âr Zèr èni s**aï**keul paTHs / t**è**nniss c**o**wrtss nîr Hir?*

est-ce qu'on peut prendre des cours de … pour débutants ?
can you take beginner's lessons in …?
*kèn you teïke bigu**i**neurz l**è**sseunz inn …?*

combien ça coûte par heure et par personne ?
how much does it cost per hour and per person?
*Haow meutch daz it coste peur **a**weur ènde peur p**eu**rseun?*

est-ce que quelqu'un aurait un ballon de foot ?
does anyone have a football?
*daz **è**niwann Hav e f**ou**tbowl?*

on joue dehors ou dedans ?
should we play outside or inside?
*choude wi pl**eï** **aow**tsaïde owr **i**nnsaïde?*

y a-t-il une piscine en plein air ?
is there an outdoor swimming pool?
*iz Zèr ann **a**owtdowr sw**i**minng p**ou**l?*

je n'ai jamais fait de canoë avant
I've never been canoeing before
*aïve nèveur binn keun**ou**-inng bif**ow**re*

y a-t-il un centre équestre près d'ici ?
is there a riding center near here?
*iz Zèr e r**aï**dinng sènteur nîr Hir?*

Sports et jeux

Vous lirez …

… for rent	location de …

Vous entendrez …

you need to pay a deposit of …
il faut verser un acompte de …

the insurance costs … and it's mandatory
l'assurance coûte … et est obligatoire

is this the first time you've been horseback-riding?
c'est la première fois que vous montez à cheval ?

the tennis court's already taken
le court de tennis est déjà occupé

can you swim?
vous savez nager ?

do you play basketball?
tu joues au basket ?

Ne ratez pas … !

Si vous avez l'occasion d'assister à un rodeo, précipitez-vous ! Il s'agit d'une tradition toujours bien vivace, surtout dans l'Ouest (ceci dit, on trouve des rodéos jusque dans le New Jersey !). Même en ce début de XXIe siècle, l'ambiance western est garantie. Les cow-boys montent non seulement des broncos (chevaux sauvages) mais également d'énormes taureaux. On y voit même des clowns, dont le rôle premier n'est pas de distraire le public mais les taureaux, afin qu'ils évitent de s'acharner sur les cow-boys qui se retrouvent par terre !

Salle de sport

À vous

faut-il être membre pour avoir accès aux installations ?
do you have to be a member to use the gym?
*dou you Hav tou bi e m**è**mmbeur tou youz Ze djimm?*

pouvez-vous m'expliquer comment fonctionne cette machine ?
can you show me how this machine works?
*k**è**n you ch**ô**w mi Haow Ziss meuch**i**ne weurkss?*

où est le vestiaire ?
where are the dressing rooms?
*wèr âr Ze drèssinng r**ou**mz?*

je n'ai pas de monnaie pour le casier
I don't have any change for the locker
*aï donnte Hav èni tch**è**ndje for Ze l**o**keur*

je veux faire du cardio-training / de la musculation
I want to do some cardio / weight training
*aï wante tou dou somm c**â**rdyo / w**eï**tt tr**eï**ninng*

j'aimerais faire une séance de pilates / de yoga / de step
I'd like to do a pilates / yoga / step class
*aïde laïke tou dou e pil**a**tiz / y**ow**ga / stèp class*

il y a une séance réservée aux femmes ?
is there a session for women only?
*iz Zèr e s**è**cheun for w**i**mèn **o**nnli?*

Jeux de société

À vous

on se fait une partie de cartes ?
should we have a game of cards?
*choude wi Hav e gueïme ov c**â**rdz?*

c'est à toi de distribuer
it's your turn to deal
*itss y**our** teurn tou d**îl***

à toi de commencer
it's your turn to start
*itss your teurn tou st**â**rt*

c'est à qui de jouer ?
whose turn is it?
*H**ou**z teurn izitt?*

c'est à ton tour de jouer
it's your turn
*itss **you**r teurn*

tu veux prendre ta revanche ?
do you want to get even?
*dou you wante tou guèt **i**veun?*

on s'arrête ou on joue la belle ?
should we stop here or play a deciding round?
*choude wi st**o**p Hîre owr pleï e diss**aï**dinng r**a**ownd?*

tu triches !
you're cheating!
*your tch**î**tinng!*

Vous entendrez …

can you play chess?
vous savez jouer aux échecs ?

do you have a pack of cards?
est-ce que tu as un jeu de cartes ?

Quelques expressions familières

he's got great abs il a des abdos en béton
I'm pooped je suis rétamé(e)
he walloped me! il m'a littéralement écrasé(e) !

Courses et shopping

Les heures d'ouverture des commerces sont généralement assez étendues. La plupart des magasins ouvrent à 9h ou 10h le matin et ferment à 20h ou 21h. Ils sont aussi généralement ouverts le dimanche. Dans les grandes villes, les supermarchés sont ouverts jusqu'à 22h ou minuit, certains sont même ouverts 24h/24.

Les **convenience stores** (supérettes de quartier) en centre-ville vous permettront de faire vos courses à tout moment du jour et de la nuit. Vous pourrez également vous ravitailler dans les **mini-marts** (petit supermarchés) des stations-service, qui vendent de la nourriture, de l'alcool et des cigarettes. On peut aussi acheter des cigarettes dans les supermarchés, les boutiques d'alcool et dans des distributeurs automatiques. (Elles sont vendues aux plus de 18 ans sur présentation d'une pièce d'identité.)

Les États-Unis sont la destination rêvée pour ceux qui aiment faire du shopping. Les Américains font leurs courses dans d'immenses **shopping malls** (centres commerciaux) situés en périphérie des villes où vous trouverez les chaînes de grands magasins (**department stores**) telles que Bloomingdale's, JC Penney, Saks Fifth Avenue et Sears.

Si vous souhaitez sortir des sentiers battus et arrêtez-vous dans les **thrift shops** (littéralement « magasin d'économies ») qui vendent livres et vêtements d'occasion et autres objets insolites au profit d'œuvres caritatives. Vous pourrez également faire des affaires (**bargains**) et dénicher des souvenirs originaux dans les **flea markets** (marchés aux puces) de toutes les grandes villes. Et si vous voyagez en voiture, arrêtez-vous à un **garage sale** : ces vide-greniers sont souvent annoncés en bordure des routes. Vous plongerez alors dans le quotidien des Américains.

Kit de survie

acheter	to buy *tou baï*
ascenseur	elevator *èle**veï**teur*
bon marché	cheap *tchîp*

boulangerie	bakery *beïkeri*, baker's *beïkeurz*
boutique	shop *chope*
caddie®	cart *cârt*
cadeau	present *prèzeunt*
caisse	cashier *keuchîr* ; *(d'un supermarché)* checkout *tchèk-kaowt*
centre commercial	shopping mall *choppinng mowl*
cher	expensive *ekspènsiv*
couleur	color *coleur*
coûter	to cost *tou coste*
escalier mécanique	escalator *èskeuleïteur*
grand magasin	department store *dipârtmeunt stôwr*
kilo	kilo *kilo*
magasin	store *stôwr*
marché	market *mârkèt*
panier	basket *baskitt*
payer	to pay *tou peï*
prix	price *praïsse*
rembourser	to refund *tou rifeund*
soldes	sales *seïlz*
souvenir *(objet)*	souvenir *souvenir*
supermarché	supermarket *soupeumârkèt*
tabac *(lieu de vente)*	tobacco store *teubakow stôwr*
ticket de caisse	receipt *rissîtt*
vendeur	sales clerk *seïlz kleurk*
vendre	to sell *tou sèl*
vêtements	clothes *clôwZz*

À vous

est-ce qu'il y a un supermarché dans le quartier ?
is there a supermarket nearby?
*iz Zèr e s**ou**peumârkèt n**î**rbaï?*

où est-ce que je peux acheter des cigarettes ?
where can I buy cigarettes?
*wèr keun aï baï s**i**gueurètss?*

je voudrais ...
I'd like ...
aïde laïke ...

je cherche ...
I'm looking for ...
*aïme l**ou**kinng f**o**r ...*

est-ce que vous avez ... ?
do you have ...?
dou you Hav ...?

est-ce que vous savez où je peux en trouver ?
do you know where I can find one / them?
*dou you nôw wèr aï keun f**aï**nde w**a**nn / Z**è**m?*

est-ce que vous pouvez me le / la commander ?
can you order it for me?
*keun you **o**rdeur-ritt for mi?*

combien coûte ce / cette ... ?
how much is this ...?
Haow meutch iz Ziss ...?

c'est bon, je le / la prends
that's fine, I'll take it
*Zatss f**aï**ne, al teïk-kitt*

vous ne pouvez pas me faire un petit rabais ?
could you take something off the price?
*coude you teïke s**om**mTHinng of Ze praïss?*

je n'ai pas beaucoup d'argent
I don't have much money
*aï donnte Hav meutch m**o**ni*

je n'ai pas assez d'argent
I don't have enough money
*aï donnte Hav inof m**o**nni*

ça sera tout, merci
that's everything, thanks
*Zatss **è**vriTHinng, THènks*

est-ce que je peux avoir un sac (plastique) ?
could I have a (plastic) bag?
*coud-d**aï** Hav e (pl**a**stik) b**a**g?*

vous avez fait une erreur en me rendant la monnaie
you've made a mistake with my change
*youv meïde e misst**eï**ke wiTH maï tchèndj*

Vous lirez ...

buy one get one free	un article offert pour un acheté
closed 1 p.m. to 3 p.m.	fermé de 13h à 15h
closed Sundays	fermé le dimanche
open from ... to ...	ouvert de ... à ...
sale	soldes
self-service	libre-service
special offer	promotion

Vous entendrez ...

is there anything else?
et avec ceci ?

would you like a bag?
est-ce que vous voulez un sac ?

Commerces

agence de voyages	travel agency *tr**a**veul **eï**djeunsi*
agence immobilière	real estate agency *r**î**eul ist**eï**te **eï**djeunsi*
banque	bank *bènnk*
bijouterie	jewelry store *dj**ou**-eulri stôwr*, jeweler's *dj**ou**-euleurz*
boucherie	butcher's *b**ou**tcheurz*
boulangerie	bakery *b**eï**keuri*
bureau de poste	post office *p**ôw**st **o**ffiss*
charcuterie	delicatessen *dèlicat**è**sseun*
coiffeur	hairdresser's *H**è**r-drèsseurz*
confiserie	candy store *k**a**nndi stôwr*
cordonnerie	shoemaker's *choumeikuerz*
épicerie	grocer's *gr**ô**sseurz*
fleuriste	florist *fl**eu**ristt*
garage	garage *g**a**ridj*
kiosque à journaux	newspaper stand *n**iou**zpeïpeur stannd*
laverie automatique	laundry *l**ow**ndri*, laundromat *l**ow**ndromat*
librairie	book store *b**ou**k stôwr*
magasin d'alimentation	grocery store *gr**ôw**seri stôwr*

magasin de chaussures	shoe store *ch**ou** stôwr*
magasin de disques	music store *m**you**zik stôwr*
magasin de jouets	toy store ***toï** stôwr*
magasin de souvenirs	souvenir store *s**ou**veunir stôwr*
marchand de fruits et légumes	fruit and vegetable store *froutt ènde v**è**djtebeul stôwr*
marché	market *m**â**rkèt*
marché couvert	indoor market ***i**nndowr m**â**rkèt*
mercerie	notions store *n**ôw**cheunz stôwr*
nettoyage à sec	dry cleaner's *draï kl**î**neurz*
opticien	optician's *ap**ti**cheunz*
papeterie	stationery store *st**eï**cheuneuri stôwr*
parfumerie	perfume store *p**eu**rfioum stôwr*
pâtisserie	pastry shop *peïstri chope*
pharmacie	drugstore *dr**eu**gstôwr*
poissonnerie	fish seller ***fi**ch sèleur*
quincaillerie	hardware store *H**â**rdwèr stôwr*
station-service	gas station *gass st**eï**cheun*
supermarché	supermarket *s**ou**peumârkèt*
tabac	tobacco store *teub**a**kow stôwr*
vétérinaire	vet *vèt*

Payer

Les cartes de crédit (**credit cards**) et de débit (**debit cards** ou **check cards**) internationales sont acceptées partout mais généralement pour les sommes excédant cinq, voire dix dollars. Ne vous étonnez pas si vous entendez l'expression **to pay with plastic**, cela signifie simplement « payer avec une carte de paiement ». Vous pouvez retirez du liquide dans les **ATM** ou **automated teller machines** (distributeurs de billets) mais chaque opération est soumise à une taxe. Les chèques de voyage sont pratiques car de très nombreux commerces acceptent de les changer en liquide sur présentation d'une pièce d'identité.

Détail important : sachez que le pourboire (**tip** ou **gratuity**) tient une place essentielle pour tout ce qui est prestation de services. Au restaurant, la norme est de laisser de 15 à 20% du montant de la note en pourboire, dans les hôtels les porteurs reçoivent environ un dollar par bagage et l'usage est de laisser quelques dollars pour la femme de ménage ; pour les chauffeurs de taxi et les coiffeurs, le pourboire représente environ 15% de la note, et même dans les bars l'usage est de laisser un dollar pour chaque boisson commandée. Dans toutes les situations évoquées ci-dessus, le pourboire est pour ainsi dire obligatoire, sauf si vous avez eu droit à un service exceptionnellement médiocre.

Autre différence de taille par rapport à l'Europe, les prix sont affichés hors taxes, ce qui signifie que le montant à régler à la caisse excède très souvent celui qui figure sur les produits ou les services. Le montant des taxes varie selon les États et peut même varier à l'intérieur même d'un État. Il est généralement d'environ 15% dans les hôtels, d'environ 8% dans les restaurants et pour l'achat de vêtements (sauf à New York, profitez-en !), et il arrive même qu'une taxe modique soit prélevée sur les produits alimentaires.

À vous

où est-ce qu'on paye ?
where can I pay?
wèr keun aï peï?

combien je vous dois ?
how much do I owe you?
*Haow meutch dou aï **ôw** you?*

pourriez-vous me l'écrire, s'il vous plaît ?
could you write it down, please?
*coude you raït-titt d**a**own, plîz?*

est-ce que je peux payer par carte Visa® ?
can I pay with Visa®?
keun aï peï wiTH vîzeu?

je vais payer en liquide
I'll pay cash
âl peï cache

désolé, je n'ai pas de monnaie
sorry, I don't have change
*s**o**rri, aï donnte Hav tchènj*

est-ce vous pouvez me faire de la monnaie ?
could you give me change, please?
coude you give mi tchènj, plîz?

est-ce que je peux avoir un reçu ?
could I have a receipt?
*coud-d**aï** Hav e rissîtt?*

Vous entendrez ...

pay at the cashier's
payez à la caisse

how would you like to pay?
vous réglez comment ?

are you paying by cash or by credit card?
vous payez en liquide ou par carte ?

we don't take credit cards
nous n'acceptons pas les cartes de crédit

don't you have any change?
vous n'avez pas du tout de monnaie ?

could you sign here?
je vais vous demander de signer là

enter your PIN number
composez votre code confidentiel

remove your card
retirez votre carte

Quelques expressions familières

what a rip-off! c'est de l'arnaque !, c'est hors de prix !
I'm completely broke je n'ai pas un rond
it costs an arm and a leg ça coûte les yeux de la tête
it's a steal c'est donné

Alimentation

Les Américains font leurs courses dans des hypermarchés tels que Safeway, Market Basket, Kroger, Albertson's, et Giant. Ces **grocery stores** (grandes surfaces alimentaires) ouvrent parfois 24h/24. Vous trouverez également de nombreux magasins d'alimentation proposant un choix intéressant de nourriture du monde entier. Dans les grandes villes, les **delis** vendent une grande variété de produits frais et d'épicerie de qualité. Ils proposent aussi des plats chauds et des sandwiches à manger sur place. Les **delis** sont particulièrement nombreux à New York et vous pourrez notamment déguster des spécialités juives, allemandes et italiennes.

Les Américains ont souvent la réputation de donner la priorité à la quantité plutôt qu'à la qualité de leur alimentation. Le succès des chaînes de supermarchés bio tels que Whole Foods semble démentir cette idée. Le choix proposé impressionnera sans aucun doute les consommateurs les plus exigeants. Si vous tombez sur un **farmer's market** lors de l'une de vos visites, profitez-en pour faire des provisions. C'est le lieu idéal pour acheter spécialités et produits locaux : pain, gâteaux, fruits et légumes bio, etc.

Une petite info qui pourrait vous être bien utile : la vente et la consommation d'alcool sont très surveillées aux États-Unis. On vous demande une pièce d'identité pratiquement partout pour acheter de l'alcool car le **drinking age** (âge à partir duquel on a le droit de boire) est de 21 ans. Il est interdit de boire dans la rue, ceci dit cette pratique est généralement tolérée du moment que les buveurs dissimulent leur bouteille ou leur canette dans un sac en papier.

À vous

où est-ce qu'on peut acheter à manger à cette heure-ci ?
where can I / we buy something to eat at this time of night / day?
*wèr keun aï / wi baï sommTHinng tou **î**tt att Ziss taïme ov naïte / deï?*

y a-t-il un marché ?
is there a market?
*iz Zèr e m**â**rkèt?*

non, pas celui-ci, celui-là
no, not this one, that one
nôw, nott Ziss wann, Zat wann

je voudrais cinq tranches de jambon
I'd like five slices of ham
*aïde laïke faïve sl**aï**sseuz ov Hamm*

je vais prendre un petit morceau de ce fromage
I'd like a little piece of that cheese
aïde laïke e liteul pîss ov Zat tchîz

je voudrais 500 grammes de bœuf haché
I'd like one pound of ground beef
*aïde laïke wann paownd ov gr**a**ownd bîf*

y a-t-il une boulangerie dans le coin ?
is there a bakery nearby?
iz Zèr e beïkeri nîr-baï?

plus à droite, oui c'est ça
more to the right, yes, that's the one
*more tou Ze raïtt, yèss, Z**a**tss Ze wann*

c'est pour quatre personnes
it's for four people
itss for fowr pîpeul

environ 225 grammes
around eight ounces
*eur**a**ownd eït aownsiz*

une demi-livre de ..., s'il vous plaît
a half pound of ..., please
*e **Haf** paownd ov ..., plîz*

c'est possible de goûter ?
could I taste it?
*coud-daï t**e**ïsst-titt?*

un peu plus
a little more
*e liteul m**o**re*

un peu moins
a little less
e liteul lèss

ça se conserve combien de temps ?
how long will it stay good?
Haow longue wil itt steï goude?

on peut voyager avec ?
will it travel?
*wil-itt tr**a**veul?*

Courses et shopping

Vous lirez ...

best before ...	à consommer avant le ...
dairy products	produits laitiers
delicatessen	épicerie fine

keep cold	à conserver au froid
liquor store	magasin où l'on vend de l'alcool
local specialties	spécialités de la région
organic	biologique
serve cold	servir froid

Vous entendrez ...

there's a market every day until one o'clock
il y a marché tous les jours jusqu'à 13h

there's a grocer's on the corner that stays open late
il y a un épicier au coin de la rue qui reste ouvert tard le soir

do you need help bagging your groceries?
voulez-vous que je vous aide à mettre vos courses dans les sacs ?

Habillement

Destination privilégiée des amateurs de shopping, les États-Unis offrent un choix très vaste de vêtements et les prix sont souvent moins élevés qu'en France.

Les adeptes de la **retail therapy** (« thérapie par le shopping ») seront comblés sur la côte est comme sur la côte ouest. Los Angeles est connue pour ses centres commerciaux énormes comme le Rodeo Collection, par exemple, sur Rodeo Drive à Beverly Hills. Cette avenue considérée comme la plus chère du monde vaut vraiment le détour. Les petites boutiques originales et pittoresques sur Highland et Melrose Avenue à Hollywood vous sembleront certainement plus abordables. Enfin, si vous recherchez des magasins de vêtements branchés, rendez-vous au Shopping Village à Westwood.

New York offre un choix encore plus impressionnant et vous serez tenté à chaque coin de rue. Dans toute la ville, vous trouverez les marques américaines bien connues telles que Gap, J Crew, Banana Republic, LL Bean, Brooks Brothers, Anthropologie, American Apparel, etc. Si vous préférez la mode **vintage** ou **indie** (alternative), vous devriez trouver tout ce qu'il vous faut à Greenwich Village.

Pour le plaisir des yeux, ne manquez pas la Fifth Avenue et Madison Avenue dans l'Upper East Side, où vous pourrez rêver un instant devant les vitrines de Tiffany & Co., Saks Fifth Avenue et Bergdorf Goodman.

Dans tout le pays, les **outlet malls** sont d'énormes centres commerciaux qui proposent des articles de marque soldés jusqu'à 75%. Ils sont généralement situés en périphérie des villes et signalés par des panneaux publicitaires le long des autoroutes.

Pour les correspondances entres tailles européennes et américaines, reportez-vous aux tables de conversion des pages 251–2. En cas de problème, sachez que vous pourrez facilement vous faire rembourser sur simple présentation du ticket de caisse.

À vous

je cherche le rayon hommes / femmes
I'm looking for the men's / ladies' department
*aïme loukinng for Ze mènnz / leïdiz dip**â**rtmeunt*

non, merci, je regarde seulement
no, thanks, I'm just looking
nôw, THènks, aïme djeust loukinng

je peux l'essayer ?
can I try it on?
keun aï traï-yitt onn?

je chausse du 43
I wear a 10
aï wèr e tènn

je voudrais essayer celui-là / celle-là qui est en vitrine
I'd like to try on the one in the window
*aïde laïke tou traï onn Ze wann inn Ze w**i**nndôw*

où sont les cabines d'essayage ?
where are the dressing rooms?
*wèr âr Ze dr**è**ssinng roumz?*

vous ne l'avez pas dans une autre couleur ?
do you have it in another color?
*dou you Hav itt inn en**o**Zeur c**o**leur?*

est-ce que vous l'avez dans une plus petite / grande taille ?
do you have it in a smaller / bigger size?
*dou you Hav itt inn e sm**ow**leur / b**i**gueur saïze?*

est-ce que vous les avez en rouge ?
do you have them in red?
dou you Hav Zèm inn rèd?

c'est trop large / petit
it's too big / small
itss tou big / smowl

oui, ça va, je les prends
yes, that's fine, I'll take them
yèss, Zatss faïne, al teïke Zèm

non, je n'aime pas
no, I don't like it
nôw, aï donnte laïk itt

je vais réfléchir
I'll think about it
*al THinnk eub**a**owt itt*

pouvez-vous me mettre ceci de côté jusqu'à demain ?
could you put this aside for me until tomorrow?
*coude you poutt Ziss eus**aï**de for mi euntil toum**a**rôw?*

je voudrais rendre ceci, ce n'est pas la bonne taille
I'd like to return this, it doesn't fit
*aïde laïke tou rit**eu**rn Ziss, itt dazeunt fitt*

est-ce que je peux me faire rembourser ?
can I get a refund?
*keun aï guèt e rif**o**nnd?*

Vous lirez ...

children's wear	vêtements pour enfants
dressing rooms	cabines d'essayage
ladies' wear	vêtements pour femmes
menswear	vêtements pour hommes
open late on Thursdays	nocturne les jeudis
open this Sunday	ouverture exceptionnelle le dimanche

Vous entendrez ...

hello, can I help you?
bonjour, je peux vous aider ?

can I help you?
vous désirez ?

are you looking for something in particular?
vous cherchez quelque chose ?

we only have it in blue or black
il ne nous en reste que en bleu ou en noir

we don't have any left in this size
il ne nous en reste plus dans cette taille

we may have one in our other store, I'll call them
il est possible qu'il y en ait un(e) dans notre autre magasin, je vais les appeler

it's really becoming to you
ça vous va bien

so, what do you think?
alors ? qu'est-ce que vous en pensez ?

you can return it if it doesn't fit
vous pouvez le / la rendre si ce n'est pas la bonne taille

have you tried it on?
vous l'avez essayé(e) ?

Vêtements

anorak	parka *p**a**rka*
baskets	sneakers *sn**î**keurz*
bikini	bikini *bik**î**ni*
blouson	bomber jacket *b**o**mmbeur dj**a**keut*
bottes	boots *boutss*
caleçon	*(court, d'homme)* boxer shorts *b**o**xeur chowrtss ; (long, de femme)* tights *taïtss*
casquette	cap *cap*
ceinture	belt *bèlt*
chapeau	hat *Hat*
chaussettes	socks *sokss*
chaussures	shoes *chouz*
chemise	shirt *cheurt*
chemise de nuit	nightgown *n**aï**tgaown*
chemisier	blouse *blaowz*
collants	tights *taïtss*

costume	suit *s**ou**tt*
cravate	tie *taï*
culotte	panties *p**a**nntiz*
débardeur	tank top *tènk top*
écharpe	scarf *scarf*
gants	gloves *glovz*
gilet	vest *vèsst*
haut	top *top*
imperméable	waterproof *w**ow**teurprouf*
jean	jeans *djînz*
jogging	tracksuit *tr**a**ksoutt*
jupe	skirt *skeurt*
maillot de bain	swimsuit *sw**i**m-soutt*, bathing suit *b**eï**Zinng soutt*
manteau	coat *côwt*
mini-jupe	mini-skirt *m**i**ni-skeurt*
peignoir de bain	bathrobe *b**a**THrôwb*
polaire	fleece jacket *flîss dj**a**keut*
pull	sweater *sou**è**teur*
pyjama	pajamas *pedj**a**maz*
robe	dress *drèss*
salopette	overalls ***ôw**veurowlz*
short	shorts *chowrtss*
slip *(d'homme)*	briefs *brîfs*
soutien-gorge	bra *brâ*
string	thong *THonng*
sweat	sweater *sw**è**teur*
tongs	flip-flops *flip-flopss*
T-shirt	T-shirt *t**î**-cheurt*
veste	jacket *dj**a**keut*

Souvenirs et cadeaux

À vous

je cherche un cadeau à ramener
I'm looking for a present to take back
aïme loukinng for e prèzeunt tou teïke bak

je voudrais quelque chose de facile à emporter dans l'avion
I'd like something easy to take on the plane
aïde laïke sommTHinng ***î****zi tou teïke onn Ze pleïne*

c'est pour une petite fille de quatre ans
it's for a little girl of four
itss for e ***li****teul gueurl ov f****ow****r*

est-ce que vous pouvez me faire un paquet-cadeau ?
can you gift wrap it for me?
*kèn you g****i****ft rap-pitt for mi?*

Vous lirez ...

crafts	artisanat
crystalware	objets en verre
handmade	fait main
leather	cuir
made of wood / silver / gold	en bois / argent / or
porcelain	porcelaine
pottery	poterie
silverware	argenterie
traditionally-made product	produit artisanal

Vous entendrez ...

how much would you like to spend?
combien êtes-vous prêt à dépenser ?

is it a present?
c'est pour offrir ?

would you like it gift wrapped?
voulez-vous un paquet-cadeau ?

Couleurs

argenté	silver *s**i**lveur*
beige	beige *beïj*
blanc	white *waïte*
bleu	blue *blou*
bordeaux	burgundy *b**eu**rgueundi*
brun	brown *br**a**own*
doré	golden *g**ôw**ldeun*
gris	gray *greï*
jaune	yellow *y**è**lôw*
marron	brown *br**a**own*
mauve	mauve *môwv*
noir	black *blak*
or	gold *gôwld*
orange	orange ***o**reundj*
rose	pink *pinnk*
rouge	red *rèd*
turquoise	turquoise *t**eu**rkwoïz*
vert	green *grîn*
violet	purple *p**eu**rpeul*

papeterie

agrafeuse	stapler *st**eï**pleur*
Bic®	pen *pènn*
cahier	notebook *n**ôw**tebouk*
calculatrice	calculator *kalkieul**eï**teur*
calendrier	calendar *k**a**lèndeur*
colle	glue *glou*
crayon	pencil *p**è**nseul*
crayon de couleur	crayon *cr**eï**yann*
dictionnaire	dictionary *d**i**kcheuneuri*
élastiques	rubberbands *r**a**beurbanndz*
enveloppe	envelope ***è**nveulop*

Courses et shopping

feutre	felt-tip pen _fèlt-tip pèn_
ficelle	string _strinng_
gomme	eraser _ire**ï**zeur_
livre	book _bouk_
papier	paper _pe**ï**peur_
perforatrice	hole punch _H**o**le peuntch_
portemine	mechanical pencil _mek**a**nikeul p**è**nseul_
punaises	thumbtacks _THeum-takss_
règle	ruler _**rou**leur_
stylo	pen _pèn_
surligneur	highlighter _H**aï**-l**aï**teur_
taille-crayon	pencil sharpener _p**è**nseul ch**â**rpneur_
Tipp-Ex®	Liquid Paper _likwid p**e**ïpeur_, correction fluid _kerèksheun flou-id_
trombones	paper clips _p**eï**peur klipss_
trousse	pencil case _p**è**nseul keïss_

Photo

Si vous brûlez d'impatience de voir vos photos avant la fin de votre séjour, sachez que le développement de photos est disponible chez les photographes traditionnels mais également dans les supermarchés tels que Walmart et Safeway, ainsi que dans les chaînes de drugstores du type Walgreens. Ces chaînes disposent pour la plupart de bornes de développement en self-service (**photo kiosks**) où il vous suffit d'insérer votre carte mémoire ou votre CD pour développer vos photos instantanément, le paiement se faisant soit par carte, soit en caisse. De nombreux magasins proposent aussi un service de développement express (**one-hour photo**), ce qui vous laisse le temps de faire quelques courses avant de récupérer vos photos. Walgreens dispose d'un service en ligne : l'utilisateur charge ses photos sur un site prévu à cet effet et peut récupérer les clichés au magasin le plus proche ou bien se les faire envoyer.

Si votre carte mémoire est pleine… pas de panique, vous pourrez facilement en acheter une nouvelle. Les **gigabytes** (**GB** en abrégé, souvent prononcé *guig*) sont l'équivalent des gigaoctets (Go). Par exemple, pour demander une carte mémoire de 4Go, il vous faudra dire **I'd like a four-gig memory card**.

Kit de survie

agrandir	to enlarge *tou innl**â**rdj*
album photo	photo album *f**ô**wtôw **a**lbeum*
appareil jetable	disposable camera *disp**ô**w**zebeul c**a**meura*
appareil numérique	digital camera ***di**djiteul c**a**meura*
appareil photo	camera *c**a**meura*
appareil photo waterproof	waterproof camera ***wow**teurprouf c**a**meura*
bouchon d'objectif	lens cap ***è**nnz cap*
brillant	glossy *gl**o**ssi*
caméra vidéo	video camera *v**i**di-o c**a**meura*
caméscope®	camcorder *c**a**mkordeur*
carte mémoire	memory card *m**è**mori cârd*

couleur color *c**o**leur*
diapositive slide *slaïde*
exemplaire copy *c**o**ppi*
faire développer des photos to have photos developed *tou Hav f**ô**wtôwz div**è**lopt*
flou blurry *bl**eu**ri*
format size *saïze*
graver *(CD)* to burn *tou beurn*
imprimer to print *tou prinnt*
mat matt *matt*
négatif negative *n**è**gueutiv*
noir et blanc black and white *blak ènde waïte*
objectif lens *lènnz*
pellicule film *film*
photogénique photogenic *f**ô**wtôwdjènik*
photographe photo *f**ô**wtôw*
pile battery *b**a**teuri*
prendre une photo / des photos to take a photo / photos *tou teïk e f**ô**wtôw /f**ô**wtôwz*
trépied tripod *tr**aï**pod*

À vous

est-ce que vous pourriez nous prendre une photo ?
could you take a photo of us?
*coude you teïk e f**ô**wtôw ov **eu**ss?*

voulez-vous que je vous prenne en photo ?
would you like me to take a photo of you?
*woude you laïke mi tou teïk e f**ô**wtôw ov you?*

vous pouvez zoomer
you can zoom in
*you kèn zoum-minn b**eu**teun*

il suffit d'appuyer sur ce bouton
you just have to press this button
you djeust Hav tou prèss Ziss

recule un peu !
move back a bit!
*mouve b**a**k e bitt!*

approche-toi !
come forward!
*comm f**ow**rweurd!*

je vais t'envoyer la photo par e-mail, quelle est ton adresse ?
I'll e-mail you the photo, what's your address?
*al **î**-meïl you Ze f**ô**wtôw, watss your eudr**è**ss?*

je mettrai les photos sur Internet, tu pourras ensuite les télécharger
I'll put the photos on Internet, then you can download them
*al poutt Ze f**ô**wtôwz onn **i**nnteurnèt, Zènn you keun d**aow**nlôwd Zèm*

je voudrais imprimer mes photos numériques
I'd like to print my digital photos
*aïde laïke tou pr**i**nnt maï d**i**djiteul f**ô**wtôwz*

je voudrais graver mes photos sur un CD
I'd like to burn my photos to a CD
*aïde laïke tou beurn maï f**ô**wtôwz tou e s**î**-dî*

je cherche une carte mémoire de 4Go
I'm looking for a four GB memory card
*aïme loukinng for e f**o**r-guig m**è**meuri c**â**rd*

je voudrais faire développer cette pellicule
I'd like to have this film developed
*aïde laïke tou Hav Ziss f**i**lm div**è**lopt*

je voudrais faire des doubles de certaines photos
I'd like copies of some photos
*aïde laïke c**o**ppiz ov somm f**ô**wtôwz*

quand seront-elles prêtes ?
when will they be ready?
*wèn wil Zeï bi r**è**di?*

je viens chercher mes photos
I've come to pick up my photos
*aïve comm tou pik eup maï f**ô**wtôwz*

la pile est morte
the battery's dead
*Ze b**a**teuriz dèd*

je dois recharger l'appareil photo
I need to charge the camera
*aï nîdd tou tch**â**rdj Ze c**a**meura*

j'ai un problème avec mon appareil photo
I have a problem with my camera
*aï Hav e pr**o**bleum wiTH maï c**a**meura*

je ne sais pas ce que c'est
I don't know what it is
*aï donnte **nôw** watt itt **iz***

le flash ne marche pas
the flash isn't working
*Ze flach izeunt w**eu**rkinng*

je n'ai pas pris beaucoup de photos
I haven't taken many photos
*aï Haveunt **teï**keun mèni **fô**wtôwz*

où est-ce que je peux faire faire des photos d'identité ?
where can I get passport photos taken?
*wèr keun aï guèt p**a**ssportt fôwtôwz **teï**keun?*

Vous lirez …

express service service express
no photos photos interdites
one-hour developing développement en une heure
smile! souriez !
standard format format standard

Vous entendrez …

the flash didn't go off
le flash n'a pas marché

maybe the battery's dead
c'est peut-être la pile qui est morte

what's the name?
c'est à quel nom ?

when would you like them?
vous les voulez pour quand ?

we can develop them in an hour
on peut vous les développer en une heure

your photos will be ready after noon on Thursday
vos photos seront prêtes à partir de jeudi midi

Boire et manger

Pour bien commencer la journée sans vous ruiner, arrêtez-vous dans un des nombreux établissements (**diners**, **cafeterias** ou **coffee shops**) qui servent un petit déjeuner (particulièrement abondant et varié). Vous pourrez vous régaler de **hash browns**, de **pancakes**, de **French toast**, de **muffins**, et d'œufs sous toutes les formes (généralement accompagnés de bacon, de saucisses, etc.).

Le week-end, de nombreux restaurants proposent un **brunch** (repas à mi-chemin entre le **breakfast** et le **lunch**) entre 10h et 16h environ. Au menu : toutes sortes de plats légers salés et sucrés souvent accompagnés d'un cocktail comme le **bloody Mary** ou le **mimosa** (cocktail à base de champagne et de jus d'orange).

Après de tels excès, vous vous contenterez peut-être de déjeuner sur le pouce. Le choix est vaste : vous pourrez essayer les **hot dogs** et les **pretzels** par exemple, qui sont vendus dans des échoppes à n'importe quel coin de rue. Vous pourrez aussi vous régaler d'un sandwich : un **submarine**, ou encore un **bagel** servi avec du **cream cheese** et du **lox** (saumon fumé). Si vous êtes tenté par un en-cas sucré, vous trouverez d'excellents **brownies**, de délicieux **cookies**, et d'exquis **cupcakes**. Enfin, n'oubliez pas de vous arrêter dans un **ice-cream parlor** pour goûter aux glaces, aux **milk shakes** et au **frozen yogurt**.

L'immense variété de la cuisine reflète la diversité de la population américaine. Si vous en avez assez des hamburgers et des steaks, pourquoi ne pas essayer un restaurant italien ? Vous verrez en commandant votre pizza que les Américains ont quelque peu réinterprété la cuisine italienne. Vous trouverez également de nombreux restaurants servant des spécialités d'Europe centrale et d'Europe de l'Est. L'influence mexicaine

se fait également sentir dans tout le pays : vous aurez bien sûr entendu parler de la cuisine **Tex Mex** qui reflète la fusion des saveurs texanes et mexicaines. Moins connue, la **soul food** (cuisine afro-américaine originaire du Sud, littéralement « la nourriture de l'âme ») vaut également le détour. Vous pourrez enfin découvrir les spécialités de la cuisine asiatique, notamment dans les restaurants de la côte ouest.

Pour les grandes occasions, certains restaurants gastronomiques tenus par des chefs de renommée internationale valent qu'on s'y arrête. **The French Laundry** à Yountville en Californie, **Charlie Trotter's** à Chicago et **Nobu** à New York devraient satisfaire les gastronomes les plus exigeants. Il est cependant recommandé de réserver bien à l'avance.

Les Américains dînent souvent assez tôt : on peut réserver une table à partir de 17h30 et le service se termine en général vers 22h. Cependant, certains **diners** et certaines chaînes de restaurants ouvrent très tard le soir. Le service n'étant pas compris, il faudra prévoir de laisser un pourboire de 15 à 20% en moyenne. Les portions sont très copieuses mais vous pourrez toujours emporter vos restes dans un **doggie bag**.

Kit de survie

addition	check *tchèk*, bill *b**i**l*
apéritif	aperitif *eupèreut**i**f*
bière	beer *b**î**r*
boire	to drink *tou drinnk*
bouteille	bottle *b**o**tteul*
café	*(boisson)* coffee *c**o**ffi* ; *(lieu)* café *c**a**feï*
carafe	pitcher *p**i**tcheur*
carte	menu *m**è**niou*
carte des vins	wine list *w**aï**ne list*
Coca-Cola®	Coke® *côwke*
commander	to order *tou **o**rdeur*
déjeuner	*(n)* lunch *leuntch* ; *(v)* to have lunch *tou Hav leuntch*
dessert	dessert *diz**eu**rt*
dîner	*(n)* dinner *d**i**neur* ; *(v)* to have dinner *tou Hav d**i**neur*
eau	water *w**ow**teur*
eau gazeuse	sparkling water *spârkling w**ow**teur*
eau minérale	mineral water *m**i**neureul w**ow**teur*
eau plate	still water *stil w**ow**teur*
entrée	appetizer ***a**pitaïzeur*
expresso	expresso *èkspr**è**sso,* espresso *èspr**è**sso*
fromage	cheese *tchîz*
jus de fruit	fruit juice *froutt djiouss*

manger	to eat *tou **î**tt*
menu	*(carte)* menu *m**è**niou* ; *(formule à prix fixe)* set menu *sèt m**è**niou*
petit déjeuner	breakfast *br**è**kfeust*
plat	dish *dich*
plat de résistance	entrée ***o**nntreï*
pourboire	tip *tip*
prendre le petit déjeuner	to have breakfast *tou Hav br**è**kfeust*
pression	beer on tap *bîr onn tap*
salade	salad *s**a**leud*
sandwich	sandwich *s**a**nnwitch*
service	service ***seu**rviss*
thé	tea *tî*
verre	glass *glass*
vin	wine *waïne*
vin rouge / blanc / rosé	red / white / rosé wine *rèd / waïte / r**ôw**zeï waïne*

À vous

on va manger un bout ?
want to go and get something to eat?
wante tou gôw ènde guèt sommTHinng tou ìtt?

on va boire un verre ?
want to go for a drink?
wante tou gôw for e drinnk?

on va prendre un café ?
want to go for some coffee?
*wante tou gôw for somm c**o**ffi?*

est-ce que vous pouvez nous recommander un restaurant ?
could you recommend a restaurant?
*coude you rècomm**è**nd e r**è**streuntt?*

je n'ai pas très faim
I'm not very hungry
*aïme nott v**è**ri H**eu**ngri*

j'ai super faim
I'm starving
*aïme st**â**rvinng*

s'il vous plaît ! *(pour appeler le serveur)*
excuse me, please!
*èkski**ou**z mi, pl**î**z!*

j'en reprendrai un autre
I'll have another
*al Hav en**o**Zeur*

bon appétit !
enjoy your meal!
*èndj**oï** your m**î**l!*

à la tienne / vôtre !
cheers!
tchîrz!

tchin-tchin !
cheers!
tchîrz!

où sont les toilettes, s'il vous plaît ?
where are the restrooms, please?
*wèr âr Ze r**è**stroumz, pl**î**z?*

c'est délicieux
it's delicious
*itss dèl**i**cheuss*

c'était délicieux
it was delicious
*itt waz dèl**i**cheuss*

c'est très gras
it's very greasy
*itss **vè**ri grîzi*

ce n'est pas assez salé
it doesn't have enough salt
*itt dazeunt Hav inof **sow**lt*

c'est froid
it's cold
itss côwld

c'est trop épicé
it's too spicy
*itss tou sp**aï**ssi*

ça a un drôle de goût
it tastes funny
*itt teïssts **feu**nni*

c'est trop chaud
it's too hot
itss tou Hott

Vous lirez ...

carryout	à emporter
eating in	sur place
homemade	fait maison
house specialties	spécialités de la maison
today's special	plat du jour

Vous entendrez ...

sorry, we stop serving at ten o'clock
désolé, nous ne servons plus après 22h

Réserver une table

À vous

je voudrais réserver une table pour demain soir / pour ce soir
I'd like to reserve a table for tomorrow night / for tonight
*aïde laïke tou rizeurve e **teï**beul for toum**a**rôw naïte / for toun**aï**te*

vers huit heures
around eight o'clock
*eur**a**ownd **eï**t-teu-clok*

vous n'avez pas de table libre plus tôt ?
you don't have a table available before that?
*you donnte Hav e **teï**beul euv**eï**lebeul bif**ow**re Zatt?*

une table pour quatre, s'il vous plaît
a table for four, please
*e **teï**beul for f**ow**r, plîz*

pour deux personnes
for two people
for tou pîpeul

est-ce qu'il y a un code vestimentaire ?
do you have a dress code?
dou you Hav e drèss côwd?

j'ai réservé une table au nom de …
I've reserved a table – the name's …
aïve rizeurvd e teïbeul – Ze neïmz …

Vous lirez …

reserved réservé

Vous entendrez …

for what time?
pour quelle heure ?

what's the name?
c'est à quel nom ?

for how many people?
vous êtes combien ?

would eight thirty / half past eight be OK?
8h30, ça vous va ?

do you have a telephone number where we can reach you?
vous avez un numéro où on peut vous joindre ?

hello, will you be having lunch/dinner?
bonjour, c'est pour déjeuner/dîner ?

have you reserved a table?
est-ce que vous avez réservé ?

is this table OK for you?
est-ce que cette table vous convient ?

we're full at the moment
nous sommes complets pour le moment

would you like to wait at the bar until your table is ready?
voulez-vous vous asseoir au bar pendant qu'on prépare votre table ?

Commander à manger

À vous

oui, je crois qu'on a choisi
yes, I think we're ready to order
*yèss, aï THinnk wir **rè**di tou **o**rdeur*

non, pas encore
no, not yet
nôw, nott yèt

qu'est-ce que vous nous recommandez ?
what do you recommend?
*watt dou you rècomm**è**nd?*

je voudrais …
I'd like …
aïde laïke …

est-ce que je pourrais avoir … ?
could I have …?
*coud-d**aï** Hav …?*

pour moi, ça sera …
I'll have …
al Hav …

est-ce que vous avez un menu ?
do you have a set menu?
*dou you Hav e s**è**t m**è**niou?*

on va prendre deux menus
we'll both have the set menu
*wil bôTH Hav Ze sèt m**è**niou*

moi, je ne sais pas, c'est quoi « chicken pot pie » ?
I'm not sure, what's chicken pot pie?
*aïme nott ch**ou**re, watss tchikeun pott paï?*

je vais prendre ça alors
I'll take that, then
al teïke Zatt, Zènn

quel est le plat du jour ?
what's today's special?
*watss toud**eï**z sp**è**cheul?*

est-ce que c'est servi avec des légumes ?
does it come with vegetables?
*daz itt come wiTH v**è**djtebeulz?*

avec de la salade
with a side of salad
*wiTH e saïde ov s**a**leud*

qu'est-ce que vous avez comme desserts ?
what desserts do you have?
*watt diz**eu**rtss dou you Hav?*

juste de l'eau (plate), s'il vous plaît
just some (tap) water, please
*djeust somm (tap) w**ow**teur, plîz*

une grande carafe d'eau
a large pitcher of water
*e l**a**rdj pitcheur ov w**ow**teur*

une bouteille de vin rouge / blanc maison
a bottle of the house red / white
*e b**o**tteul ov Ze H**a**owss rèd / waïte*

on va partager – est-ce que vous pouvez nous apporter deux assiettes ?
we're going to share it – could you bring us two plates?
*wir g**o**-inn tou chèr-ritt – coude you brinngueuss tou pl**aï**tss?*

ce n'est pas ce que j'ai commandé, j'avais demandé …
this isn't what I ordered, I asked for …
*Ziss **i**zeunt watt aï **o**rdeurd, aï a**s**skt f**o**r …*

est-ce qu'on peut avoir encore du pain ?
could we have some more bread?
*coude wi Hav somm m**o**re br**è**d?*

est-ce que vous pourriez nous apporter une autre carafe d'eau ?
could you bring us some more water?
*coude you brinngueuss somm mowr w**ow**teur?*

Boire et manger

Vous entendrez ...

are you ready to order?
vous avez choisi ?

I'll come back in a little while
je vous laisse choisir et je reviens

it's a type of ...
c'est une sorte de ...

was everything OK?
ça a été ?

sorry, we don't have any more ...
désolé(e), nous n'avons plus de ...

and what would you like to drink?
et comme boisson ?

would you like dessert?
désirez-vous un dessert ?

Régimes spéciaux

À vous

je suis végétarien(ne) / végétalien(ne) / diabétique
I'm a vegetarian / vegan / diabetic
aïme a vèdjetèrieun / vîgueun / daïyeubètik

je suis un régime alimentaire spécial
I have special dietary requirements
aï Hav spècheul dayeutèri rikwayeurmeunts

je suis un régime alimentaire faible en gras / sel / cholestérol
I'm on a low-fat / low-salt / low-cholesterol diet
aïme onn a lôw-fatt / lôw-sôwlt / lôw-keulèsteurôwl dayeut

je ne mange pas ...
I don't eat ...
aï dante îtt ...

je ne bois pas d'alcool
I don't drink
aï dante drinnk

je suis allergique aux noix / au lactose / aux fruits de mer
I'm allergic to nuts / dairy products / seafood
aïme euleurdjik tou neutss / dèri prodeuctss / sîfoudd

j'ai une intolérance au gluten
I'm gluten intolerant
*aïme gl**ou**teun innt**a**lèreunt*

je vais prendre ..., mais sans beurre / crème / sucre
I'll have ..., but without butter / cream / sugar
*al Hav ..., beutt wiTH**â**owt b**eu**teur / crîm / ch**ou**gueur*

est-ce que c'est kasher / halal ?
is it kosher / halal?
*izitt k**ô**cheur / hâl**â**l?*

je ne mange que des produits bios
I only eat organic food
*aï onnli îtt org**a**nik f**ou**dd*

est-ce que ce sont des œufs de poules élevées en plein air ?
are these free-range eggs?
*âr Zîz fr**î**-rèndje **è**gz?*

avez-vous du lait de soja ?
do you have soya milk?
*dou you Hav s**o**yeu milk?*

Vous entendrez ...

can you eat ...?
pouvez-vous manger ... ?

I'll ask the chef
je vais demander au chef

Dans un diner

Pour goûter à l'Amérique authentique, il faut absolument faire l'expérience d'un repas dans un **diner**. Il s'agit de ces petits restaurants sans prétentions qui restent ouverts très tard, voire 24h/24, et dont le menu est composé essentiellement de hamburgers (**burgers**), frites (**french fries**), sandwiches, hot dogs et œufs sous toutes leursformes : **scrambled** (brouillés), **boiled** (durs), **soft-boiled** (mollets), **fried** (sur le plat), auquel cas vous avez le choix entre **sunny-side up** (cuisson classique avec le jaune au-dessus) et **overeasy** (sur le plat, puis retourné), ou encore en omelette. Les buveurs de café ont très souvent droit à des **free refills** (du café à volonté). À l'origine, ces établissements étaient aménagés dans des wagons tirés par des chevaux et leur clientèle était composée essentiellement d'ouvriers. La forme allongée, avec un long comptoir jalonné de tabourets faisant face aux plaques de cuisson est encore caractéristique de bien des **diners**. En outre, l'extérieur de ces établissements est souvent très riche en chromes et en néons. Le **diner** reste un élément essentiel et emblématique du paysage urbain américain. On emploie également le terme **greasy spoon** (littéralement « cuillère grasse ») pour désigner tout restaurant bon marché.

À vous

qu'est-ce que tu prends ?
what are you having?
watt âr you Havinng?

non, cette fois c'est pour moi
no, I'll pay this time
nôw, al peï Ziss taïme

un Coca-Cola®
a Coke®
e côwke

un thé
a cup of tea
e keup ov tî

je t'offre un verre
I'll buy you a drink
al baï you e drinnk

je vais prendre ...
I'll have ...
al Hav ...

un Coca light®
a Diet Coke®
e dayeut côwke

un chocolat chaud
a hot chocolate
e Hott tchoklèt

un café et un croissant
a coffee and a croissant
e coffi ènde e croâssann

un sandwich au jambon, s'il vous plaît
a ham sandwich, please
e Hamm sannwitch, plîz

la soupe du jour, s'il vous plaît
the soup of the day, please
Ze soup ov Ze deï, plîz

un hot-dog
a hot dog
e Hott dog

une portion de frites
an order of french fries
ann ôwrdeur ov frènnch fraïz

une tranche de gâteau au chocolat
a piece of chocolate cake
*e pîs ov tch**o**klèt k**eï**ke*

la même chose pour moi
I'll have the same
*al Hav Ze s**eï**me*

j'en reprendrai un autre
I'll have another
*al Hav en**oZ**eur*

et un verre d'eau, s'il vous plaît
and a glass of water, please
*ènde e glass ov w**ow**teur, plîz*

un autre Coca®, s'il vous plaît
another Coke®, please
*en**o**Zeur côwke, plîz*

Vous entendrez …

what would you like?
qu'est-ce que vous prenez ?

you're not allowed to smoke here
il est interdit de fumer ici

can I get you anything else?
désirez-vous autre chose ?

we're closing in ten minutes
on ferme dans dix minutes

Prendre un verre

Petit rappel : la vente d'alcool étant très réglementée, il faut avoir au moins 21 ans et présenter sa carte d'identité pour pouvoir consommer.

Il existe un très large éventail d'établissements, depuis les bars les plus simples où l'on ne consomme guère que de la bière en bouteille (que l'on boit le plus souvent directement au goulot), et qui proposent généralement une table de billard (**pool table**) et un juke-box, jusqu'aux bars de grand luxe qui proposent les meilleurs vins et cocktails. D'une manière générale, la boisson la plus consommée dans les bars reste la bière. Trois grandes marques (Miller, Budweiser et Coors) se partagent le marché. Si vous désirez une pression, demandez **a beer on tap**, mais sachez que la bière américaine de production industrielle est généralement plus légère et plus insipide que ce qu'on trouve en Europe. Pour un goût plus prononcé et plus intéressant, on préférera le **bourbon** (du type Jack Daniels), ce whiskey américain à base de maïs et originaire du Kentucky, ou bien encore les vins de Californie (**California wines**), à la réputation désormais bien établie et qui tiennent la quatrième place mondiale pour la production.

Pendant les heures creuses (en gros de 16h à 19h), de nombreux bars proposent des **happy hours** pendant lesquelles les consommations sont moins chères.

Il existe de nombreux bars où se produisent régulièrement des musiciens ; dans la plupart des cas, il faudra alors payer quelques dollars de **cover charge** à l'entrée.

Les fumeurs seront heureux d'apprendre qu'il existe encore aux États-Unis des bars (malgré tout de plus en plus rares) où ils sont les bienvenus. Il n'existe pas de législation fédérale en matière de consommation de tabac dans les bars et les restaurants, c'est donc à chaque État de légiférer à ce sujet, voire aux instances locales au sein de chaque État.

Les heures d'ouverture des bars dépendent également de la législation locale en vigueur. Enfin, il faut savoir qu'il existe encore de nos jours aux États-Unis des **dry counties** (littéralement des « comtés secs »), situés pour la plupart dans le Sud, où la vente d'alcool est rigoureusement interdite ; il s'agit là d'une survivance de l'époque de la prohibition.

À vous

c'est ma tournée
this round's on me
*Ziss r**a**owndz onn mi*

un verre de vin blanc / rouge
a glass of white / red wine
*e glass ov w**aï**te / r**è**d waïne*

une pression
a beer on tap
e bîr onn tap

un rhum-coca
a rum and Coke®
*e reum èn c**ôw**ke*

un gin-tonic
a gin and tonic
*e djinn èn t**o**nic*

est-ce que vous faites des cocktails ?
do you make cocktails?
*dou you meïke c**o**kteïlz?*

la même chose, s'il vous plaît
the same again, please
*Ze s**eï**me egu**eï**ne, plîz*

Vous lirez ...

(non) alcoholic	(non) alcoolisé
please order at the bar	merci de passer votre commande au bar

Vous entendrez ...

last call, please
vos dernières commandes, s'il vous plaît !

would you like another?
voulez-vous la même chose ?

Quelques expressions familières

I'm starving! je meurs de faim !
I'm stuffed! je suis plein(e) comme un œuf !
he was completely plastered il était complètement bourré
I have a hangover j'ai la gueule de bois
bring your own booze apporte(z) à boire

L'addition

À vous

l'addition, s'il vous plaît
could I have the check, please?
coud-daï Hav Ze tchèk, plîz?

est-ce que je peux payer avec ma carte Visa® ?
can I pay with Visa®?
keun aï peï wiTH vîzeu?

je crois qu'il y a une erreur dans l'addition
I think there's a mistake in the bill
aï THinnk Zèrz e misteïk inn Ze bil

je vous dois combien ?
how much do I owe you?
Haow meutch dou aï ôw you?

le service est-il compris ?
is the gratuity included?
iz Ze gratyoueuti innkloudeud?

Vous entendrez ...

yes, the gratuity is included
oui, le service est compris

are you all paying together?
vous réglez tout ensemble ?

can you enter your PIN, please?
tapez votre code confidentiel, s'il vous plaît

can you sign here, please?
je vais vous demander de signer là

Ne ratez pas ... !

Les États-Unis sont la patrie du cocktail par excellence. À l'époque de la prohibition, ils constituaient un bon moyen de camoufler la médiocrité des alcools de contrebande. Aujourd'hui on les déguste uniquement pour le plaisir, alors pourquoi ne pas se laisser tenter ? Les cocktail bars sont très nombreux et l'art du cocktail a même un nom, c'est la mixology et celui qui s'y consacre se nomme le mixologist. Impossible de donner ici une liste exhaustive de tous les types de cocktails car il en existe des milliers et il s'en invente constamment de nouveaux. Parmi les classiques, citons le Screwdriver (vodka-orange), le Bloody Mary (vodka et jus de tomate), le Black Velvet (champagne et bière brune), le Manhattan (whiskey, amer et vermouth) et le Long Island Iced Tea (tequila, gin, vodka, rhum, triple sec et Coca®). Le tout à consommer avec modération, bien entendu.

Cuisine

Modes de préparation
Cooking methods

baked cuit au four
barbecued grillé au charbon de bois
boiled cuit à l'eau, bouilli
braised braisé, à l'étuvée
breadcrumbs: in breadcrumbs pané
breaded pané
browned doré
caramelized caramélisé
chargrilled grillé au charbon de bois
chopped en morceaux
cold frais ; froid
creamed à la crème
deep-fried frit
diced coupé en morceaux
dried séché
fried frit
glazed glacé
grilled cuit au grill, grillé
hot chaud ; épicé
line-caught de ligne, péché à la ligne
marinated mariné
mashed en purée
medium à point
melted fondu
oven-baked cuit au four
over easy cuit sur les deux côtés
pan-fried sauté
pickled au vinaigre
poached poché
puréed en purée
rare saignant
roast, roasted rôti
sautéd sauté
seared saisi

sliced en tranches
slow-cooked mijoté
smoked fumé
spicy épicé
steamed à la vapeur
stir-fried sauté
stuffed farci
sun-dried séché au soleil
sunny-side up sur le plat
toasted grillé
well done bien cuit

Accompagnements
Accompaniments

applesauce compote de pommes peu sucrée, souvent servie avec de la viande de porc
baked potato pomme de terre au four
Boston brown (ou **baked**) **beans** haricots blancs cuisinés avec de la moutarde, du sucre et des épices
cauliflower au gratin chou-fleur au gratin
cottage fries fines tranches de pommes de terre frites
cranberry sauce sauce aux airelles, traditionnellement servie avec la dinde de Noël ou de Thanksgiving
creamed spinach épinards à la crème
dill pickles gros cornichons à l'aneth
dumplings boulettes de pâte
(french) fries frites
garlic bread pain chaud au beurre d'ail
mashed potatoes purée (de pommes de terre)
mixed grilled vegetables assortiment de légumes (aubergines, courgettes, poivrons, etc.) cuits au gril
onion rings rondelles d'oignon frites
roast potatoes pommes de terre rôties au four
scalloped potatoes gratin dauphinois
seasonal vegetables légumes de saison
stuffing farce
succotash plat composé de maïs en grain et de haricots
Yorkshire pudding crêpe épaisse salée traditionnellement servie avec du rôti de bœuf

Hors-d'œuvre Appetizers

buffalo wings ailes de poulet frites
crab cakes croquettes de crabe
crab dip sauce épaisse à base de chair de crabe mélangée à des herbes, des épices, de la mayonnaise ou du fromage frais dans laquelle on trempe des crudités ou du pain
hush puppies sorte de beignets à base de farine de maïs
mozzarella sticks bâtons de mozzarella panés
oysters Rockefeller huîtres recouvertes de persil, de fromage et de chapelure, puis cuites au four
potato skins pommes de terre coupées en deux, évidées et frites, puis garnies de fromage et/ou de bacon
shrimp cocktail crevettes à la sauce cocktail

Petit déjeuner Breakfast

bagel and cream cheese bagel accompagné de fromage frais
Belgian waffles gaufres de Liège
biscuits petits gâteaux que l'on mange avec de la confiture
blintz petite crêpe fourrée
boiled egg œuf à la coque
breakfast burrito tortilla fourrée avec des œufs, du bacon, de la saucisse, et du piment
buttermilk pancakes petites crêpes épaisses au babeurre
cereal céréales
coffeecake gâteau (que l'on sert avec le café)
continental breakfast petit déjeuner à la française
Danish (pastry) sorte de pâtisserie fourrée
doughnut beignet
Egg Beaters® ersatz d'œufs brouillés, sans cholestérol
eggs benedict œufs pochés servis sur des muffins, accompagnés d'une tranche de jambon et d'une sauce hollandaise
eggs florentine œufs pochés servis sur des muffins, accompagnés d'épinards et d'une sauce hollandaise
French toast pain perdu
fried egg œuf sur le plat
fruit compote compote de fruits
granola sorte de muesli sucré cuit au four
grits gruau de maïs

hash browns pommes de terre râpées et sautées
juice jus
lox saumon séché et mariné dans un mélange d'épices, de sel et de sucre
mimosa cocktail composé de champagne et de jus d'orange
oatmeal porridge
omelette omelette
pancakes with maple syrup petites crêpes épaisses nappées de sirop d'érable
poached egg œuf poché
scrambled eggs œufs brouillés
silver dollar pancakes mini-pancakes
Swedish pancakes petites crêpes épaisses
toast (with butter/jelly) toast (avec du beurre/de la confiture)
waffles gaufres de Liège

Gâteaux, biscuits et confiseries
Cakes, cookies and confectionery

angel food cake gâteau de Savoie
apple turnover chausson aux pommes
bear claw chausson aux fruits décoré d'incisions semblables à des griffes d'ours
blueberry muffin muffin aux myrtilles
brownie brownie
Bundt cake gâteau en forme d'anneau
butter cookie galette au beurre
carrot cake gâteau aux carottes
chocolate cake gâteau au chocolat
chocolate eclair éclair au chocolat
chocolate chip cookie cookie aux pépites de chocolat
churros longs bras cylindriques de pâte recouverts de sucre
cream puff chou à la crème
devil's food cake gâteau au chocolat noir
fig bar biscuit sablé fourré à la pâte de figue
fortune cookie biscuit chinois dans lequel est caché un horoscope
fruitcake cake
gingerbread pain d'épice
hot cross bun petit pain brioché aux raisins secs et marqué d'une croix, que l'on vend traditionnellement à Pâques

jelly doughnut beignet à la confiture
mincemeat pie tartelette fourrée avec un mélange de fruits secs et d'épices, que l'on sert à Noël
napoleon mille-feuille
pound cake quatre-quarts
red velvet cake gâteau au chocolat auquel on ajoute un colorant rouge, recouvert d'un glaçage à la vanille
shortbread, shortcake sable
sponge cake génoise
sticky bun petit pain sucré
tollhouse cookie cookie aux pépites de chocolat
upsidedown cake gâteau renversé

Desserts Desserts

apple pie tourte aux pommes
apple pie à la mode tourte aux pommes servie avec de la glace
apple strudel strudel aux pommes
baked Alaska omelette norvégienne
banana split banana split
Black Forest cake forêt-noire
Boston cream pie gâteau fourré à la crème patissière et recouvert d'un glaçage au chocolat
cheesecake gâteau au fromage blanc
chocolate cake gâteau au chocolat
chocolate fondue fondue au chocolat
chocolate mousse mousse au chocolat
cobbler sorte de crumble aux fruits
coconut cream pie tarte à la crème recouverte de noix de coco râpée
crisp sorte de crumble aux fruits
cupcake petite génoise cuite dans une caissette en papier et recouverte d'un glaçage
custard crème anglaise épaisse
ice-cream sundae coupe de glace aux fruits et à la crème chantilly
jello gelée
Key lime pie tarte au citron vert
lemon meringue pie tarte au citron meringuée

lemon mousse mousse au citron
lemon tart tarte au citron
peach melba pêche melba
pecan pie tarte aux noix de pécan
pumpkin pie tarte au potiron
rice pudding riz au lait
spumoni mousse mélangée à des éclats de bonbons, de fruits confits, d'amandes ou de chocolat, recouverte d'une couche de glace ou de sorbet
strawberry shortcake sorte de fraisier

Plats de résistance Entrées

beef brisket poitrine de bœuf braisée
beef stew ragoût de bœuf
beef Stroganoff bœuf stroganoff
beef Wellington bœuf en croûte
chicken fingers goujons de poulet panés
chicken pot pie tourte au poulet et aux légumes
corn dog saucisse de Francfort enrobée de farine de maïs, frite et servie sur un bâtonnet
corned beef and cabbage corned beef servi avec du chou
corned beef hash corned beef frit avec des pommes de terre et des oignons
fish sticks bâtonnets de poisson panés
hanger steak onglet
jambalaya plat à base de riz très épicé garni de poulet et de jambon
lobster tail queue de homard

London broil flanchet mariné et grillé puis coupé en fines tranches
mac and cheese gratin de macaronis
meatballs boulettes de viande
meatloaf pain de viande
mixed grill assortiment de grillades
New York strip faux-filet
pork chops côtelettes de porc

porterhouse steak steak à l'os
pot roast rôti de viande à la cocotte
prime rib côte de bœuf
rib-eye entrecôte
roast beef / pork / lamb / chicken bœuf / porc / agneau / poulet rôti
salisbury steak steak haché servi avec une sauce à la viande
scampi scampis
short ribs travers de bœuf
sirloin steak steak dans l'aloyau
sliders assortiment de mini-hamburgers
spareribs travers de porc
strip steak faux-filet
surf and turf viande servie avec des fruits de mer (un steak avec du homard par exemple)
tenderloin filet
T-bone steak steak à l'os

Salades et assaisonnements
Salads and dressings

blue cheese dressing sauce au bleu
Caesar salad salade romaine agrémentée de croûtons et de parmesan, assaisonnée d'une vinaigrette à l'œuf et aux anchois
chef's salad salade à base de poulet, de jambon, de fromage, d'œufs durs, etc.
Cobb salad salade à base d'œufs durs, de bacon, de poulet, d'avocat et de roquefort
coleslaw salade de carottes et de chou crus râpés à la mayonnaise
crab Louie salade à base de chair de crabe, d'œufs durs, de tomates, et de concombres, servie avec une sauce Marie-Rose
French dressing vinaigrette
fresh fruit salad salade de fruits
garden salad, green salad salade verte
honey-mustard dressing vinaigrette au miel et à la moutarde
Italian dressing vinaigrette aux fines herbes
Louie dressing sauce Marie-Rose avec du piment et des oignons
mixed-leaf salad salade verte

oil and vinegar dressing vinaigrette
potato salad salade de pommes de terre
ranch dressing mayonnaise à la crème et à l'ail
slaw *voir* **coleslaw**
Thousand Island dressing sauce à base de mayonnaise, de ketchup et de cornichons hachés
tossed salad salade composée
Waldorf salad salade de pommes, céleri et noix, assaisonnée avec de la mayonnaise

Sandwichs Sandwiches

BLT sandwich avec du bacon, de la laitue et de la tomate
club sandwich sandwich mixte composé de trois couches de pain de mie
egg salad sandwich sandwich à l'œuf et à la mayonnaise
French dip sandwich sandwich à la viande accompagné d'un bouillon ou d'une sauce à la viande, dans lesquels on trempe le sandwich
grilled cheese sandwich sandwich au fromagé grillé
peanut butter and jelly sandwich sandwich au beurre de cacahuètes et à la confiture
Reuben sandwich chaud au pastrami, corned beef, fromage et choucroute
sloppy joe sauce épaisse à base de viande hachée assaisonnée d'oignons, de sauce tomate ou de ketchup, et servie dans un pain à hamburger
sub, submarine gros sandwich mixte de forme allongée
tuna melt sandwich au thon recouvert de fromage fondu

Sauces et condiments
Sauces and condiments

chili sauce sauce à la tomate et au piment
gravy sauce au jus de viande
hollandaise sauce sauce hollandaise
horseradish sauce au raifort
ketchup ketchup
marinara sauce sauce tomate servant de base pour la cuisine italienne
mayonnaise mayonnaise
mint jelly gelée à la menthe, traditionnellement servie avec de la viande d'agneau
salsa sauce à base de tomates fraîches en dés, de coriandre, de piment et d'oignons hâchés
soy sauce sauce de soja
sweet and sour sauce sauce aigre-douce
tartar sauce sauce tartare
teriyaki sauce sauce japonaise sucrée à base de soja et de saké
Worcestershire sauce sauce épicée à la mélasse et au vinaigre

Soupes Soups

black bean soup soupe de haricots noirs
chicken noodle soup soupe de poulet aux vermicelles
clam chowder potage épais aux palourdes
corn chowder potage épais au maïs
cream of asparagus / broccoli / mushroom soup velouté d'asperges / de brocolis / de champignons
lemon drop soup soupe à base de poulet et de riz auxquels on ajoute un œuf battu et du jus de citron
lobster bisque bisque de homard
navy bean soup soupe aux haricots blancs

Friandises Candy

candy bar barre chocolatée
candy cane sucre d'orge en forme de canne

cotton candy barbe à papa
fudge caramel
jelly beans dragées à la gelée de sucre (en forme de haricots)
licorice réglisse
lollipop sucette
marshmallows chamallows
marzipan pâte d'amandes
peanut brittle caramel dur aux cacahuètes
popsicle glace à l'eau
saltwater taffy bonbon au caramel
taffy apple pomme d'amour
toffee caramel

Ne ratez pas ... !

Pour le touriste français, la Louisiane (Louisiana) constitue une destination intéressante, certes pour des raisons historiques et linguistiques mais également pour des raisons gastronomiques. New Orleans (La Nouvelle-Orléans, qui s'est relevée de l'ouragan Katrina) compte parmi les meilleurs restaurants du pays, et l'on peut y déguster des plats traditionnels de cuisine créole aux saveurs souvent épicées, qui mêlent les influences françaises, espagnoles et antillaises. En pays Cajun, au sud de la Louisiane, la cuisine est plus rustique, riche en crustacés du type crevettes (shrimps) et écrevisses (crawfish) et comprend parfois des ingrédients assez surprenants tels que le poisson-chat (catfish) et l'alligator.

Glossaire de l'alimentation

ahi tuna sorte de thon
allspice poivre de la Jamaïque
almonds amandes
anchovies anchois
apple pomme
apricot abricot
artichoke artichaut
arugula roquette
asparagus asperge(s)
avocado avocat
bacon bacon
bagel petit pain en forme de couronne
baked beans haricots blancs en sauce
baked potato pomme de terre au four
balsamic vinegar vinaigre balsamique
banana banane

barley orge
basil basilic
bay leaves feuilles de laurier
beansprouts germes de soja
beef bœuf
beef jerky bœuf séché
beer bière
beet betterave
bell pepper poivron
bittersweet chocolate chocolat noir
blackberry mûre
black coffee café noir, expresso
blackcurrant cassis
black-eyed peas doliques
black pepper poivre noir
blood orange orange sanguine
blood sausage boudin noir
blueberry myrtille
blue cheese bleu
boiled egg œuf à la coque
bourbon bourbon
brandy cognac
Brazil nuts noix du Brésil
bread pain
breadstick gressin
breakfast petit déjeuner
brisket poitrine
broad beans fèves
broccoli brocoli
broccoli rabe petit brocoli italien
brown sugar sucre roux
Brussels sprouts choux de Bruxelles
buckwheat sarrasin
buffalo mozzarella mozzarella au lait de bufflonne
bulgur wheat boulghour
burger hamburger
butter beurre
butter beans haricots beurre
buttermilk babeurre
butternut squash courge musquée
button mushroom champignon de Paris
cabbage chou
cantaloupe (melon) melon (cantaloupe)
capers câpres
caramel caramel
carrot carotte
cashew nuts noix de cajou
cauliflower chou-fleur
cayenne pepper poivre de Cayenne
celery céleri
cereal céréales
chard blette
cheese fromage
cheese spread fromage à tartiner
cherry cerise
chervil cerfeuil
chestnut marron
chicken poulet
chicken breast blanc de poulet
chicken leg cuisse de poulet
chicken livers foie de volaille
chicken thigh cuisse de poulet
chicken wings ailes de poulet
chickpeas pois chiches
chicory endive
chipotle type de piment
chives ciboulette
chocolate chocolat
chocolate bar barre chocolatée
chop côtelette
chutney chutney
cider cidre
cilantro coriandre
cinnamon cannelle

clams palourdes
clementine clémentine
cloves clous de girofle
cocoa cacao
coconut noix de coco
cod morue
coffee café
cognac cognac
Coke® Coca®
cold cuts charcuterie
confectioner's sugar sucre glace
cookie biscuit
corn maïs
cornbread pain à la farine de maïs
cornflour fécule de maïs
corn on the cob épi de maïs
cottage cheese fromage blanc égoutté
crab crabe
crackers biscuits salés
cranberry canneberge (baie rouge au goût acidulé)
cranberry juice jus de canneberge
crawfish écrevisse
cream crème
crème fraîche crème fraîche
cucumber concombre
cumin cumin
cupcake petite génoise cuite dans une caissette en papier
currants raisins de Corinthe
cutlet côtelette
date datte
decaf déca
dessert wine vin doux
Diet Coke® Coca Light®
dill aneth
dip sauce dans laquelle on trempe crudités, chips etc
doughnut beignet
Dover sole sole
drink boisson
dry legumes légumineuses
duck canard
eel anguille
egg œuf
eggnog lait de poule alcoolisé
eggplant aubergine
egg white blanc d'œuf
endive frisée ; endive
espresso expresso
extra-virgin olive oil huile d'olive extra vierge
fava beans fèves
fennel fenouil
fig figue
fillet filet
fillet of beef filet de bœuf
flaky pastry pâte feuilletée
flapjack biscuit à l'avoine
flour farine
frankfurter saucisse de Francfort
french fries frites
French toast pain perdu
fried egg œuf sur le plat
fries frites
fritter beignet
frozen yogurt yaourt glacé
fruit fruit
fruit juice jus de fruit
fudge caramel
game gibier
garlic ail
gherkin cornichon
gin gin
ginger gingembre
ginger ale boisson gazeuse aux extraits de gingembre pouvant servir à couper un alcool

gingerbread pain d'épice
ginger snap biscuit au gingembre
goat cheese fromage de chèvre
golden raisins raisins de Smyrne
goose oie
gooseberry groseille à maquereau
grain mustard moutarde à l'ancienne
grape raisin
grapefruit pamplemousse
grapefruit juice jus de pamplemousse
gravy sauce au jus de viande
green beans haricots verts
green onion petit oignon
green pepper poivron vert
ground beef steak haché
guava goyave
haddock églefin
hake merlu
halibut flétan
ham jambon
hamburger hamburger
ham hock jarret de porc
hard-boiled egg œuf dur
hazelnuts noisettes
heavy cream crème fraîche épaisse
herbal tea tisane
herbs fines herbes
herring hareng
honey miel
honeycomb gâteau au miel
honeydew melon melon d'Espagne
horseradish raifort
hot chocolate chocolat chaud
huckleberry airelle
ice cream glace
ice-cream float, ice-cream soda soda avec de la glace
iced coffee café frappé
iced tea thé glacé
icing glaçage
jam confiture
jelly gelée
Jerusalem artichoke topinambour
kabob brochette, kebab
kale chou frisé
kidney beans haricots rouges
kidneys rognons
king prawn grosse crevette
kiwi fruit kiwi
Kobe beef bœuf de Kobé
lager bière blonde
lamb agneau
lamb shanks jarrets d'agneau
latte café crème
leek poireau
lemon citron
lemonade limonade
lemon curd crème au citron
lemongrass citronnelle
lemon sole limande-sole
lentils lentilles
lettuce laitue, salade
light cream crème liquide
lima beans haricots de Lima
lime citron vert
lime cordial sirop de citron vert
liver foie
lobster homard
lunch déjeuner
lychees litchis
macadamia nuts noix de macadamia
macaroon macaron
mackerel maquereau
mahi mahi poisson hawaïen à chair ferme

mango mangue
maple syrup sirop d'érable
margarine margarine
marjoram marjolaine
marmalade marmelade d'oranges
marrow courge
mashed potatoes purée de pommes de terre
meat viande
melon melon
milk lait
milk chocolate chocolat au lait
milkshake milk-shake
mineral water eau minérale
mint menthe
monkfish lotte
Monterey Jack fromage à base de lait de vache
mousse mousse
mulled wine vin chaud épicé
mushroom champignon
mussels moules
mustard moutarde
navy beans haricots blancs
noodles nouilles chinoises
nutmeg noix de muscade
nuts terme générique pour désigner les fruits secs tels que noix, noisettes, pistaches, amandes, etc
octopus poulpe
oil huile
okra gombo
olive olive
olive oil huile d'olive
onion oignon
orange orange
orange juice jus d'orange
oregano origan
oxtail queue de bœuf
oyster huître
pancake *(mince)* crêpe ; *(épais)* sorte de petite galette épaisse
papaya papaye
parsley persil
parsnip panais (légume en forme de carotte et de couleur blanche)
partridge perdrix
part-skim milk lait demi-écrémé
passion fruit fruit de la passion
pasta pâtes
pâté pâté
peach pêche
peanut butter beurre de cacahouète
peanuts cacahouètes
pear poire
peas petits pois
pecan noix de pécan
pepper *(épice)* poivre ; *(légume)* poivron
pesto pistou
pheasant faisan
pickles petits morceaux de légumes (oignons grelots, cornichons, chou-fleur, etc) macérés dans du vinaigre
pie tourte
pigeon pigeon
pineapple ananas
pine nuts pignons
pistachios pistaches
plain chocolate chocolat noir
plum prune
poached egg œuf poché
pole beans haricots d'Espagne
pomegranate grenade
pork porc
pork belly poitrine de porc
port porto
powdered sugar sucre glace

pretzel bretzel
prune pruneau
pudding dessert ; *(gâteau)* pudding
puff pastry pâte feuilletée
pumpkin potiron
pumpkin seeds graines de potiron
quail caille
quail egg œuf de caille
quince coing
rabbit lapin
rack of lamb carré d'agneau
radish radis
rainbow trout truite arc-en-ciel
raisins raisins secs
raspberry framboise
razor clams couteaux
red cabbage chou rouge
redcurrant groseille
red pepper poivron rouge
red snapper vivanneau
rhubarb rhubarbe
rib-eye steak faux-filet
rice riz
roast beef rosbif
roast chicken poulet rôti
roast lamb rôti d'agneau
roast pork rôti de porc
roast potatoes pommes de terre rôties au four
roll petit pain rond
romaine (lettuce) romaine
root beer boisson gazeuse à base d'extraits végétaux
rosemary romarin
rum rhum
rump steak romsteck
rutabaga rutabaga
saffron safran
sage sauge
salad salade
salmon saumon
salt sel
salt beef bœuf salé
sardine sardine
sauerkraut choucroute
sausage saucisse ; saucisson
Savoy cabbage chou frisé de Milan
scallions petits oignons
scallop coquille Saint-Jacques
scotch whisky, Scotch
scrambled eggs œufs brouillés
sea bass bar, loup
sea bream daurade
seafood fruits de mer
sea salt sel de mer
sea urchin oursin
semolina semoule
sesame seeds graines de sésame
shallot échalote
shellfish crustacés
shortbread, shortcake sablé au beurre
shortcrust pastry pâte brisée
shoulder of lamb / pork épaule d'agneau / de porc
shrimp crevette
sirloin steak bifteck dans l'aloyau
skate raie
skim milk lait écrémé
smoked herring hareng fumé
smoked salmon saumon fumé
smoothie boisson à base de jus de fruit mélangé avec du yaourt ou du lait
snow peas mange-tout
soda water eau de Seltz
soft drink boisson non-alcoolisée
sole sole

sorbet sorbet
sour cream crème aigre
sourdough bread pain au levain
soya soja
soya beans soja
soy sauce sauce de soja
spare ribs travers de porc
sparkling pétillant, mousseux
spice épice
spinach épinards
squash courge
squid calamar(s)
star anise anis étoilé
steak steak
stew ragoût
stir-fry sauté
stock bouillon
strawberry fraise
string beans haricots verts
stuffing farce
suet graisse de rognon
sugar sucre
sugar peas haricots mange-tout
sweetbreads ris
sweetcorn maïs
sweet potato patate douce
Swiss chard bette
swordfish espadon
tangerine mandarine
tapioca tapioca
tarragon estragon
tea thé
thyme thym
tiger prawn crevette tigrée
tilapia poisson semblable au Saint-Pierre
toffee caramel
tofu tofu
tomato tomate
tomato juice jus de tomate
tongue langue
tonic (water) Schweppes®
tripe tripes
trout truite
truffle truffe
tuna thon
turbot turbot
turkey dinde
turmeric curcuma
turnip navet
two percent milk lait demi-écrémé
vanilla vanille
vanilla bean gousse de vanille
veal veau
vegetable légume
venison venaison, chevreuil
vinegar vinaigre
wafer gaufrette
waffle gaufre
walnut noix
water eau
watercress cresson
watermelon pastèque
whipping cream crème pour faire de la crème fouettée
whiskey whisky
white pepper poivre blanc
whole milk lait entier
wiener saucisse de Francfort
wild boar sanglier
wild mushroom champignon
wine vin
wrap tortilla fourrée
yam patate douce
yellow pepper poivron jaune
yogurt yaourt
zucchini courgette

Infos pratiques

La réponse à toutes vos questions pratiques

Argent et banque

La plupart des banques sont ouvertes du lundi au vendredi de 9h à 15h.

Le dollar (symbole **$** indiqué avant le montant) équivaut à 100 cents (dont l'abréviation est **¢**). On trouve des pièces de 1¢ (que l'on appelle **pennies**, au singulier **penny**), de 5¢ (surnommées nickels), de 10¢ (les **dimes**), de 25¢ (les **quarters**) et de 50¢ (**half-dollar pieces**) ; il existe également des pièces d'un dollar (plus récentes et plus rares que les autres).

On trouve des billets de 1$, de 5$ (surnommés **fivers** ou **five-spots**), de 10$ (les **tenners** ou **ten-spots**), de 20$, 50$ et 100$. Les billets sont tous de la même taille et de la même couleur mais chacun est à l'effigie d'un président différent (respectivement de Washington, Lincoln, Hamilton, Jackson, Grant et Franklin).

On entend beaucoup le terme familier **buck**, qui signifie « dollar », et par extension « argent ». Pour la petite histoire, son origine remonte au temps des trappeurs, lorsque ces derniers échangeaient leurs peaux de daim (**buckskins**) contre de l'argent liquide.

On peut retirer des billets aux distributeurs automatiques (**Automated Teller Machines** ou **ATM**, ou encore **cash machines**).

Quelques expressions familières

I only have five bucks on me je n'ai qu'un billet de cinq dollars

it set me back ten grand ça m'a couté dix mille dollars

can I bum some dough off of you? est-ce que tu peux me prêter un peu de fric ?

that'll cost you fifty clams ça vous coûtera cinquante dollars

I'm flat broke je suis complètement fauché

Kit de survie

banque	bank *bannk*
billet *(de banque)*	bill *bil*
bureau de change	currency exchange *keureunssi extchènndj*
Carte Bleue®	debit card *dèbitt cârd*
carte de crédit	credit card *krèditt cârd*
cent	cent *sènnt*
changer de l'argent	to change money *tou tchèndj moni*
chèque	check *tchèk*
chèque de voyage	traveler's cheque *traveuleurz tchèk*
code confidentiel	PIN (number) *pinn nommbeur*
commission	commission *kommicheun*
compte (bancaire)	(bank) account *(bannk) eukaownt*
devise	currency *keureunssi*
distributeur (automatique)	ATM *eï-ti-ème*
dollar	dollar *doleur*
euro	euro *yourôw*
guichet	counter *kaownteur*
pièce (de monnaie)	coin *koïnn*
retirer de l'argent	to withdraw money *tou wiTHdrow moni*
retrait	withdrawal *wiTHdroweul*
solde	balance *baleunss*
TPE	pinpad *pinnpad*
virement	transfer *trannsfeur*

À vous

à quelle heure ouvrent les banques ?
what time do the banks open?
watt taïme dou Ze bannkss ôwpeun?

les banques sont-elles ouvertes le samedi ?
are banks open on Saturdays?
âr bannkss ôwpeun onn sateurdeïz?

je cherche un distributeur automatique
I'm looking for an ATM
aïme loukinng for ann eï-ti-ème

je voudrais faire un virement
I'd like to transfer some money
*aïde laïke tou tr**a**nnsfeur somm m**o**ni*

je voudrais retirer de l'argent
I'd like to withdraw some money
*aïde laïke tou w**i**THdrow somm m**o**ni*

je voudrais trois billets de 50 dollars, deux de 20 dollars et le reste en monnaie
I'd like three fifty-dollar bills, two twenties and the rest in change
*aïde laïke THrî fifti-d**o**leur bilz, tou tw**è**ntiz ènde Ze rèst inn tch**è**nj*

ça va prendre combien de temps ?
how long will it take?
*Haow longue wil-litt t**eï**ke?*

j'attends un mandat
I'm waiting for a money order
*aïme w**eï**tinng for e m**o**ni **ow**rdeur*

je voudrais signaler le vol / la perte de ma carte de crédit
I'd like to report a lost / stolen credit card
*aïde laïke tou rip**ow**rt e lost / stôwleun kr**è**ditt cârd*

je voudrais faire opposition à un chèque
I'd like to cancel a check
*aïde laïke tou k**a**nnseul e tchèk*

le distributeur de billets a avalé ma carte
the cash machine has swallowed my card
*Ze c**a**ch meuch**î**ne Haz sw**a**lôwd maï c**â**rd*

j'ai oublié mon code confidentiel
I've forgotten my PIN (number)
*aïve forgotteun maï p**i**nn (n**eu**mbeur)*

Vous lirez ...

please insert your card	insérez votre carte
select your language	choisissez votre langue
please enter your PIN number	tapez votre code confidentiel
cash with receipt	retrait avec reçu
cash without receipt	retrait sans reçu
please remove your card	veuillez retirer votre carte
please take your cash	veuillez retirer votre argent
this machine is temporarily out of order	appareil (momentanément) hors service

Au bureau de change

Il est préférable de changer de l'argent avant votre départ car banques et bureaux de change prennent souvent des commissions élevées. Sur place, la plupart des bureaux de change sont des agences des sociétés American Express et de Travelex. Au moment de vous donner vos billets on vous posera probablement la question **how do you want that?** pour vous demander quelles coupures vous désirez ; vous répondrez alors par exemple **I'd like two fifties and five twenties** (« je voudrais deux billets de cinquante et cinq billets de vingt »).

À vous

où est-ce qu'il y a un bureau de change ?
where can I change money?
*wèr keun aï tch**è**ndj m**o**ni?*

je voudrais changer 200 € / 500 € en dollars, s'il vous plaît
I'd like to change two hundred euros / five hundred euros into American dollars, please
*aïde laïke tou tch**è**ndj t**ou** Heunndreud y**ou**rôwz / f**aï**ve H**eu**nndreud y**ou**rôwz inntou am**è**rikeun doleurz plîz*

quel est le taux de change ?
what is the exchange rate?
*watt iz Zi èkstch**è**ndj r**eï**te?*

est-ce qu'il y a une commission ?
is there any commission?
*iz Zèr èni komm**i**cheun?*

à combien s'élève le taux de commission ?
how much is the commission?
*Haow meutch iz Ze komm**i**cheun?*

je voudrais échanger des chèques de voyage
I'd like to change some traveler's cheques
*aïde laïke tou tchèndj somm tr**a**veuleurz tchèkss*

est-ce que je peux payer par carte bancaire ?
can I pay with a credit card?
*keun aï peï wiTH e krèditt c**â**rd?*

pourrais-je avoir de plus petites coupures ?
could I have smaller bills?
*coude-aï Hav sm**o**leur bilz?*

Vous lirez …

no commission	sans commission
we buy	nous achetons
we sell	nous vendons

Poste et courrier

Les bureaux de poste (**post offices**) aux États-Unis ouvrent pour la plupart de 8h à 17h en semaine ainsi que le samedi matin de 9h à midi et sont signalés par le logo **United States Postal Services/US Mail**. Les timbres retirés dans les distributeurs automatiques sont plus chers que ceux achetés au bureau de poste ; de nombreux supermarchés vendent également des timbres.

Sur l'enveloppe on fera précéder le nom de son correspondant par la mention **Mr., Mrs., Miss/Ms.,** ou encore **Dr.**. L'usage est de faire figurer l'adresse de l'expéditeur en haut à gauche de l'enveloppe. Les boîtes à lettres se reconnaissent à leur couleur bleu foncé et à leur logo **US Mail**.

Kit de survie

balance	scale *skèïl*
boîte aux lettres	mailbox *meïlbox*
carte postale	postcard *p**ôw**stcârd*
code postal	zip code *zip côwd*
colis	package *p**a**kidj*, parcel *p**â**rseul*
courrier	mail *meïl*
écrire	to write *tou raïte*
en recommandé	by recorded delivery *baï rik**o**rdeud dil**i**veuri*
enveloppe	envelope ***è**nveulôwp*
envoi prioritaire	first-class *f**eu**rst-class*
envoyer	to send *tou sènnd*
lettre	letter ***lè**tteur*
par avion	airmail ***è**r-meïl*
peser	to weigh *tou weï*
poste	post office *p**ôw**st **o**ffiss*
recevoir	to receive *tou riss**î**v*
timbre	stamp *stèmp*

À vous

où est-ce que je peux trouver un bureau de poste ?
where can I find a post office?
*wèr keun aï faïnd e p**ôw**st **o**ffiss?*

y a-t-il une boîte aux lettres par ici ?
is there a mailbox near here?
*iz Zèr e m**eï**lbox n**î**r H**i**r?*

est-ce que la poste est ouverte le samedi ?
is the post office open on Saturdays?
*iz Ze p**ôw**st **o**ffiss **ôw**peun onn s**a**teudeïz?*

à quelle heure ferme la poste ?
what time does the post office close?
*watt t**aï**me daz Ze p**ôw**st **o**ffiss cl**ôw**z?*

je voudrais cinq timbres pour la France
I'd like five stamps for France
*aïde laïke f**aï**ve stèmpss for fr**an**ss*

combien coûte un timbre pour la Suisse ?
how much is a stamp for Switzerland?
*Haow meutch iz e stèmp for sw**i**tdzeuleund?*

y a-t-il un tarif spécial pour les cartes postales?
is there a special rate for postcards?
iz Zèr e spèchol reïte fore pôwstcârdz ?

je voudrais envoyer ce colis à Lyon par avion
I'd like to send this package to Lyons by airmail
*aïde laïke tou sènnd Ziss p**a**kidj tou l**i**yon baï **è**r-meïl*

il contient …
it contains …
*itt keunt**eï**nz …*

combien de temps ça met pour arriver ?
how long will it take to get there?
*Haow longue wilitt t**eï**k tou guèt Z**è**r?*

où est-ce que je peux acheter des enveloppes ?
where can I buy envelopes?
*wèr keun aï baï **è**nveulops?*

y a-t-il du courrier pour moi ?
do I have any mail?
dou aï Hav èni meïl?

Poste et courrier

si je reçois du courrier, est-ce que vous pourriez me le faire suivre en France ?
if I get any mail, could you forward it to me in France?
*if aï guèt èni m**eï**l, coude you f**ow**rweurd-ditt tou mi inn fr**an**ss?*

Vous lirez ...

addressee	destinataire
customs declaration	déclaration en douane
first pickup	première levée *(du courrier)*
fragile	fragile
last pickup	dernière levée *(du courrier)*
sender	expéditeur

Vous entendrez ...

it takes between five and eight days
ça met entre cinq et huit jours

I need to weigh it
il faut que je le pèse

put it on the scale, please
mettez-le sur la balance s'il vous plaît

what's in the package?
que contient le colis ?

Déchiffrer les adresses

Quelques abréviations courantes sont **St.** pour **Street**, **Ave.** pour **Avenue**, **Rd.** pour **Road**, **Blvd.** pour **Boulevard**.
22A correspond au n°22, **22B** au 22bis et **22C** au 22ter.
Aux États-Unis, le code postal s'écrit après le nom de la ville et l'abréviation du nom de l'État (qui comprend toujours deux lettres).

Internet et e-mails

Pour ceux qui ne se déplacent jamais sans leur portable et qui ne peuvent jamais se déconnecter même en vacances, pas de souci, la plupart des hôtels ainsi que de très nombreux cafés et restaurants ont une connexion **Wi-Fi** (prononcer *waï-faï*). En revanche, les cafés Internet (**cybercafés**) ne sont pas aussi répandus qu'on pourrait le croire. On trouvera cependant de nombreux **Internet kiosks** (bornes Internet) un peu partout. Par ailleurs, les bibliothèques publiques mettent généralement des ordinateurs avec accès à Internet à la disposition de leurs usagers.

Notez que le clavier « QWERTY », utilisé aux États-Unis, diffère du clavier « AZERTY » employé en France, alors gare aux fautes de frappe !

L'arobase se dit **at** (*âtt*), le point **dot** (*dott*) et le trait de soulignement **underscore** (*eundeurscôre*). On précise **all in one word** quand une partie de l'adresse s'écrit en un seul mot. Par exemple l'adresse ceciliagooding@hotmail.com se lira : « cecilia gooding (all in one word) at hotmail dot com » (*sésîliagoudinng ôl inn wann weurd âtt hotmeïl dott comm*).

Kit de survie

adresse e-mail	e-mail address ***î***-*meïl eudr***è***ss*
ADSL	broadband *br***ow***dbannd*
arobase	at sign *att saïnn*
chatter	to chat *tou tch***a***tt*
clavier	keyboard *k***î***bowrd*
clé USB	memory stick *m***è***meuri stik*
coller	to paste *tou peïsst*
copier	to copy *tou c***o***pi*
couper	to cut *tou keut*
cybercafé	Internet café ***i***nnteurnèt c***a***feï
effacer	to delete *tou dil***î***te*
e-mail	e-mail ***î***-*meïl*
envoyer un e-mail	to send an e-mail *tou sènd ann* ***î***-*meïl*
forum	forum *f***o***reum*

imprimante	printer *pr**i**nnteur*
imprimer	to print *tou prinnt*
messagerie instantanée	instant messaging ***i**nnsteunt m**è**sseudjinng*
mot de passe	password *p**a**ssweurd*
recevoir	to receive *tou riss**î**ve*
sauvegarder	to save *tou s**eï**ve*
scanner	to scan *tou scann*
scanneur	scanner *sc**a**nneur*
site Web	website *w**è**bsaïte*
Skype®	Skype® *sk**aï**pe*
télécharger	to download *tou d**aow**nlôwd*
touche	key *k**î***

À vous

y a-t-il un cybercafé près d'ici ?
is there an Internet café near here?
*iz Zèr ann **i**nnteurnèt c**a**feï nîr Hir?*

je dois aller au cybercafé pour vérifier mon mail
I need to go to the Internet café to check my mail
*aï nîdd tou gôw tou Zi **i**nnteurnèt c**a**feï tou tchèk maï meïl*

est-ce que vous avez une adresse e-mail ?
do you have an e-mail address?
*dou you Hav ann **î**-meïl eudr**è**ss?*

je voudrais m'ouvrir une adresse e-mail
I'd like to open an e-mail account
*aïde laïke tou ôwpeun ann **î**-meïl euk**a**ownt*

je voudrais un ticket pour …
I'd like a ticket for …
*aïde laïke e t**i**keut for …*

comment est-ce que je me connecte ?
how do I get online?
*Haow dou aï guèt onnl**aï**ne?*

y a-t-il une connexion WiFi ici ?
is there a WiFi connection here?
*iz Zèr e waïfaï keun**è**kcheun Hir?*

est-ce que vous pouvez m'aider, je ne sais pas comment ça marche
could you help me, I don't know how this works
*coude you H**è**lp mi, aï donnte nôw Haow Ziss w**eu**rkss*

je ne trouve pas la touche pour l'euro sur le clavier
I can't find the euro sign on the keyboard
*aï kante faïnd Zi **you**rôw saïnn onn Ze k**î**bowrd*

comment obtenir l'arobase sur ce clavier ?
how do I get the at sign on this keyboard?
*Haow dou aï guèt Zi att saïnn onn Ziss k**î**bowrd?*

ça ne marche pas
it's not working
*itss nott w**eu**rkinng*

il y a un problème, c'est bloqué
there's something wrong with it, it's frozen
*Zèrz sommTHinng r**on**gue wiTH-THi**tt**, itss fr**ôw**zeun*

il a planté
it's crashed
*itss cr**a**cht*

le son ne marche pas
the sound isn't working
*Ze s**aow**nd izeunt w**eu**rkinng*

je voudrais imprimer / scanner quelque chose
I'd like to print / scan something
aïde laïke tou prinnt / scann sommTHinng

je peux graver un CD ?
can I burn a CD?
keun aï beurn e sî-dî?

est-ce qu'on peut téléphoner par Internet ici ?
can I use the Internet to make a telephone call here?
*keun aï youz Zi **i**nnteurnèt tou mèïk e t**è**lefôwn cowl H**i**r?*

avez-vous une webcam / un micro / un casque ?
do you have a webcam / a microphone / earphones?
*dou you Hav e w**è**bkamm / e m**aï**kreufôwn / **î**rfôwnz?*

Vous lirez …

inbox	boîte de réception
no downloading	téléchargement interdit
outbox	boîte d'envoi

Vous entendrez …

you'll have to wait for around twenty minutes
il y a environ vingt minutes d'attente

I can put your name on the list
je peux vous inscrire sur la liste

Téléphone

Comme tout le monde ou presque a désormais un téléphone portable (**cell phone**), les cabines téléphoniques (**phone booths**) se font de plus en plus rares, à part dans les gares et les aéroports. Presque tous les téléphones publics (**pay phones**) acceptent les pièces, les cartes téléphoniques pour cabines (**phone cards**), les cartes bancaires (**credit cards**) et les cartes téléphoniques prépayées (**prepaid phone cards**). Ces dernières (disponibles dans les hôtels, supermarchés et drugstores) ont l'avantage d'être également utilisables depuis n'importe quel poste fixe.

Pour ce qui est de votre portable, renseignez-vous auprès de votre opérateur avant votre départ pour savoir s'il fonctionnera aux États-Unis (à titre d'indication, il faut que votre appareil soit GSM tribande). N'oubliez pas non plus de demander à votre opérateur d'activer l'international. Pour les séjours prolongés, le plus simple est d'acheter un téléphone sur place.

Pour appeler les États-Unis depuis la France, composez le 001 suivi du numéro à 10 chiffres que vous demandez. Pour appeler la France depuis les États-Unis, composez le 0033, ou le 0032 pour la Belgique et le 0041 pour la Suisse.

Pour les appels longue distance aux États-Unis, composez le 1, suivi de l'indicatif de zone à trois chiffres (**area code**), puis du numéro de téléphone à sept chiffres. Au sein d'un même **area code**, il suffit généralement de faire le numéro à sept chiffres. Pour parler à un opérateur ou à une opératrice, composer le 0. Pour appeler en PCV, donnez le numéro de votre correspondant et dites à l'opératrice **I'd like to reverse the charges.** Les numéros commençant par 1-800, 1-866, 1-877 et 1-888 sont gratuits (**toll-free numbers**). Pour les urgences, composer le 911.

Quand on énonce un numéro de téléphone, le 0 se dit le plus souvent **o**, comme la lettre. Lorsqu'on énonce un chiffre double, on le répète deux fois : ainsi 44 se dira **four-four** et non **forty-four**.

Pour finir, afin d'éviter d'appeler votre correspondant au petit matin ou en pleine nuit, rappelez-vous que les États-Unis continentaux comprennent quatre fuseaux horaires (**time zones**).

D'est en ouest, ces zones horaires se nomment **Eastern Time** (New York, Boston, Washington, etc), **Central Time** (Chicago, New Orleans), **Mountain Time** (Denver) et **Pacific Time** (San Francisco, Los Angeles). Cela signifie qu'il n'est que 6h en Californie lorsqu'il est 9h à New York, et que lorsque vous appelez depuis la France, il peut y avoir entre 6 heures et 9 heures de décalage entre vous et votre correspondant selon l'endroit où se trouve ce dernier, et encore davantage s'il est en Alaska ou à Hawaï !

Kit de survie

adaptateur	adaptor *eudapteur*
allô	hello *Hèlôw*
annuaire	(tele)phone book *(tèleu)fôwn bouk*
appareil mains libres	hands-free *Hanndz-frî*
appel	call *cowl*
appel international / national / local	international / domestic long distance / local call *innteurnacheneul / domèstik longue disteunss / lôwkeul cowl*
appeler quelqu'un	to call someone *tou cowl sommwann*
cabine téléphonique	phone booth *fôwn bouTH*
carte de téléphone	phonecard *fôwncârd*
carte SIM	SIM card *simm cârd*
chargeur	charger *tchârdjeur*
itinérance	roaming *rôwminng*
message	message *mèsseudj*
MMS	picture message *piktcheur mèsseudj*
numéro de téléphone	phone number *fôwn nommbeur*
Pages Jaunes®	Yellow Pages® *yèlôw peïdjeuz*
portable	cell *sèl*
poste fixe	landline *lanndlaïne*
recharge	refill *rîfill*
renseignements	directory assistance *dirèkteuri eussisteuns*
répondeur	answering machine *anseurinng meuchine*
SMS	text message *tèxt mèsseudj*

Téléphone

sonnerie ringtone *rinng tôwn*
téléphone (tele)phone *(tèleu)fôwn*
téléphoner to (tele)phone *tou (tèleu)fôwn*

À vous

est-ce que vous pouvez répéter plus lentement ?
could you say that again more slowly?
coude you seï Zat eugueïnn môwre slôwli?

est-ce que vous pouvez parler plus fort ?
could you speak up?
coude you spîk-keup?

est-ce que vous parlez français ?
do you speak French?
dou you spîk frèntch?

est-ce qu'il y a une prise pour que je recharge mon portable ?
is there a socket so that I can recharge my cell phone?
iz Zèr e sokèt sôw Zat aï keun ritchârdj maï sèl fôwn?

tu as un numéro de portable ?
do you have a cell number?
dou you Hav e sèl nommbeur?

où est-ce que je peux vous joindre pendant la journée ?
where can I reach you during the day?
wèr keun aï rîtch you diourinng Ze deï?

tu as eu mon message ?
did you get my message?
did you guèt maï mèsseudj?

tu es chez quel opérateur ?
which network are you on?
witch nètweurk âr you onn?

je t'ai envoyé un SMS / un MMS
I sent you a text / a picture message
*ai sènnt you e **tè**xt / e **pi**ktcheur **mè**sseudj*

je n'ai plus de crédit
I've run out of credit
*aïv reun-naowt ov **krè**ditt*

je voudrais une recharge de cinq dollars, s'il vous plaît
I'd like a twenty-five dollar top-up, please
*aïde laïke e twènti faïve **do**leur **to**ppeup, plîz*

je voudrais débloquer mon portable
I'd like to unlock my phone
*aïde laïke tou eun**lo**k maï **fôw**n*

je voudrais activer l'itinérance
I'd like to activate roaming
*aïde laïke tou active**ï**te **rôw**minng*

où est-ce que je peux acheter une carte de téléphone ?
where can I buy a phonecard?
*wèr keun aï **baï** e **fôw**ncârd?*

une carte de téléphone de vingt dollars, s'il vous plaît
a twenty-dollar phonecard, please
*e twènti-doleur **fôw**ncârd, plîz*

est-ce que vous savez s'il y a une cabine téléphonique près d'ici ?
do you know if there's a public phone near here?
*dou you nôw if Zèrz e peublik **fôw**n nîr Hir?*

pourriez-vous me faire la monnaie de ..., c'est pour téléphoner ?
could you give me change for ... to make a phone call?
*coude you giv mi tch**è**ndj for ... tou meïke e fôwn c**o**wl?*

je voudrais appeler en PCV
I'd like to reverse the charges
*aïde laïke tou riv**eu**rss Ze tch**â**rdjiz*

quel est l'indicatif pour la France / la Suisse / la Belgique ?
what's the country code for France / Switzerland / Belgium?
*watss Ze **keu**ntri côwd for fr**a**nss / sw**i**tzeurlannd / b**è**ldjieum?*

Vous entendrez …

the number you have dialed is not available
le numéro que vous avez demandé n'est pas attribué

press the pound / star key
appuyez sur la touche dièse / étoile

Formules usuelles

À vous

allô, est-ce que je suis bien chez … ?
hello, is this …?
*Hèl**ôw**, iz Z**i**ss …?*

allô, c'est moi / Pierre *(quand on appelle)*
hello, it's me / Pierre
*Hèl**ôw**, itss m**i** / Pierre*

allô, David ?
hello, David?
*Hèl**ôw**, d**eï**vid?*

allô, bonjour, je voudrais parler à M. …, de la part de …
hello, I'd like to speak to Mr. …, this is …
*Hèl**ôw**, aïde laïke tou sp**î**k tou m**i**ssteur …, Ziss iz …*

pouvez-vous lui dire que j'ai appelé ?
could you tell him / her I called?
*coude you t**è**l Himm / Heur aï c**ow**ld?*

vous avez de quoi écrire ?
do you have a pen?
dou you Hav e pèn?

mon nom est … et mon numéro le …
my name is … and my number is …
*maï n**eï**me iz … ènde maï n**o**mmbeur iz …*

est-ce que vous pouvez lui demander de me rappeler ?
could you ask him / her to call me back?
*coude you **a**sk Himm / Heur tou cowl mi b**a**k?*

est-ce que vous savez quand je peux le / la joindre ?
do you know when I'll be able to reach him / her?
*dou you nôw wèn al bi **eï**beul tou r**î**tch Himm / Heur?*

Téléphone

je vous remercie, au revoir
thank you, good-bye
THènkiou, goudbaï

je rappellerai (plus tard)
I'll call back (later)
al côwl bak (leïteur)

il / elle peut me joindre au …
he / she can reach me at …
Hî / chî keun rîtch mi att …

on s'appelle bientôt ?
we'll talk soon, OK?
wil towk soun, ôwkeï?

on se rappelle, ok ?
we'll talk again, OK?
wil towk eugueïnn, ôwkeï?

Vous entendrez …

he's out for the evening
il est sorti pour la soirée

he'll be back in half an hour
il sera de retour dans une demi-heure

you've got the wrong number
vous vous êtes trompé de numéro

hold on
ne quittez pas

one moment, I'll have you talk to him
un instant, je vous le passe

speaking / this is John
c'est moi / c'est John

he's not in, would you like to leave a message?
il n'est pas là, est-ce que vous voulez laisser un message ?

I'll tell him you called
je lui dirai que vous avez appelé

please leave a message after the tone
veuillez laisser un message après le bip

Problèmes

À vous

je ne connais pas l'indicatif
I don't know the country code
aï donnte nôw Ze keuntri côwd

ça ne répond pas
there's no answer
*Zèrz nôw **a**nnsseur*

ça sonne occupé
it's busy
itss bizi

je n'ai pas réussi à le / la joindre
I couldn't reach him / her
*aï coudeunt r**î**tch Himm / Heur*

il ne me reste plus beaucoup d'unités sur ma carte
I don't have many units left on my card
*aï donnte Hav mèni **you**nitss l**è**ft onn maï c**â**rd*

il y a une très mauvaise réception
the signal's very bad
*Ze s**i**g-neulz vèri b**a**dd*

il n'y a pas de réception ici
I can't get a signal here
*aï kante guèt e s**i**g-neul H**i**r*

vous savez où je peux trouver une recharge pour mon téléphone portable ?
do you know where I can get a refill for my cell phone?
dou you nôw wèr aï keun guèt e rîfill for maï sèll fôwn?

attends, ça va couper, il faut que je rajoute de la monnaie
hold on, we're going to be cut off, I need to put some more change in
*H**ô**ld-donn, wir g**o**-inn tou bi keut-t**o**ff, aï nîd tou poutt somm môwr tch**è**ndj inn*

Vous entendrez …

I can barely hear you
je vous entends très mal

we got cut off
on a été coupés

you must have the wrong number
vous avez dû vous tromper de numéro

Quelques expressions familières

I'll give you a ring when I get there je te passerai un coup de téléphone quand j'arrive
give me a buzz, OK? passe-moi un coup de fil, d'accord ?
my phone was ringing off the hook yesterday mon téléphone n'a pas arrêté de sonner hier

Santé

Avant de partir aux États-Unis, il vous faut impérativement souscrire une assurance voyage intégrale. Les frais médicaux et dentaires sont très chers, et encore plus pour les ressortissants étrangers. Même une simple consultation chez un généraliste (**family doctor** ou **physician**) peut revenir très cher. En cas de problème grave, présentez-vous directement aux urgences (**emergency room**) d'un hôpital. Munissez-vous d'une trousse à pharmacie bien garnie avant votre départ car le coût des médicaments est plus élevé qu'en France. Pour les urgences, composer le 911.

Kit de survie

alcool à 90°	rubbing alcohol *__reu__binng __a__lkoHol*
allergie	allergy *__a__leurdji*
ambulance	ambulance *__a__mmbiouleunss*
aspirine	aspirin *__a__sprinn*
avoir ses règles	to have one's period *tou Hav wannz piryeud*
blessé(e)	injured *__i__nndjeurd*
blessure	injury *__i__nndjeuri*
bouton	spot *spott*
cassé	broken *br__ôw__keun*
comprimé	tablet *t__a__bleutt*
dentiste	dentist *d__è__ntist*
désinfecter	to disinfect *tou dissinnf__è__kt*
fièvre	fever *f__î__veur*
généraliste	family doctor *f__a__meuli d__o__kteur*
gynécologue	gynecologist *guaïnik__a__leudjist*
hôpital	hospital *H__a__spiteul*
intoxication alimentaire	food poisoning *foudd p__oï__zeuninng*
médecin	doctor *d__o__kteur*
médicament	medicine *m__è__dissine*
opticien	optician *apt__i__cheun*
ordonnance	prescription *priscr__i__pcheun*
pansement	bandage *b__a__nndidj ; (adhésif)* Band-Aid® *bannd eïd*

pharmacie	drugstore *dr**eu**gstôwr*
pommade	ointment ***oï**ntmeunt*
radio *(rayons X)*	X-ray ***è**ks-reï*
sang	blood *bleud*
spécialiste	specialist *sp**è**cheulist*
tousser	to cough *tou c**ow**f*
urgences	emergency room *im**eu**rdjeunssi roum*
vaccin	vaccination *vaksin**eï**cheun*
vomir	to vomit *tou v**o**mitt*

À vous

est-ce que quelqu'un aurait une aspirine par hasard ?
would anyone have an aspirin by any chance?
*woude **è**niwann Hav ann **a**sprinn baï èni tchanss?*

j'ai besoin d'aller voir un docteur
I need to see a doctor
*aï n**î**d tou sî e d**o**cteur*

où est-ce que je peux trouver un médecin un dimanche ?
where can I find a doctor on a Sunday?
*wèr keun aï faïnd e d**o**cteur onn e s**eu**ndeï?*

je voudrais prendre un rendez-vous pour aujourd'hui
I'd like to make an appointment for today
*aïde laïke tou meïke ann eup**oï**ntmeunt for toud**eï***

le plus tôt possible
as soon as possible
*az soun az p**o**ssibeul*

non, ce n'est pas grave
no, it's not serious
*nôw, itss not s**i**ryeuss*

pouvez-vous faire venir une ambulance au … ?
could you send an ambulance to …?
*coude you sènnd ann **a**mmbiouleunss tou …?*

je voudrais une solution de rinçage pour lentilles souples
I'd like some rinsing solution for soft lenses
*aïde laïke somm rinnsinng seul**ou**cheun for soft l**è**nnzeuz*

j'ai cassé mes lunettes
I've broken my glasses
*aïve br**ôw**keun maï gl**a**ssiz*

Vous lirez …

doctor's office	cabinet médical
ER	urgences
prescription	ordonnance

Vous entendrez …

there are no appointments available until Thursday
il n'y a rien de libre avant jeudi

does Friday at two o'clock work for you?
vendredi à 14h, ça vous convient ?

Problèmes de santé

angine	sore throat *sowr THrôwt*
aphte	canker sore ***ka**nngkeur sôwr*
asthme	asthma ***a**smeu*
constipation	constipation *kannsteupe**ï**cheun*
coup de soleil	sunburn ***seu**nbeurn*
crise d'appendicite	appendicitis *eupèndis**aï**tiss*
crise de foie	indigestion *inndeudj**è**stcheun*
cystite	cystitis *sist**aï**teuss*
démangeaison	itch *itch*
diarrhée	diarrhea *dayeur**i**-a*
fièvre	fever ***fî**veur*
grippe	flu *flou*
gueule de bois	hangover *H**a**nngôwveur*
indigestion	indigestion *inndeudj**è**stcheun*
isolation	sunstroke ***seu**nstrôwk*
mal de tête	headache *H**è**deïk*
mal de ventre	stomachache ***steu**meukeïk*
migraine	migraine ***maï**greïnn, **mî**greïnn*
piqûre d'insecte	insect bite ***i**nnsèct baïte*
rhume	cold *côwld*
rhume des foins	hay fever ***Heï** fîveur*
toux	cough *cowf*

Chez le médecin

À vous

j'ai rendez-vous avec le Docteur …
I have an appointment with Doctor …
*aï Hav ann eupo**ï**ntmeunt wiTH d**o**cteur …*

je ne me sens pas bien
I don't feel well
aï donnte fîl wèl

je me sens très faible
I feel very weak
*aï fîl v**è**ri w**î**k*

je ne sais pas ce que c'est
I don't know what's the matter with me
*aï donnte nôw watss Ze m**a**tteur wiTH mi*

j'ai été piqué(e) par …
I've been stung by …
*aïv binn st**eu**ng baï …*

j'ai été mordu(e) par …
I've been bitten by …
*aïv binn b**i**tteun baï …*

j'ai mal à la tête
I have a headache
*aï Hav e H**è**deïk*

j'ai mal au cœur
I feel sick
*aï f**î**l sik*

j'ai mal au dos
I have a backache
*aï Have e b**a**keïk / **tou**THeïk*

j'ai mal au ventre / à la gorge
I have a stomachache / sore throat
*aï Hav e st**eu**meukeïk / sôwr THrôwt*

j'ai mal ici
it hurts here
itt Heurtss Hir

ça fait mal
it hurts
itt Heurtss

ça s'est aggravé
it's gotten worse
*itss g**o**tteun weurss*

ça fait trois jours
it's been three days
*itss binn THrî d**eï**z*

ça a commencé la nuit dernière
it started last night
*itt st**â**rteudd lastt naïte*

c'est la première fois que ça m'arrive
this is the first time it's happened
*Ziss iz Ze feurst taïme itss H**a**ppeund*

j'ai de la fièvre
I have a fever
*aï Hav e f**î**veur*

ça me démange
it's itchy
*itss **i**tchi*

Santé

j'ai de l'asthme
I have asthma
*aï Hav **a**smeu*

je suis cardiaque
I have a heart condition
*aï Hav e Heurtt keund**i**cheun*

je fais de l'hypertension / de l'hypotension
I have high blood pressure / low blood pressure
*aï Hav Haï bleud pr**è**cheur / lôw bleud pr**è**cheur*

je suis diabétique
I'm diabetic
*aïme dayeub**è**tic*

j'ai eu une syncope
I've had a blackout
*aïve Had e blak**a**owt*

je suis sous antibiotiques depuis une semaine et ça ne va pas mieux
I've been on antibiotics for a week and I'm not any better
*aïv binn onn anntibay**a**tiks for e wîk ènde aïme nott èni b**è**tteur*

je prends la pilule / la minipilule
I'm on the pill / the minipill
*aïme onn Ze p**i**l / Ze minip**i**l*

j'ai besoin de la pilule du lendemain
I need the morning-after pill
*aï nîd Ze mowrninng-**a**fteur p**i**l*

je suis enceinte de … mois
I'm … months pregnant
*aïme … monnTHs pr**è**g-neunt*

je me suis tordu la cheville
I've sprained my ankle
*aïve spreïnnd maï **è**nkeul*

je suis tombé(e) sur le dos
I've fallen and hurt my back
*aïve f**ow**leun ènde Heurtt maï b**a**k*

c'est grave ?
is it serious?
*iz itt s**i**ryeuss?*

c'est contagieux ?
is it contagious?
*iz itt keunt**eï**djeuss?*

comment va-t-il ?
how is he?
*Haow iz**î**?*

combien je vous dois ?
how much do I owe you?
Haow meutch dou aï ôw you?

Vous entendrez …

broken cassé(e)
bruised contusionné(e)
dislocated démis(e), déboîté(e)
infected infecté(e)

sprained foulé(e)
swollen enflé(e)

could you take a seat in the waiting room
si vous voulez bien patienter dans la salle d'attente

where does it hurt?
où est-ce que ça vous fait mal ?

take a deep breath
respirez bien fort

lie down, please
allongez-vous, s'il vous plaît

does it hurt if I press here?
ça vous fait mal quand j'appuie là ?

have you been vaccinated against ...?
êtes-vous vacciné(e) contre ... ?

are you allergic to ...?
êtes-vous allergique à ... ?

it should heal quickly
ça devrait cicatriser rapidement

are you taking any other medication?
avez-vous des traitements en cours ?

take a capsule if you're in pain
prenez une gélule en cas de douleur

it should disappear in a few days
ça devrait passer en quelques jours

you're going to need an operation
il va falloir opérer

come back and see me in a week
revenez me voir dans une semaine

Les parties du corps

amygdales	tonsils *tannzeulz*
bouche	mouth *maôwTH*
bras	arm *arm*
cerveau	brain *breïn*
cheville	ankle *annkeul*
cœur	heart *Hârt*
colonne vertébrale	spine *spaïne*
côte	rib *rib*
cou	neck *nèk*
coude	elbow *èlbôw*

crâne	skull *skeul*
cuisse	thigh *THaï*
dent	tooth *touTH*
dent de sagesse	wisdom tooth ***wi**zdeum touTH*
doigt	finger ***fi**nngueur*
dos	back *bak*
épaule	shoulder *ch**ôw**ldeur*
estomac	stomach *st**eu**meuk*
fesses	buttocks ***beu**tteuks*
foie	liver ***li**veur*
gencive	gum *gueum*
genou	knee *nî*
gorge	throat *THrowt*
hanche	hip *Hip*
jambe	leg *lèg*
langue	tongue *teung*
lèvre	lip *lip*
mâchoire	jaw *djow*
main	hand *Hannd*
menton	chin *tchinn*
mollet	calf *calf*
muscle	muscle *m**eu**sseul*
nerf	nerve *n**eu**rve*
nez	nose *n**ôw**ze*
œil	eye *aï*
ongle	fingernail ***fi**nngueurneïl*
oreille	ear *îr*
orteil	toe *tôw*
os	bone *bôwn*
peau	skin *skinn*
pied	foot *foutt*
poignet	wrist *rist*
poitrine	chest *tchèst*
pouce	thumb *THeum*
poumon	lung *leung*
rein	kidney ***ki**dni*
sang	blood *bleud*
sein	breast *brèst*
talon	heel *Hîl*

tête	head *Hèd*
ventre	stomach *ste**u**meuk*
vésicule biliaire	gall bladder *gôwl bl**a**ddeur*
vessie	bladder *bl**a**ddeur*
visage	face *feïss*

Chez le dentiste

À vous

j'ai perdu un plombage / une couronne / une dent
I've lost a filling / a crown / a tooth
*aïve lost e f**i**linng / e craown / e touTH*

je crois que j'ai une carie
I think I have a cavity
*aï THinnk aï Hav e c**a**veuti*

je me suis cassé une dent
I've broken a tooth
*aïve br**ôw**keun e touTH*

j'ai mal à une dent du haut / du bas
one of my top / bottom teeth hurts
*wann ov maï top / b**o**ttom tîTH H**eu**rtss*

j'ai la gencive qui saigne
my gums are bleeding
*maï gu**eu**mz âr bl**î**dinng*

ma dent de sagesse me fait mal
my wisdom tooth is hurting
*maï w**i**zdeum touTH iz H**eu**rtinng*

j'ai mal quand je mords quelque chose
it hurts when I bite
*itt H**eu**rtss wèn aï baïte*

Vous entendrez …

open wide!
ouvrez grand la bouche !

are you allergic to …?
êtes-vous allergique à … ?

I'll have to take an X-ray
je vais devoir faire une radio

rince your mouth, please
rincez-vous la bouche

are you sensitive to cold / heat?
êtes-vous sensible au chaud /
froid ?

it needs to be extracted
il va falloir l'arracher

Quelques expressions familières

I feel lousy je suis mal fichu
he keeled over il est tombé dans les pommes
I'm going to throw up j'ai envie de dégueuler
I've got a splitting headache j'ai un sacré mal de crâne

À la pharmacie

Aux États-Unis, les médicaments delivrés sur ordonnance (**prescription**) sont disponibles auprès du rayon **pharmacy** des **drugstores**. Les autres médicaments sont également disponibles en grande surface. L'expression **available over the counter** (littéralement « disponible par-dessus le comptoir ») s'emploie pour tout médicament qui peut être délivré sans ordonnance (on voit parfois l'abréviation **OTC**).

Les drugstores sont beaucoup plus que des pharmacies : ils proposent également des produits d'entretien, de la nourriture, des chewing-gums, des friandises, des journaux et des magazines, du matériel photo, et même des vêtements.

À vous

une boîte de pansements, s'il vous plaît
a box of bandages, please
*e box ov b**a**nndidjiz, plîz*

j'ai attrapé un rhume
I've caught a cold
*aïve cowt e cô**w**ld*

je suis allergique à l'aspirine / aux antibiotiques
I'm allergic to aspirin / antibiotics
*aïme eul**eu**rdjik tou **a**sprinn / anntibay**a**tiks*

j'aurais besoin de quelque chose contre la diarrhée / la toux
I need something for diarrhea / a cough
*aï nîd sommTHinng for dayeur**i**-a / e cowf*

qu'est-ce que vous avez contre l'indigestion / la gueule de bois ?
what do you have for indigestion / a hangover?
*watt dou you Hav for inndeudj**è**stcheun / e H**a**nngôwveur?*

j'ai attrapé un coup de soleil
I have a sunburn
*aï Hav e s**eu**nbeurn*

j'ai une ordonnance
I have a prescription
*aï Hav e priscr**i**pcheun*

est-ce que ça convient aux enfants ?
is it recommended for children?
*izitt rikom**è**ndid for tch**i**ldreun?*

que me recommanderiez-vous ?
what would you recommend?
*watt woudd you r**è**commènd?*

je voudrais prendre de l'homéopathie
I'd like to take a homeopathic remedy
*aïde laïke tou teïke e Hôwmi-ôp**a**THik r**è**meudi*

Santé

Vous lirez ...

apply appliquer
available by prescription only uniquement sur ordonnance
avoid contact with the eyes évitez tout contact avec les yeux
complete the course of treatment respectez la durée du traitement
contraindications contre-indications

cough syrup	sirop
do not swallow	ne pas avaler
expiration date	à utiliser avant …
for external use only	pour usage externe uniquement
for three days / a week	pendant trois jours / une semaine
ointment	pommade
pill	comprimé, cachet
tablet	comprimé, cachet
to be taken three times a day before meals	à prendre trois fois par jour avant les repas

Vous entendrez …

have you taken this before?
en avez-vous déjà pris ?

do you want powder or tablets?
vous le / la voulez en poudre ou en cachets ?

Médicaments et traitements

analgésique	painkiller *p**eï**nnkileur*
antibiotiques	antibiotics *anntibay**a**tikss*
anti-inflammatoire	anti-inflammatory *annti-innfl**a**meuterî*
antihistaminique	antihistamine *annti-Hist**am**eun*
antiseptique	antiseptic *anntis**è**ptik*
aspirine	aspirin ***a**sprinn*
cachet	tablet *t**a**bleut*
calmant	tranquilizer *tr**a**nnkweulaïzeur*
comprimé	pill *pil*
crème après-soleil	aftersun (lotion) ***a**fteur-seun (l**ôw**cheun)*
crème solaire	suntan lotion *s**eu**ntann l**ôw**cheun*
désinfectant	disinfectant *dissinnf**è**kteunt*
gargarisme	mouthwash *m**aow**THwach*
gaze	gauze *g**ow**ze*
gélule	capsule *c**a**psyoul*
gouttes	drops *dropss*
iode	iodine ***a**yeudinn*
laxatif	laxative *l**a**kseutiv*

pansement	bandage *b**a**nndidj*
paracétamol	paracetamol *pareus**î**temol*
pilule	pill *pil*
pilule du lendemain	morning-after pill *m**ow**rning-afteur pil*
pommade	ointment ***oï**nntmeunt*
préservatif	condom *k**o**nndom*
serviette hygiénique	sanitary napkin *s**a**niteuri napkin*
sirop pour la toux	cough syrup *cowf s**i**reup*
solution d'entretien pour lentilles	contact lens solution *c**o**nntact l**è**nss seul**ou**cheun*
somnifère	sleeping pill *sl**î**pinng pil*
sparadrap	adhesive bandage *eud**î**ziv b**a**nndidj*
suppositoires	suppositories *seup**o**zitriz*
tampon	tampon *t**a**mmponn*
thermomètre	thermometer *THeurm**o**miteur*
vitamines	vitamins *v**i**teuminnz*

Produits de beauté

après-shampoing	conditioner *keund**i**cheuneur*
autobronzant	self-tanner *s**è**lf-tanneur*
bain moussant	bubble bath *b**eu**beul baTH*
barrette	barrette *beur**è**t*
baume à lèvres	lip balm *lip b**a**wm*
bigoudi	roller *r**ôw**leur*
blaireau	shaving brush *ch**eï**vinng breuch*
brosse	brush *breuch*
brosse à dents	toothbrush *t**ou**THbreuch*
coton-tige®	cotton swab *c**a**teunn swab*
crayon à lèvres	lip pencil *lip p**è**nseul*
crème à raser	shaving foam *ch**eï**vinng fôwm*
crème hydratante	moisturizer *m**oï**steuraïzeur*
démaquillant	cleanser *cl**è**nzeur*
démaquillant pour les yeux	eye make-up remover ***aï** meïkeup rim**ou**veur*

Santé

dentifrice	toothpaste *touTHpeïsst*
déodorant	deodorant *dî-ôwdeureunt*
dissolvant	nail polish remover *neïl palich rimouveur*
éponge	sponge *sponndje*
eye-liner	eyeliner *aï-laïneur*
fard à joues	blusher *bleucheur*
fard à paupières	eye shadow *aï-chadow*
fil dentaire	dental floss *dènteul floss*
fond de teint	foundation *faowndeïcheun*
gant de toilette	washcloth *wachcloTH*
gel coiffant	hair gel *Hèr djèl*
gel douche	shower gel *chaweur djèl*
lame de rasoir	razor blade *reïzeur bleïde*
laque	hairspray *Hèrspreï*
lime à ongles	nail file *neïl faïle*
lotion après-rasage	aftershave *afteurcheïve*
lotion tonique	toner *tôwneur*
mascara	mascara *mascara*
mousse	mousse *mouss*
papier hygiénique	toilet paper *toïlèt peïpeur*
parfum	perfume *peurfioum*
peigne	comb *côwm*
pince à épiler	tweezers *twîzeurz*
rasoir	razor *reïzeur*
rouge à lèvres	lipstick *lipstik*
savon	soap *sôwp*
shampooing	shampoo *chammpou*
talc	talcum powder *talkeum paowdeur*
vernis à ongles	nail polish *neïl palich*

À l'institut de beauté

À vous

est-ce que je peux prendre rendez-vous pour demain ?
can I make an appointment for tomorrow?
keun aï meïke ann euppoïntmeunt for toumarôw?

je voudrais une coupe et un brushing
I'd like a haircut and a blow-dry
aïde laïke e Hèr-keut ènd e blôw-draï

ne me les coupez pas trop courts
don't cut it too short
*donnte keut-titt tou ch**ow**rt*

je voudrais juste couper les pointes
just a trim please
djeust a trimm plîz

un peu plus court sur les côtés
a bit shorter at the sides
*e bitt ch**ow**rteur att Ze s**aï**dz*

Vous entendrez …

do you have an appointment?
vous avez rendez-vous ?

what's it for?
c'est pour quoi faire ?

we can fit you in in twenty minutes
nous pouvons vous prendre dans vingt minutes

can I take your things?
puis-je prendre vos affaires ?

would you like some coffee?
voulez-vous du café ?

Soins

Brushing®	blow-dry *bl**ô**w-draï*
carré	bob *bob*
coupe	haircut *H**è**rkeut*
dégradé	layered *l**è**yeurd*
effilé	thinned *THinnd*
épilation à la cire	waxing *w**a**xinng*
épilation des aisselles	underarm wax ***eu**ndeurarm wax*
épilation des demi- jambes / jambes entières	half-leg/full leg wax *Haf-lèg/foul-lèg wax*

épilation du maillot	bikini-wax *bikîni wax*
frange	fringe *frinndj*
laque	hairspray *Hèrspreï*
lisseur	straightening irons *streïteuninng aïyeunz*
manucure	manicure *maneukiour*
massage	massage *massâj*
mèches	highlights *Haïlaïtss*
pédicure	pedicure *pèdiKiour*
soin du visage	facial *feïcheul*
sèche-cheveux	hairdryer *Hèrdrayeur*
teinture	hair coloring *Hèr kolorinng*

Problèmes et urgences

En cas d'urgence, composer le 911. En cas de perte ou de vol, prévenir la police ; en outre, le procès-verbal vous sera utile pour vous faire rembourser par votre assurance. Souvenez-vous également que toutes les compagnies de transport ont un service des objets trouvés (**Lost and Found Department**). Dans les aéroports des grandes villes, les voyageurs en difficulté peuvent aussi s'adresser à un bureau de l'association Travelers' Aid Society. En cas de problème avec les autorités ou si vous avez besoin de conseils d'ordre juridique, contactez l'ambassade de votre pays ou le consulat le plus proche. En cas de perte ou de vol de cartes de paiement internationales, les numéros gratuits suivants pourront vous être utiles :

American Express : 1-800-528-4800, et 1-800-221-7282 (pour les chèques de voyage)

Master Card : 1-800-826-2181

Visa : 1-800-336-8472

Kit de survie

accident	accident ***a**ksideunt*
ambulance	ambulance ***a**mmbiouleunss*
amende	fine *faïnn*
blessé(e) *(adj)*	injured ***i**nndjeurd*
cassé(e)	broken *br**ô**wkeun*
contravention	parking ticket *p**â**rkinng t**i**keut*
déclaration	statement *st**eï**tmeunt*
handicapé(e) *(adj)*	disabled *diss**eï**beuld*
hôpital	hospital *H**a**spiteul*
incendie	fire *f**a**yeur*
malade *(adj)*	ill ***il***
médecin	doctor *d**o**cteur*
police	police *pol**i**ss*
pompiers	fire department *f**a**yeur dip**â**rtmeunt*
procès-verbal	parking ticket *p**â**rkinng t**i**keut*

témoin witness *w**i**tneuss*
urgence emergency *im**eu**rdjeunssi*
vol theft *THèft*
voleur thief *THîf*

À vous

est-ce que vous pourriez m'aider ?
could you help me?
*coude you H**è**lp mi?*

au secours !
help!
Hèlp!

attention !
watch out!
*watch **a**owt!*

c'est urgent !
it's an emergency!
*itss ann im**eu**rdjeunssi!*

est-ce que je pourrais utiliser votre portable ?
could I use your cell phone?
coud-daï youz your sèl fôwn?

est-ce qu'il y a quelqu'un ici qui parle français ?
is there anyone here who speaks French?
*iz Zèr **è**niwann H**i**r Hou spîkss fr**è**ntch?*

je dois contacter le consulat
I need to get in touch with the consulate
*aï nîd tou guèt inn **teu**tch wiTH Ze k**o**nnsyouleïte*

où est le commissariat le plus proche ?
where is the nearest police station?
*wèr iz Ze n**î**reust pol**i**ss st**eï**cheun?*

que dois-je faire ?
what am I supposed to do?
*watt amaï seup**ô**wzd tou d**ou**?*

il y a eu un accident
there's been an accident
*Zèrz binn ann **a**ksideunt*

il faut appeler un secouriste
we need to call a paramedic
*wi nîd tou cowl e param**è**dik*

on m'a volé mon passeport / mon sac / ma carte de crédit
my passport / bag / credit card has been stolen
*maï p**a**sportt / b**a**g / kr**è**ditt cârd Haz binn st**ôw**leun*

j'ai perdu ...
I've lost ...
aïve losst ...

j'ai été agressé(e)
I've been attacked
*aïve binn eut**a**kt*

il y a un homme qui me suit depuis un moment
a man has been following me for some time
*e mann Haz binn f**o**lowinng mi for somm t**aï**me*

mon enfant a disparu
my child has gone missing
*maï tch**aï**ld Haz gone m**i**ssinng*

je suis tombé en panne
I've broken down
*aïve br**ôw**keun d**a**own*

ma voiture a été emmenée à la fourrière
my car has been impounded
*maï c**âr** Haz binn immp**a**owndeud*

on a forcé la portière / le coffre de ma voiture
the door / trunk of my car has been forced open
*Ze d**o**wr / treunk ov maï câr Haz binn f**o**rst **ôw**peun*

on a forcé ma voiture
my car has been broken into
*maï câr Haz binn br**ôw**keun **i**nntou*

pouvez-vous surveiller mes affaires un instant ?
could you look after my things for a minute?
*coude you louk **a**fteur maï THinngz for e m**i**neutt?*

vous pouvez me donner les coordonnées de votre assurance ?
will you give me your insurance information?
*wil you giv mi your innch**ou**reunss innform**eï**cheun?*

Vous lirez ...

beware of the dog	chien méchant
coastguard	gendarmerie maritime
emergency exit	sortie de secours
lost and found	bureau des objets trouvés
mountain rescue	secours de montagne
towing service	service de dépannage

Police et douane

À vous

je dois faire une déclaration de vol
I'd like to report something stolen
*aïde laïke tou ripo**r**tt sommTHinng st**ôw**leun*

je veux porter plainte
I'd like to file a complaint
*aïde laïke tou **faï**le e **co**mmpleïn*

c'est arrivé dans la rue / dans ma chambre / à l'hôtel
it happened in the street / in my room / at the hotel
*itt H**a**ppeund inn Ze strîtt / inn maï r**ou**m / att Ze H**ôw**tèl*

j'ai besoin d'un certificat de police pour ma compagnie d'assurance
I need a document from the police for my insurance company
*aï nîd e d**o**kioumeunt fromm Ze poli**ss** for maï innch**ou**reunss **co**mmpeuni*

Remplir un formulaire

surname/last name	nom
first name	prénom
address	adresse
zip code	code postal
country	pays
nationality	nationalité
d.o.b. (date of birth)	date de naissance
place of birth	lieu de naissance
age	âge
sex	sexe
duration of stay	durée du séjour
date of arrival / of departure	date d'arrivée / de départ
profession	profession
passport number	numéro de passeport

Vous entendrez …

there is customs duty to pay on this item
il y a des droits de douane à payer sur cet article

can you open this bag, please
pouvez-vous ouvrir ce sac, s'il vous plaît ?

what has been stolen?
qu'est-ce qu'il vous manque ?

where are you staying?
où logez-vous ?

when did this happen?
quand cela s'est-il passé ?

can you describe him / her?
pouvez-vous le / la décrire ?

could you fill out this form, please?
pouvez-vous remplir ce formulaire, s'il vous plaît ?

can you sign here, please?
pouvez-vous signer ici, s'il vous plaît ?

Quelques expressions familières

the cops are coming les flics arrivent
he's in the slammer il est en taule
he got busted il s'est fait serrer
we've been ripped off on s'est fait avoir

Date, heure et temps

Kit de survie

à l'heure du déjeuner	at lunchtime *att leuntcht**aï**me*
année	year *yeur*
après	after ***a**fteur*
après-midi	afternoon ***a**fteunoun*
avant	before *bif**ow**re*
bientôt	soon *soun*
dans la soirée	in the evening *inn Zi **î**vninng*
de … à …	from … to … *fromm … tou …*
de temps en temps	from time to time *fromm taïme tou taïme*
déjà	already *owlr**è**di*
depuis	since *sinnss*
dernier	last *l**a**st*
en avance	early ***eu**rli*
en ce moment	at the moment *att Ze m**ôw**meunt*
en début de	at the beginning of *att Ze big**i**nninng ov*
en fin de	at the end of *att Zi **è**nd ov*
en milieu de	at the middle of *att Ze m**i**deul ov*
en retard	late *l**eï**te*
encore *(toujours)*	still *st**i**l*
entre … et …	between … and … *beutw**i**nn … ènde …*
jour	day *deï*
jusqu'à	until *eunt**i**l*
longtemps	for a long time *for e longue taïme*
maintenant	now *n**a**ow*
matin	morning *m**o**wrninng*
midi	noon *noun*, midday *m**i**d-deï*
ne … jamais	never *n**è**veur*
nuit	night *naïte*
pas encore	not yet *nott yèt*
pendant	during *dy**ou**rinng*
prochain	next *nèxt*
rarement	rarely *r**è**rli*
récemment	recently *r**i**sseuntli*
semaine	week *w**î**k*
soir	evening ***î**vninng*
souvent	often ***o**ffeun*

tard late *leïte*
tôt early ***eu**rli*
toujours *(tout le temps)* always ***ow**lweïz*
toujours *(encore)* still *st**i**l* ; right away *raïteuw**eï***
week-end weekend *w**î**kènnd*

À vous

à bientôt !
see you soon!
*sî you s**ou**n!*

à lundi !
see you on Monday!
*sî you onn m**o**nndeï!*

à plus tard !
see you later!
*sî you l**eï**teur!*

à tout à l'heure !
see you later!
*sî you l**eï**teur!*

désolé(e), je suis en retard
sorry I'm late
*s**o**rri, aïme l**eï**te*

on est arrivés trop tard
we arrived too late
*wi eur**aï**vd tou leïte*

je n'ai pas encore été là-bas
I haven't been there yet
*aï H**a**veunt binn Z**è**r yèt*

je n'ai pas eu le temps de …
I haven't had time to …
*aï Haveunt Hadd t**aï**me tou …*

j'ai tout mon temps
I have plenty of time
aï Hav plènti ov taïme

je suis pressé(e)
I'm in a hurry
*aïme inn e H**eu**ri*

dépêchez-vous !
hurry up!
*H**eu**ri eup!*

un instant, s'il vous plaît
one moment, please
*wann m**ôw**meunt, plîz*

je me suis couché(e) tard
I went to bed late
*aï wèntt tou bèd l**eï**te*

je me suis levé(e) très tôt
I got up very early
*aï gott**eu**p v**è**ri **eu**rli*

j'ai attendu longtemps
I waited for a long time
*aï w**eï**teud for e longue t**aï**me*

il ne nous reste plus que quatre jours
we only have four days left
*wi **o**nnli Hav f**ow**r d**eï**z lèft*

Date, heure et temps

La date

En anglais américain, jeudi 5 août 2010 s'écrit **Thursday, August 5, 2010**, ce qui à l'oral donne : **Thursday August fifth two thousand ten** (ou encore **twenty ten**). L'année 1900 se dit **nineteen hundred**, 1943 se dit **nineteen forty-three**, et de la même façon 2012 se dit **twenty twelve**.

Lorsqu'on abrège la date, le mois vient toujours en premier, suivi du jour : ainsi le 7 janvier 2011 s'écrira **January 7, 2011** et s'abrégera **01/07/11**.

Si vous vous demandez ce que signifient les mentions **b.c.** et **a.d.** : il s'agit respectivement des abréviations de **before Christ** (avant Jésus-Christ) et **Anno Domini** (qui signifie « année de notre Seigneur » en latin, autrement dit « après Jésus-Christ »). Par exemple, **204 b.c.** (prononcé *bî-sî*) correspond à notre « 204 av. J.-C. » et **a.d. 204** (prononcé *eï-dî*) à « 204 ap. J.-C. ».

Kit de survie

à la fin de	at the end of *att Zi **è**nde ov*
après-demain	the day after tomorrow *Ze d**eï** **a**fteur toum**a**rôw*
au début de	at the beginning of *att Ze bigu**i**ninng ov*
au milieu de	in the middle of *inn Ze m**i**deul ov*
aujourd'hui	today *toud**eï***
avant-hier	the day before yesterday *Ze d**eï** bif**ow**re y**è**sstedeï*
dans deux jours	in two days *inn tou deïz*
demain	tomorrow *toum**a**rôw*
demain après-midi	tomorrow afternoon *toum**a**rôw **a**ftenoun*
demain matin	tomorrow morning *toum**a**rôw m**o**wrninng*
demain soir	tomorrow evening *toum**a**rôw **i**vninng*
hier	yesterday *y**è**sstedeï*
hier après-midi	yesterday afternoon *y**è**sstedeï **a**ftenoun*
hier matin	yesterday morning *y**è**sstedeï m**o**wrninng*
hier soir	yesterday *y**è**sstedeï **i**vninng*
il y a …	… ago … *eug**ôw***

À vous

je suis né(e) en …
I was born in …
*aï waz b**o**rn inn …*

je suis déjà venu(e) il y a plusieurs années
I've been here / there before, several years ago
*aïve binn Hîr / Zèr bif**ow**re, sèvreul y**eu**rz eug**ôw***

j'ai passé un mois à Miami Beach il y a quelques années
I spent a month in Miami Beach a few years ago
*aï spènnt e m**o**nnTH inn may**eu**mi b**î**tch e fyou y**eu**rz eug**ôw***

je suis venu(e) l'année dernière à la même époque
I came last year at the same time
*aï keïmm l**a**st yeur att Ze s**eï**mm taïme*

on est le combien aujourd'hui ?
what's today's date?
*watss toud**eï**z deïte?*

on est quel jour aujourd'hui ?
what day is it today?
*watt d**eï** iz itt toud**eï**?*

on est mardi 1er mai
it's Tuesday, May first
*itss ty**ou**zdeï, m**eï** f**eu**rst*

je reste jusqu'à dimanche
I'm staying until Sunday
*aïme st**eï**yinng euntil s**eu**ndeï*

on s'en va demain
we're leaving tomorrow
*wir l**î**vinng toum**a**rôw*

j'ai déjà quelque chose de prévu mardi
I already have plans for Tuesday
*aï owlr**è**di Hav plannz for ty**ou**zdeï*

Vous lirez …

every day	tous les jours
every Monday	tous les lundis
once	une fois

open on Sunday mornings	ouvert le dimanche matin
three times a day / an hour	trois fois par jour / heure
twice	deux fois

Vous entendrez …

it was built in the middle of the nineteenth century
ça a été construit au milieu du XIXe siècle

it comes out once every two weeks
ça sort une fois toutes les deux semaines

there are lots of festivals during the summer
il y a beaucoup de festivals pendant l'été

when are you leaving again?
quand est-ce que vous repartez ?

how long are you staying?
vous restez jusqu'à quand ?

L'heure

Aux États-Unis, on exprime l'heure en employant les chiffres de 1 à 12 suivis de la mention **a.m.** (*eï-èm*) pour le matin et **p.m.** (*pî-èm*) pour l'après-midi. À l'écrit, 14h15 se note donc **2:15 p.m.**, ce qui à l'oral se dit **two fifteen** ou **a quarter past two** ou encore **a quarter after two** et on précisera **two fifteen p.m.** (*tou fiftînn pî-èm*) si le contexte ne permet pas de savoir si on parle du jour ou de la nuit. 13h45 se note **1:45 p.m.** et se dit **a quarter to two** ou **one forty-five** (suivi ou non de **p.m.**, suivant le contexte). **12:30 a.m.** correspond à 0h30 et **12:30 p.m.** à 12h30. Pour les heures justes, on utilise **o'clock** ; pour dire qu'il est 14 heures on dira **it's two o'clock** (*its tou e-clok*) ou bien simplement **it's two.**

Quelques expressions familières

be here at 2 o'clock on the dot sois ici à deux heures pile
we're really pressed for time on n'a vraiment pas beaucoup de temps
we arrived in the nick of time on est arrivés juste à temps

Kit de survie

à l'heure	on time *onn t**aï**me*
de l'après-midi	in the afternoon *inn Zi **a**fteunoun*
du matin	in the morning *inn Ze m**o**wrninng*
du soir	in the evening *inn Zi **i**vninng*
être en avance	to be early *tou bi **eu**rli*
être en retard	to be late *tou bi l**eï**te*
midi	noon *noun*, midday *m**i**d-deï*
minuit	midnight *m**i**d-naïte*
trois quarts d'heure	three quarters of an hour *THrî kw**ow**teurz ovan**a**oweur*
un quart d'heure	a quarter of an hour *e kw**ow**teur ovan**a**oweur*
une demi-heure	half an hour *Hafan**a**oweur*
vingt minutes	twenty minutes *tw**è**nti m**i**neutss*

À vous

excusez-moi, est-ce que vous auriez l'heure, s'il vous plaît ?
excuse me, do you have the time, please?
*èksk**iou**z mi, dou you Hav Ze t**aï**me, pl**î**z?*

quelle heure est-il ?
what time is it?
*watt t**aï**me iz itt?*

il est …
it's …
itss …

trois heures (pile)
three o'clock (on the dot)
*THrî e-cl**o**k (onn Ze datt)*

une heure et demie
one thirty
*wann TH**eu**rti*

presque treize heures
almost one o'clock
owlmôwst wann e-clok

une heure et quart
a quarter past one
*e kw**ow**teur past wann*

midi vingt
twenty past twelve
*tw**è**nti past twouèlve*

une heure dix
ten past one / one ten
tèn past wann / wann tènn

une heure moins le quart
a quarter to one
*e kw**ow**teur tou wann*

midi moins vingt
twenty to twelve
*tw**è**nti tou twouèlve*

je suis arrivé(e) vers deux heures
I arrived around two o'clock
*aï eur**aï**vd eur**a**ownd tou e-cl**o**k*

je me suis couché(e) vers deux heures
I went to bed around two o'clock
*aï wènnt tou bèd eur**a**ownd tou e-cl**o**k*

j'ai mis le réveil à neuf heures
I set the alarm for nine o'clock
*aï sèt Zi eul**â**rm for n**aï**ne e-cl**o**k*

j'ai attendu vingt minutes
I waited for twenty minutes
*aï weïteud for tw**è**nti m**i**neutss*

le train a eu quinze minutes de retard
the train was fifteen minutes late
*Ze treïn waz f**i**ftînn m**i**neutss leïte*

je suis rentré(e) il y a une heure
I got home an hour ago
*aï gott Hôwm ann **a**oweur eug**ôw***

on se retrouve dans une demi-heure ?
do you want to meet in half an hour?
*dou you wante tou mît inn H**a**fan**a**oweur?*

je serai de retour d'ici un quart d'heure
I'll be back in fifteen minutes
*al bi bak inn fift**î**n m**i**neutss*

il y a trois heures de décalage entre … et …
there's a three-hour time difference between … and …
*Zèrz e THrî-**a**oweur taïme d**i**ffreunss beutw**i**nn … ènde …*

Date, heure et temps

Vous entendrez …

it's on every evening at seven o'clock
ça joue tous les jours à 19 heures

it lasts for around an hour and a half
ça dure environ une heure et demie

it opens at ten o'clock
ça ouvre à partir de 10 heures

it reopens at two o'clock
ça rouvre à deux heures

Nombres

En anglais américain, on utilise une virgule pour séparer les milliers des centaines, et plus généralement les séries de trois chiffres à partir de mille. Ainsi **$1,200** correspond à 1200 dollars (et non à 1,20 dollar !), et soixante millions s'écrira **60,000,000**. Par contre on utilise un point pour séparer les unités des chiffres décimaux là où on utilise une virgule en français ; ainsi le nombre **58.60** correspond à 58,60 et se dit **fifty eight point six**.

0 zero *zîrôw*, o *ôw*
1 one *wann*
2 two *tou*
3 three *THrî*
4 four *fowr*
5 five *faïve*
6 six *siks*
7 seven *s**è**veun*
8 eight *eïte*
9 nine *naïne*
10 ten *tèn*
11 eleven *il**è**veun*
12 twelve *twouèlve*
13 thirteen *TH**eu**rtînn*
14 fourteen *f**ow**rtînn*
15 fifteen *f**i**ftînn*
16 sixteen *s**i**xtînn*
17 seventeen *s**è**veuntînn*
18 eighteen ***eï**tinn*
19 nineteen *n**aï**ntînn*
20 twenty *tw**è**nti*
21 twenty-one *twènti-w**a**nn*
22 twenty-two *twènti-t**ou***
30 thirty *TH**eu**rti*
35 thirty-five *TH**eu**rti-faïve*
40 forty *f**ow**rti*
50 fifty *f**i**fti*
60 sixty *s**i**xti*
70 seventy *s**è**veunti*
80 eighty ***eï**ti*
90 ninety *n**aï**nti*
100 one hundred *wann H**eu**ndreud*
101 one hundred and one *wann H**eu**ndreud ènde w**a**nn*
200 two hundred *tou H**eu**ndreud*
500 five hundred *faïve H**eu**ndreud*
1,000 one thousand *wann TH**a**owzeund*
2,000 two thousand *tou TH**a**owzeund*
10,000 ten thousand *tèn TH**a**owzeund*
1,000,000 one million *wann m**i**lieun*

premier first *feurst*
deuxième second *s**è**keund*
troisième third *TH**eu**rd*
quatrième fourth *fowrTH*
cinquième fifth *fiTH*
sixième sixth *sixTH*
septième seventh *s**è**veunTH*
huitième eighth *eïtTH*
neuvième ninth *naïnTH*
dixième tenth *tènTH*
vingtième twentieth *tw**è**nti-euTH*
vingt et unième twenty-first *tw**è**nti-feurst*
trentième thirtieth *TH**eu**rti-euTH*
quarantième fortieth *f**ow**rti-euTH*
cinquantième fiftieth *f**i**fti-euTH*
soixantième sixtieth *s**i**xti-euTH*
soixante-dixième seventieth *s**è**veunti-euTH*
quatre-vingtième eightieth *e**ï**ti-euTH*
quatre-vingt-dixième ninetieth *n**aï**nti-euTH*

20 plus 3 égale 23
twenty plus three equals twenty-three
*tw**è**nti pleuss THrî **î**kweulz twènti-THrî*

20 moins 3 égale 17
twenty minus three equals seventeen
*tw**è**nti maïneuss THrî **î**kweulz s**è**veuntînn*

20 multiplié par 4 égale 80
twenty multiplied by four equals eighty
*tw**è**nti m**eu**ltiplaïdd baï f**ow**r **î**kweulz e**ï**ti*

20 divisé par 4 égale 5
twenty divided by four equals five
*tw**è**nti div**aï**deud baï f**ow**r **î**kweulz f**aï**ve*

3.9
three point nine
THrî poïntt naïne

Fêtes et jours fériés

Jours fériés nationaux

Les jours fériés s'appellent **legal holidays** en anglais américain. Ces jours-là, les banques, les bureaux de poste et toutes les administrations sont fermées. Presque tous les commerces sont fermés le jour de l'an, à **Thanksgiving** et à Noël. Quand un jour férié tombe un samedi, le vendredi est chômé pour compenser, quand il tombe un dimanche, c'est le lundi qui est chômé. Voici une liste des jours fériés :

1er janvier :	**New Year's Day** (jour de l'an).
3e lundi de janvier :	**Martin Luther King Jr. Day** (anniversaire de Martin Luther King).
3e lundi de février :	**Presidents' Day** (en hommage aux présidents Washington et Lincoln, nés tous les deux au mois de février).
dernier lundi de mai :	**Memorial Day** (en souvenir des soldats américains morts au combat, des défilés sont organisés et les gens fleurissent les tombes des soldats).
4 juillet :	**Independence Day** ou **Fourth of July** (fête nationale pour célébrer la Déclaration d'indépendance des États-Unis ; des feux d'artifice sont tirés dans tout le pays).
1er lundi de septembre :	**Labor Day** (fête du travail ; marque également la fin de l'été).
2e lundi d'octobre :	**Columbus Day** (commémoration de la « découverte » de l'Amérique par Christophe Colomb).
11 novembre :	**Veterans' Day** (en hommage à tous les soldats qui ont combattu sous le drapeau américain).

4e jeudi de novembre :	**Thanksgiving** (commémoration de l'installation des premiers colons en Amérique ; on fête Thanksgiving en famille autour de la traditionnelle dinde rôtie à la sauce aux airelles accompagnée de patates douces, avec en dessert une tarte au potiron).
25 décembre :	**Christmas** (Noël).

Fêtes et festivals

Les festivités locales sont aussi nombreuses que variées. Certaines grandes villes sont connues pour leurs parades géantes, souvent organisées par l'une de leurs nombreuses communautés (asiatique, irlandaise, mexicaine, japonaise, etc).

janvier :	**Sundance Film Festival**. Il a lieu à Park City, Utah. Fondé par Robert Redford en 1981, c'est le plus grand festival de cinéma indépendant aux États-Unis.
fin janvier :	**Super Bowl**. C'est la finale (itinérante) des équipes professionnelles de football américain.
2 février :	**Groundhog Day**. La tradition raconte que si la marmotte sort de son terrier et qu'elle voit son ombre, elle retournera dans son trou et l'hiver durera encore six semaines. Si elle ne voit pas son ombre, elle restera dehors et le printemps arrivera bientôt.
14 février :	**Valentine's Day** (la Saint-Valentin).
février (dernier mardi avant le début du Carême) :	**Mardi Gras**. Comme le nom l'indique, Mardi Gras est une fête d'origine française, ce qui explique que c'est surtout en Louisiane qu'on la célèbre. Le carnaval de la Nouvelle Orléans est le plus grand et le plus spectaculaire, avec de très nombreuses parades et défilés de chars, s'étalant sur

plusieurs semaines. La ville de Saint-Louis (Missouri) organise également d'importantes festivités à l'occasion de Mardi Gras.

17 mars :	**St. Patrick's Day** (la Saint-Patrick). Célébrée dans les villes qui comptent une importante communauté d'origine irlandaise, notamment Boston, New York et Chicago. D'immenses parades sont organisées.
début avril :	**Cherry Blossom Festival** (festival des cerisiers en fleurs). Tous les ans à cette époque, des centaines de milliers de touristes se rendent à Washington D.C. pour admirer les cerisiers.
1er samedi de mai :	**The Kentucky Derby**. Il s'agit de la course de chevaux la plus importante du pays, qui a lieu à Louisville, Kentucky.
5 mai :	**Cinco de mayo**. Il s'agit d'une fête d'origine mexicaine (commémorant la victoire de l'armée mexicaine contre les troupes françaises lors de la bataille de Puebla en 1862). On la célèbre surtout dans les villes qui comptent une importante communauté d'origine mexicaine.
2e dimanche de mai :	**Mother's Day** (fête des mères).
mai, deux jours avant Memorial Day :	**Indianapolis 500** ou **Indy 500**. Il s'agit de la course automobile la plus célèbre des États-Unis, dans l'Indiana.
3e dimanche de juin :	**Father's Day** (fête des pères).
1e semaine de juillet :	**Taste of Chicago**. Il s'agit d'un festival gastronomique et de musique en plein air sur les berges du lac Michigan, à Chicago.
juillet et août :	**Tanglewood Music Festival**. Le Boston Symphony Orchestra ainsi que d'autres orchestres se produisent dans un cadre magnifique, en plein air, dans la ville de Lenox, Massachusetts.

mi-août :	**Newport Jazz Festival**. Situé à Newport, Rhode Island, ce festival attire les plus grandes pointures du jazz mondial.
fin septembre - début octobre :	**Oktoberfest**. Ce festival d'origine munichoise est célébré dans de très nombreuses villes américaines et principalement dans celles qui comptent une importante communauté d'origine allemande.
31 octobre :	**Halloween**. On évide des citrouilles pour en faire des lanternes en forme de crâne, et les enfants déguisés vont de maison en maison dire **trick or treat** – une farce ou une friandise – ce qui consiste à demander un petit cadeau aux habitants des maisons visitées et à les menacer d'un mauvais tour s'ils refusent.

Quelques sites Internet utiles

Ambassade de France aux États-Unis
www.info-france-usa.org

Consulats de France aux États-Unis
www.consulfrance-newyork.org
www.consulfrance-washington.org
www.consulfrance-boston.org
www.consulfrance-sanfrancisco.org
www.consulfrance-losangeles.org
www.consulfrance-chicago.org
www.consulfrance-nouvelleorleans.org
www.consulfrance-miami.org
www.consulfrance-atlanta.org
www.consulfrance-houston.org

Ambassade de Belgique aux États-Unis
www.diplobel.us (consultable en français)

Ambassade de Suisse aux États-Unis
www.eda.admin.ch/eda/en/home/reps/nameri/vusa/wasemb.html

Office du tourisme des États-Unis
www.office-tourisme-usa.com

Sites d'information touristique
www.usa-decouverte.com
www.visitcalifornia.com (consultable en français)
www.visitflorida.com (consultable en français)
www.newyorknetguide.com/fr/

Auberges de jeunesse
www.hihostels.com (en anglais)

Voyages en train
www.amtrak.com (en anglais)
Voyages en car
www.greyhound.com (en anglais)

Tables de conversion

Attention : les Américains utilisent un point là où en français on utilise une virgule. Par exemple, 0,6 s'écrira 0.6 en anglais.

Mesures

Aux États-Unis, on n'emploie pas le système métrique mais le système impérial anglo-saxon.

Longueurs

1 inch (pouce) ≈ 2,5 cm

1 foot (pied) ≈ 30 cm

Distances

1 yard ≈ 90 cm

1 mile ≈ 1,6 km

Pour convertir des miles en kilomètres, divisez par 5 puis multipliez par 8.

miles	1	2	5	10	20	100
kilomètres	1,6	3,2	8	16	32	160

Pour convertir des kilomètres en miles, divisez par 8 puis multipliez par 5.

kilomètres	1	2	5	10	20	100
miles	0,6	1,25	3,1	6,25	12,50	62,5

Poids

1 oz (once) = 28,35 g

1 lb (livre) ≈ ½ kg (454 g)

Abréviations : **oz** = ounce (once) et **lb** = pound (livre).

Pour convertir des kilos en livres, divisez par 5 puis multipliez par 11.

kilos	1	2	10	20	60	80
livres	2,2	4,4	22	44	132	176

Pour convertir des livres en kilos, multipliez par 5 puis divisez par 11.

Liquides

1 pint (pinte) = 0,57 litre

2 pints (pintes) = 1 quart = 1,14 litres

1 gallon = 4,54 litres

Températures

Pour convertir des degrés Fahrenheit en degrés Celsius, soustrayez 32, multipliez par 5 puis divisez par 9.

Pour convertir des degrés Celsius en degrés Fahrenheit, divisez par 5, multipliez par 9 puis ajoutez 32.

Fahrenheit (°F)	32	40	50	59	68	86	100
Celsius (°C)	0	4	10	15	20	30	38

Tailles de vêtements

Vous connaissez déjà sans doute les abréviations XS (Extra Small), S (Small), M (Medium), L (Large) et XL (Extra Large).

- **Vêtements pour femmes**

Robes

États-Unis	2	4	6	8	10	12	14
France	32	34	36	38	40	42	44

Chemisiers et pulls

États-Unis	30	32	34	36	38	40	42
France	38	40	42	44	46	48	50

- **Soutiens-gorge (tailles de bonnet identiques)**

États-Unis	32	34	36	38	40
France	85	90	95	100	105

- **Vêtements pour hommes**

Costumes

États-Unis	34	36	38	40	42	44	46
France	44	46	48	50	52	54	56

Chemises

États-Unis	14	14½	15	15½	16	16½	17
France	36	37	38	39	40	41	42

Pointures de chaussures

- **Chaussures femmes**

États-Unis	6	6½	7	7½	8	8½	9	10
France	36	37	37½	38	38½	39	40	42

- **Chaussures hommes**

États-Unis	8	8½	9	9½	10	10½	12
France	41	42	43	43½	44	44½	46

Lexique

Encore plus de mots pour comprendre et vous faire comprendre dans toutes les situations

Lexique français-anglais

A

à : aller à Paris to go to Paris ; **être à Paris** to be in Paris ; **aller à la gare** to go to the station ; **à dix kilomètres** six miles away ; **je vais à Paris / à la gare** I'm going to Paris / to the station ; **à 3 heures** at three o'clock
abcès abscess
abeille bee
abîmé damaged
abord : d'abord first (of all)
abordable *(prix, marchandises)* affordable
accélérateur accelerator
accepter to accept
accès access
accident accident
accompagner *(aller avec)* to go with ; *(venir avec)* to come with ; *(en voiture)* to take
accord : d'accord OK ; **je suis d'accord** I agree
accueil reception
accueillant welcoming
accusé de réception acknowledgment of receipt
acheter to buy
adaptateur adaptor
addition bill
adolescent teenager
adorer to love
adresse address
adresse e-mail e-mail address
ADSL broadband
adulte adult
aéroport airport
affaires *(commerce)* business ; *(personnelles)* things ; **pour affaires** on business ; **affaires de toilette** toiletries
affiche poster
âge age ; **quel âge as-tu ?** how old are you?
âgé : les personnes âgées the elderly, senior citizens
agence de voyages travel agency
agence immobilière real estate agency
aggraver (s') to get worse
agrafeuse stapler
agrandir to enlarge
agréable nice
agresser to attack
aide help
aider to help
aiguille needle
ailleurs somewhere else ; **d'ailleurs** *(au fait)* by the way
aimer *(apprécier)* to like ; *(d'amour)* to love ; **j'aimerais** I'd like
air air ; **en plein air** outside ; **avoir l'air…** to look…
aire de jeu playground
aise : à l'aise comfortable ; **pas à l'aise** uncomfortable
alarme d'incendie fire alarm
alcool alcohol
alcool à 90° rubbing alcohol
alcootest® breath test
algues seaweed
allaiter to breast-feed
Allemagne Germany
Allemand German
allemand German
aller *(v)* to go ; **s'en aller** to go (away) ; **comment allez-vous?** how are you? ; **je vais bien** I'm very well ; **ça va ?** how are you? ; **ça va** I'm fine ; **ça vous va bien** that is becoming to you
aller *(n)* outward journey ; **un aller (simple)** a one-way ticket
allergique allergic
aller-retour round-trip ; **un aller-retour** a round-trip ticket
allô hello
allumer *(feu, cigarette)* to light ; *(lumière)* to switch on, to turn on
allumette match
alors *(donc)* so ; *(à ce moment-là)* then
alternateur alternator

ambassade embassy
ambiance atmosphere
ambulance ambulance
amende fine
amener to bring
Américain American
américain American
Amérique America ; **Amérique centrale** Central America ; **Amérique latine** Latin America ; **Amérique du Nord** North America ; **Amérique du Sud** South America
ami friend ; **petit ami** boyfriend ; **petite amie** girlfriend
amour love
amoureux : être amoureux (de) to be in love (with) ; **tomber amoureux (de)** to fall in love (with)
ampoule *(électrique)* (light) bulb ; *(sur la peau)* blister
amusant funny
amuser (s') to enjoy oneself
amygdales tonsils
an year ; **j'ai 22 ans** I'm 22 (years old)
analgésique painkiller
ancien *(vieux)* old ; *(qui n'est plus)* former
anémique anemic
anesthésie anesthetic
angine sore throat
Anglais English person
anglais English
Angleterre England
animal animal
animal domestique pet
animations *(pour enfants)* activities
animé *(lieu)* busy
année year ; **bonne année !** Happy New Year!
anniversaire *(de naissance)* birthday ; *(d'événement)* anniversary ; **bon anniversaire !** happy birthday!
anniversaire de mariage wedding anniversary
annuaire directory ; **annuaire (téléphonique)** telephone directory
annuler to cancel
anorak parka
antibiotique antibiotic
antigel antifreeze
antihistaminique antihistamine
antiquité antique
août August
apéritif aperitif ; **prendre l'apéritif** to have a drink before lunch / dinner
aphte canker sore
appareil : qui est à l'appareil ? who's calling?
appareil dentaire dentures
appareil photo camera
appareil photo numérique digital camera
appartement apartment
appel *(téléphonique)* call
appeler to call ; **s'appeler** *(avoir pour nom)* to be called ; **je m'appelle…** my name is…
appétit : bon appétit ! enjoy your meal!
apporter to bring
apprendre to learn ; *(nouvelle)* to hear
appuyer to press ; **appuyer sur quelque chose** to press something
après after
après-demain the day after tomorrow
après-midi afternoon
après-shampooing conditioner
aquarium aquarium
araignée spider
architecture architecture
argent *(monnaie)* money
argenterie silverware
arnaque rip-off
arrêt stop ; **sans arrêt** continuously
arrêt de bus bus stop
arrêter to stop ; **s'arrêter** to stop
arrivée arrival
arriver *(quelque part)* to arrive ; *(se passer)* to happen ; **arriver à** *(réussir à)* to manage to ; *(atteindre)* to reach
arobase at sign
art art ; **d'art et essai** *(cinéma)* arthouse
article *(de journal)* article ; *(achat)* item
artisanal *(objet)* handcrafted

artisanat arts and crafts
artiste artist
ascenseur elevator
aspirateur vacuum cleaner
aspirine aspirin
asseoir (s') to sit down
assez *(suffisamment)* enough ; *(plutôt)* quite ; **assez de** enough
assiette plate
assurance insurance
assurance tous risques comprehensive insurance
assurance voyage travel insurance
asthme asthma
atlas routier road atlas
attendre to wait ; **attendre quelqu'un / quelque chose** to wait for someone / something
attention : faire attention to be careful ; **attention !** watch out! ; **à l'attention de…** to the attention of…
atterrissage landing
attrape-touristes tourist trap
aube dawn
auberge de jeunesse youth hostel
aucun *(pronom)* none ; *(adj)* no, not any ; **aucune idée** no idea
audioguide audioguide
aujourd'hui today
aussi too, also ; **moi aussi** me too ; **aussi bien que** as well as
autant *(quantité)* as much ; *(nombre)* as many ; **autant que** *(quantité)* as much as ; *(nombre)* as many as
auteur author
autobronzant self-tanner
autobus bus
auto-enregistrement self-service check-in
automne fall, autumn
autoroute highway
autre other ; **un autre** another ; **d'autres** others ; **autre chose** something else
avaler to swallow
avance : à l'avance in advance ; **en avance** early
avant before ; **avant de faire** before doing ; **roue avant** front wheel
avant-hier the day before yesterday
avec with
avenue avenue
averse shower
aveugle blind
avion plane ; **par avion** *(courrier)* airmail
avis opinion ; **changer d'avis** to change one's mind
avoir to have
avril April

B

baby-sitter babysitter
bagages luggage, baggage
bagages à main carry-on, carry-on luggage
baigner (se) *(nager)* to go for a swim
baignoire bath (tub)
bain bath ; **prendre un bain** to take a bath
bain moussant bubble bath
balader (se) *(à pied)* to go for a walk ; *(en voiture)* to go for a drive
balai broom
balai à franges mop
balance scale
balcon balcony
bandage bandage
bande-annonce trailer
bande d'arrêt d'urgence shoulder
bande dessinée comic strip
banlieue suburb
banque bank
bar bar
barbecue barbecue
barrette barrette
bas *(adj)* low ; *(n) (niveau inférieur)* bottom ; **en bas** at the bottom ; *(à l'étage inférieur)* downstairs
basilique basilica
basket(-ball) basketball
baskets sneakers, tennis shoes
bateau boat
bâtiment building
bâton de ski ski pole
batterie battery
baume à lèvres lip balm
bavarder to chat

bavoir bib
beau beautiful ; *(homme)* handsome
beaucoup (de) *(quantité)* a lot of ; *(nombre)* many, a lot of ; **beaucoup plus** a lot more
beau-fils *(gendre)* son-in-law ; *(fils du conjoint)* stepson
beau-frère brother-in-law
beau-père *(père du conjoint)* father-in-law ; *(conjoint de la mère)* stepfather
bébé baby
beige beige
Belge Belgian
belge Belgian
Belgique Belgium
belle-fille *(bru)* daughter-in-law ; *(fille du conjoint)* stepdaughter
belle-mère *(mère du conjoint)* mother-in-law ; *(conjoint du père)* stepmother
belle-sœur sister-in-law
béquille crutch
besoin : avoir besoin de to need
beurre butter
biberon baby bottle
bibliothèque library
Bic® pen
bicyclette bicycle
bidon *(récipient)* canteen
bien *(adj)* good ; *(adv)* well ; **j'aimerais bien…** I'd like… ; **bien sûr** of course
bientôt soon ; **à bientôt !** see you soon!
bienvenu welcome ; **bienvenue !** welcome!
bière beer
bigoudi curler
bijouterie jeweler's, jewelry store
bijoux jewelry
bikini bikini
billet *(de transport)* ticket ; *(de banque)* (bank)note
billet électronique electronic ticket
billetterie ticket office
billetterie automatique automatic ticket machine
bio *(produit)* organic
bise kiss ; **faire la bise à quelqu'un** to give someone a kiss
blaireau *(pour se raser)* shaving brush
blanc white
blanchisserie laundry
blessé injured
blessure injury
bleu *(n)* *(sur la peau)* bruise
bleu *(adj)* *(couleur)* blue ; *(steak)* rare
blond blond
bloqué stuck
blouson jacket
boire to drink
bois wood
boisson drink
boîte *(caisse)* box
boîte à gants glove compartment
boîte aux lettres mailbox
boîte de conserve can
boîte de nuit (night)club ; **aller en boîte** to go clubbing
boîte de vitesses gearbox
bol bowl
bon *(savoureux)* good ; *(exact)* right ; **bon marché** cheap
bondé packed
bonjour *(le matin)* hello, good morning ; *(l'après-midi)* hello, good afternoon
bonsoir hello, good evening
bord : au bord de la mer at the seashore
borne libre-service self-service check-in
bosse bump
bottes boots
bouche mouth
boucherie butcher's
bouchon *(de bouteille)* cork ; *(embouteillage)* traffic jam
bouchon de radiateur radiator cap
bouchon d'objectif lens cap
boucle d'induction hearing loop
boucles d'oreilles earrings
bouddhiste *(adj & n)* Buddhist
bouée buoy
bougie *(de cire)* candle ; *(de voiture)* spark plug
bouilloire kettle
bouillotte hot-water bottle

boulangerie baker's, bakery
boule *(de glace)* scoop
boules Quiès® earplugs
boussole compass
bout : un bout de… a bit of… ; **au bout de deux heures** after two hours ; **au bout de la rue** at the end of the street
bouteille bottle
bouteille de gaz gas cylinder
boutique shop
bouton *(sur la peau)* spot ; *(de vêtement, d'appareil)* button
bracelet bracelet
bracelet d'identité ID bracelet
braille Braille
brancher to plug in
bras arm
bravo ! well done!
briquet lighter
brochure brochure
bronchite bronchitis
bronzé tanned
bronzer *(brunir)* to tan ; *(s'exposer)* to sunbathe
brosse brush
brosse à dents toothbrush
brouillard fog
bruit noise ; **faire du bruit** to make a noise
brûler to burn ; **se brûler** to burn oneself
brûlure burn
brume mist
brun brown
Brushing® blow-dry
bruyant noisy
buanderie laundry
bureau *(lieu de travail)* office ; *(meuble)* desk
bureau de change currency exchange
bureau de poste post office
bureau des objets trouvés lost and found department
bureau de tabac tobacco store
bus bus
bus panoramique open-top bus

C

ça that ; *(plus près)* this ; *(sujet indéfini)* that, it
cabine d'essayage dressing room
cabine téléphonique phone booth
cabinet (médical) doctor's office
câbles de démarrage jump cables
cachet tablet
Caddie® cart
cadeau present
cadenas padlock
cafard cockroach
café *(boisson)* coffee ; *(lieu)* café
café Internet Internet café
cahier notebook
caisse *(boîte)* box ; *(où payer)* cashier ; *(dans un supermarché)* checkout
calculatrice calculator
caleçon *(sous-vêtement)* boxer shorts ; *(de bain)* swimming trunks
caleçon long leggings
calendrier calendar
Californie California
calmant tranquilizer
calme quiet
caméra camera
caméra vidéo video camera
camion truck
campagne country(side)
camping *(activité)* camping ; *(terrain)* campsite ; **faire du camping** to go camping
camping-car camper
camping-gaz® camping stove
Canada Canada
Canadien Canadian
canadien Canadian
canard duck
canif pocketknife
canne cane
canne blanche white stick
canot de sauvetage lifeboat
capitale *(ville)* capital city
capot hood
car *(bus)* bus
carafe pitcher
Caraïbes : les (îles) Caraïbes the Caribbean
caravane trailer

carburant gasoline
carburateur carburetor
cardiaque cardiac
carie : avoir une carie to have a cavity
carnet de tickets book of tickets
carrefour intersection
carrosserie bodywork
carte *(menu)* menu ; *(géographique)* map ; *(à jouer)* card ; *(document officiel)* card
Carte Bleue® debit card
carte de crédit credit card
carte d'embarquement boarding pass
carte de téléphone phonecard
carte des vins wine list
carte de visite business card
carte d'identité ID card
carte européenne d'assurance-maladie European Health Insurance Card
carte mémoire memory card
carte postale postcard
carte SIM SIM card
cas : au cas où just in case ; **en cas de…** in case of…
casier locker
casque helmet
casquette cap
cassé broken
casse-croûte snack
casser to break ; *(couple)* to split up ; **se casser la jambe** to break one's leg
casserole (sauce)pan
cassette vidéo video(tape)
catastrophe disaster
cathédrale cathedral
catholique (Roman) Catholic
cause : à cause de because of
caution deposit
CD CD
ce this ; *(plus loin)* that
ceinture belt
ceinture de sécurité seat belt
cela that
célèbre famous
célibataire single
celui-ci this one
celui-là that one
cendrier ashtray
centimètre *(unité de mesure)* centimeter
centre center
centre commercial shopping mall
centre équestre riding center
centre-ville downtown
cependant however
certain certain
certificat de naissance birth certificate
cerveau brain
ces these ; *(plus loin)* those
c'est it's ; **c'est très bon** it's very good ; **c'est annulé** it's been canceled
ceux-ci these ones
ceux-là those ones
chacun each one
chaîne chain ; *(hi-fi)* hi-fi ; *(de télévision)* channel
chaise chair
chaise haute high chair
chaise longue deck chair
chaise pliante folding chair
chaleur heat
chaleureux warm
chambre room ; **chambres communicantes** connecting rooms
chambre à air inner tube
chambre d'hôte guest house, bed and breakfast
chambre double double room
chambre privée private room
champagne champagne
chance luck ; **bonne chance !** good luck! ; **avoir de la chance** to be lucky
changement change
changer to change ; **se changer** to get changed, to change
chanson song
chapeau hat
chapeau de soleil sun hat
chapelle chapel
chaque each, every
charcuterie *(magasin)* deli ; *(produits)* cold cuts

chargeur *(pour portable)* charger
chariot à bagages luggage cart
charme : avoir beaucoup de charme to be very charming
chasse d'eau flush
châssis chassis
chat *(animal)* cat ; *(sur Internet)* chat
château castle
chaud hot ; **il fait chaud** it's hot
chauffage heating
chauffe-eau water heater
chauffeur de taxi taxi/cab driver
chaussettes socks
chaussures shoes
chaussures de marche hiking boots
chaussures de ski ski boots
chef *(dirigeant)* boss ; *(cuisinier)* chef
chef-d'œuvre masterpiece
chemin path ; *(direction)* way
chemin de fer railway
cheminée *(foyer)* fireplace ; *(conduit)* chimney
chemise *(vêtement)* shirt ; *(de carton)* folder
chemise de nuit nightgown
chèque check
chèque de voyage traveler's cheque
chéquier checkbook
cher *(coûteux)* expensive ; *(dans une lettre)* dear
chercher to look for ; **aller chercher quelqu'un / quelque chose** to go and bring someone / something
cheval horse
cheveux hair
cheville ankle
chèvre goat
chewing-gum chewing gum
chez : chez soi at home ; **je rentre chez moi** I'm going home ; **je suis allé chez lui** I went to his place ; **je vais chez ma sœur** I'm going to my sister's (place)
chiant *(ennuyeux)* totally boring ; *(agaçant)* damn annoying ; **c'est chiant** it's a pain in the neck
chic chic, stylish
chien dog
chien d'aveugle guide dog
Chine China
Chinois Chinese
chinois Chinese
choc shock
chocolat chocolate
choisir to choose
choix choice
cholestérol cholesterol
chômage unemployment ; **être au chômage** to be unemployed
choquant shocking
chose thing ; **quelque chose** something
chrétien Christian
ciel sky
cigare cigar
cigarette cigarette
cimetière cemetery
cinéma *(genre)* movies ; *(bâtiment)* movie theater
cintre coat hanger
circulation *(de voitures)* traffic ; *(du sang)* circulation
cirque circus
ciseaux scissors
clair light ; **bleu clair** light blue
classe class ; **première / deuxième classe** first / second class ; **classe affaires / économique** business / economy class
classique classic ; *(musique)* classical
clavier keyboard
clé key
clé de contact ignition key
clé USB memory stick
client client
clignotant turn signal, indicator
climat climate
climatisation air conditioning
club club
cochon pig
code code
code confidentiel PIN (number)
code d'entrée door code
code postal zip code
code vestimentaire dress code
cœur heart
coffre *(de voiture)* trunk
coffre-fort safe
coiffeur hairdresser

coin *(angle)* corner ; **un coin magnifique** a beautiful spot ; **dans le coin** around here ; **coin bébé** diaper-changing area
coincé stuck
colère : en colère angry
colique colic
colis package
collants tights
colle glue
collège school
collègue colleague
collier necklace ; *(de chien)* collar
colline hill
colonie colony
colonie de vacances summer camp
colonne de direction steering wheel
colonne vertébrale spine
combien *(nombre)* how many ; *(quantité)* how much ; **combien ça coûte ?** how much does it cost? ; **combien de temps… ?** how long…? ; **depuis combien de temps… ?** for how long…? ; **on est le combien ?** what's today's date?
combinaison de plongée wetsuit
comédie comedy
comédie musicale musical
comédien actor ; **comédienne** actress
commander *(à manger, à boire)* to order
comme *(pareillement)* like, as ; *(parce que)* as
commencer to start, to begin
comment how ; **comment ?** *(pardon ?)* pardon? ; **comment allez-vous ?** how are you?
commerces stores
commissariat *(main)* police station
commission *(de change)* commission
communiquer to communicate
compagne partner
compagnie aérienne airline
compagnon partner
compartiment compartment
complet *(plein)* full
complètement completely
compliment compliment
composter to punch
comprendre to understand
comprimé tablet
compris *(service, assurance)* included ; **tout compris** all inclusive
comptant : payer comptant to pay cash
compte account
compte bancaire bank account
compte rendu *(de réunion)* minutes
compter to count ; **compter sur** to count on
compteur de vitesse speedometer
compteur électrique electric meter
concert concert
conducteur driver
conduire to drive ; *(quelqu'un)* to take
conférence conference
confiance confidence ; **avoir confiance en quelqu'un** to trust someone ; **tu peux lui faire confiance** you can trust him
confiance en soi self-confidence
confirmer *(réservation, vol)* to confirm
confiserie candy store
confortable comfortable
congélateur freezer
connaissance *(personne)* acquaintance ; **connaissances** *(savoir)* knowledge
connaître to know
connu famous
conseil : un conseil a piece of advice ; **des conseils** advice ; **demander conseil à quelqu'un** to ask someone's advice
conseiller to advise
consigne *(pour bagages)* checkroom
consommation *(boisson)* drink
consommer *(boire)* to drink
consonne consonant
constipation constipation
constipé constipated
construit en… built in…
consulat consulate
contact contact ; **rester en contact** to stay in touch
contacter to contact
contagieux contagious

contemporain contemporary
conteneur verre recycling bin for glass
contenir to contain
content pleased
continuation : bonne continuation ! all the best!
continuer to continue, to go on ; **continuer à faire quelque chose** to continue to do something
contraceptif contraceptive
contraire opposite ; **au contraire** on the contrary
contrat contract
contravention parking ticket
contre against
contrôle des passeports passport control
contrôleur conductor
contusionné bruised
coordonnées address and telephone number
copain, copine friend ; **petit copain** boyfriend ; **petite copine** girlfriend
corde rope
corde à linge wash line
corde de tente guy rope
cordonnerie shoemaker's
corps body
correct correct
correspondance *(changement)* connection
costume suit
côte *(maritime)* coast ; *(du corps)* rib
côté side ; **à côté de** next to
coton cotton
coton-tige® cotton swab
cou neck
couche *(pour bébé)* diaper
couche jetable disposable diaper
couche lavable washable diaper
coucher : se coucher to go to bed ; *(s'allonger)* to lie down ; **coucher avec** to sleep with
coucher du soleil sunset
couchette berth
coude elbow
coudre to sew
couette duvet
couleur color
couloir corridor, hall
coup : ça vaut le coup it's worth it ; **aller boire un coup** to go out for a drink
coup d'envoi kick-off
coup de fil : passer un coup de fil à quelqu'un to give someone a buzz
coup de soleil : prendre un coup de soleil to get sunburned
coup de téléphone : passer un coup de téléphone à quelqu'un to give someone a call
coupe de cheveux haircut
coupe-ongles nail clippers
couper to cut ; **se couper** to cut oneself ; **coupé en tranches** sliced ; **on a été coupés** *(au téléphone)* we got cut off
coupure cut
courage courage ; **bon courage !** good luck!
courant : être au courant (de) to know (about)
couronne crown
courrier mail
courrier recommandé recorded delivery
courroie de ventilateur fan belt
cours *(leçon)* class
courses shopping ; **faire des / les courses** to do some / the shopping
coursier courrier ; **par coursier** by courrier
court *(adj)* short
court de tennis tennis court
cousin cousin
couteau knife
coûter to cost ; **combien ça coûte ?** how much is it?, how much does it cost?
couverture blanket ; *(de livre)* cover
couverture pare-flamme fire blanket
couvre-feu curfew
couvrir to cover
crampe cramp
crâne skull
cravate tie
crayon pencil
crayon à lèvres lip pencil

crayon de couleur crayon
crèche childcare center
crème cream
crème après-soleil aftersun lotion
crème à raser shaving cream
crème dépilatoire depilatory cream
crème hydratante moisturizer
crème solaire suntan lotion
crevé *(pneu)* burst
crever *(pneu)* to burst
cric (car) jack
crise cardiaque heart attack
crise d'appendicite appendicitis
critique *(fait de critiquer)* criticism ; *(article de journal)* review
critiquer to criticize
croire to believe ; *(penser)* to think ; **je crois que…** I think (that)…
croisière cruise
croix cross
cru raw
cuillère spoon
cuillère à café teaspoon
cuillère à soupe tablespoon
cuir leather
cuire to cook ; *(gâteau, pain)* to bake
cuisine *(fait de cuisiner)* cooking ; *(pièce)* kitchen ; **faire la cuisine** to do the cooking
cuisse thigh
cuit cooked ; **bien cuit** well done ; **trop cuit** overdone
culasse cylinder head
culotte pants
cultivé cultured
curé (parish) priest
cure-dent toothpick
curieux curious ; *(indiscret)* inquisitive
cybercafé Internet café
cystite cystitis

D

daltonien *(adj)* color blind
danger danger
dangereux dangerous
dans in ; **dans une heure** in an hour ; **dans la soirée** in the evening
danse dance
danser to dance
date date
date de naissance date of birth
date d'expiration expiration date
date limite deadline
dater (de) to date (from)
de of ; **le vélo de David** David's bike ; **de… à…** from… to… ; **du pain** (some) bread ; **des œufs** (some) eggs
déambulateur walker
débardeur *(pour femmes)* tank top
déboîté dislocated
débrouillard resourceful
débrouiller (se) to manage
début beginning, start ; **au début** at the beginning ; **en début de** at the beginning of
débutant beginner
déca *(décaféiné)* decaf
décalage (horaire) time difference ; *(après un vol)* jetlag
décapotable convertible
décapsuleur bottle opener
décembre December
décevant disappointing
décider to decide
déclaration *(de perte, vol)* statement
déclarer *(à la douane)* to declare
décollage takeoff
décoller *(avion)* to take off
découvrir to discover
déçu disappointed
dedans inside
défaut flaw
défecteux *(machine)* faulty
dégonflé *(pneu)* flat
degré *(température)* degree
dehors outside
déjà already
déjeuner *(n)* lunch ; *(v)* to have lunch
délégué delegate
délicieux delicious
demain tomorrow ; **à demain !** see you tomorrow! ; **demain soir** tomorrow evening
demander to ask
démanger : ça me démange it's itchy
démaquillant make-up remover

demi half ; **un demi-litre / -kilo** half a liter / kilo ; **une demi-heure** half an hour ; **une heure et demie** an hour and a half ; **un demi** *(bière)* a beer on tap
demi-pension modified American plan
demi-tour U-turn
dent tooth ; **dents** teeth
dent de sagesse wisdom tooth
dentier dentures
dentifrice toothpaste
dentiste dentist
déodorant deodorant
dépannage : service de dépannage towing service
dépanneuse towtruck
départ departure
dépêcher (se) to hurry (up)
dépendre : ça dépend (de) that depends (on)
dépenser to spend
dépliant *(prospectus)* leaflet
déposer : déposer quelqu'un *(en voiture)* to drop someone off
déprimé depressed
depuis since ; **depuis que** since ; **depuis quand êtes-vous ici ?** how long have you been here?
déranger to disturb
dernier last ; **au dernier moment** at the last minute ; **l'année dernière** last year
derrière behind
des *voir* **de**
dès from ; **dès que** as soon as
désagréable unpleasant
descendre *(de) (transports)* to get off
désert desert
déshydraté dehydrated
désinfectant disinfectant
désinfecter to disinfect
désolé *(navré)* sorry
dessert dessert
dessous underneath ; **en dessous (de)** below
dessus above ; **au-dessus (de)** above
destinataire addressee
détail detail
détendre (se) to relax
détester to hate
devant in front of
développer : faire développer une pellicule to get film developed
devenir to become
déviation diversion
devise currency
devoir *(être obligé de)* to have to ; *(de l'argent)* to owe ; **je dois y aller** I have to go, I must go ; **il doit être 5 heures** it must be five o'clock ; **vous devriez…** you should…
diabète diabetes
diabétique diabetic
diapositive slide
diarrhée : avoir la diarrhée to have diarrhea
diesel diesel
différent (de) different (from)
difficile (à) difficult (to)
dimanche Sunday
diminuer to reduce
dîner *(n)* dinner ; *(v)* to have dinner
dire to say ; **vouloir dire** to mean ; **comment dit-on… ?** how do you say…? ; **ça te dit ?** does that sound OK to you? ; **ça te dit d'aller… ?** do you feel like going…?
direct direct
directement directly
direction *(sens)* direction ; *(entreprise)* management ; **le train en direction de Boston** the train to Boston
discothèque disco
discrimination discrimination
disparaître to disappear
disputer (se) to argue
disquaire record dealer
disque record
disque dur hard disk
dissolvant *(pour ongles vernis)* nail polish remover
distributeur *(pour voiture)* distributor
distributeur (automatique de billets) ATM, automated teller machine
divertissement entertainment
divorcé *(adj)* divorced

docteur doctor
document document
doigt finger
domicile home
dommage : c'est dommage it's a pity ; **quel dommage !** what a pity!
donc so, therefore
donner to give
dont whose ; **l'hôtel dont il me parlait** the hotel he told me about
doré golden
dormir to sleep ; **dormir à la belle étoile** to sleep out in the open
dortoir dormitory
dos back
douane customs
doublé *(film)* dubbed
double toit flysheet
doucement *(délicatement)* gently ; *(bas)* softly ; *(lentement)* slowly
douche shower ; **prendre une douche** to take a shower
douleur pain
douloureux painful
douzaine dozen
draguer to come on to, to flirt with
drap sheet
drapeau flag
drogue drug
droit *(n)* right ; **avoir le droit de…** to have the right to… ; **droits de douane** customs duty
droit *(adj)* right ; **le côté droit** the right-hand side
droit *(adv)* : **tout droit** straight, straight ahead
droite *(n)* right ; **à droite (de)** to the right (of)
drôle funny
du *voir* **de**
dur hard
durer to last
durite radiator hose
DVD DVD

E

eau water
eau gazeuse sparkling water
eau minérale mineral water
eau plate still water
échanger to exchange
écharde splinter
écharpe scarf
écharpe de portage baby sling
échecs chess
échelle ladder
école school ; **école primaire** elementary school
écouter to listen ; **écouter quelqu'un / quelque chose** to listen to someone / something
écouteurs earphones
écran screen
écrire to write
eczéma eczema
effort effort ; **faire un effort** to make an effort
égal : ça m'est égal I don't mind
église church
élastique *(n)* rubber band
électricien electrician
électrique electric
élève student
elle she
elles they
e-mail e-mail
embarquement boarding
embarquement prioritaire priority boarding
embarquer to board
embêtant annoying
embêté annoyed
embouteillage traffic jam
embrasser to kiss
embrayage clutch
émission program
emmener *(en voiture)* to take
émouvant moving
emplacement *(de camping)* place
emporter to take ; **à emporter** takeaway
emprunter to borrow
en in ; **en France / 2010 / anglais** in France / 2010 / English ; **je vais en France** I'm going to France ; **en voiture** by car
encaisser to pay in
enceinte pregnant

enchanté ! pleased to meet you!
encore *(toujours)* still ; *(davantage)* more ; *(de nouveau)* again ; **pas encore** not yet ; **encore plus** even more
endormir (s') to fall asleep
enfant child ; **enfants** children
enfin finally
enflé swollen
engueuler to shout at ; **s'engueuler** to have an argument ; **se faire engueuler** to get told off
enjoliveur hubcap
enlever to remove
ennuyer (s') to be bored
enregistrement *(des bagages)* check-in
enregistrer *(musique)* to record ; *(bagages)* to check in
enrhumé : être enrhumé to have a cold
ensemble together
ensuite then, next
entendre to hear ; **bien s'entendre (avec quelqu'un)** to get along (with someone) ; **mal s'entendre (avec quelqu'un)** not to get along (with someone)
enterrement funeral
entier whole ; **le gâteau en entier** the whole cake
entorse sprain
entracte interval
entre between
entrée *(lieu)* entrance, way in ; *(de repas)* starter ; *(prix)* admission
entreprise company, firm
entrer *(aller)* to go in ; *(venir)* to come in
enveloppe envelope
envie : avoir envie de to want to
environ about, around ; **dans les environs** in the surrounding area
envoyer to send
épaule shoulder
épeler to spell
épice spice
épicé spicy, hot
épicerie grocery store
épileptique epileptic
épiler (s') *(à la cire)* to wax
éponge sponge
épuisé *(fatigué)* exhausted ; *(marchandises)* out of stock
équipe team
équipements sportifs sports equipment
équitation horseback-riding
erreur mistake
escabeau step ladder
escalade climbing
escale stopover
escalier stairs
escalier mécanique escalator
espace space
Espagne Spain
Espagnol Spaniard
espagnol Spanish
espérer to hope ; **j'espère que…** I hope that…
essayer to try ; *(vêtement)* to try on ; **essayer de faire quelque chose** to try to do something
essence gas, gasoline
essieu axle
essuie-glace windshield wiper
est east ; **à l'est** in the east ; **à l'est de** (to the) east of
estomac stomach
et and
étage floor
état state ; **l'État** the State
États-Unis United States
été summer
éteindre *(cigarette)* to put out ; *(appareil)* to turn off
étiquette label
étonner to surprise
étranger *(adj)* foreign ; *(n)* foreigner ; **à l'étranger** abroad
être to be *(voir grammaire)* ; **je suis Français** I'm French ; **est-ce que tu es content ?** are you happy? ; **c'est beau** it's beautiful
études studies ; **faire des études de biologie** to study biology
étudiant student
euro euro
Europe Europe
Européen European

européen European
eux them
évanouir (s') to faint
évident obvious
excédent *(de bagages)* excess ; **j'avais un excédent de bagages de cinq kilos** my luggage was eleven pounds overweight
excellent excellent
exceptionnel exceptional ; **ça n'a rien d'exceptionnel** it's nothing special
excursion trip
excuse excuse
excuser (s') to apologize ; **excusez-moi** *(je suis désolé)* I'm sorry ; *(pour attirer l'attention)* excuse me
exemple example ; **par exemple** for example
expéditeur sender
expliquer to explain
exposition exhibition
exprès on purpose
exprès : en exprès by special delivery
express express ; *(café)* expresso, espresso
expression expression
expresso expresso, espresso
exprimer (s') to express oneself
extincteur fire extinguisher
extraordinaire extraordinary
eye-liner eyeliner

F

face : en face opposite ; **en face de** opposite
fâché angry
facile (à) easy (to)
façon way ; **de toute façon** anyway
facteur mail carrier
facture bill
faible weak
faim : avoir faim to be hungry
faire to do, to make ; **ça fait deux ans que je n'ai pas pris de vacances** I haven't taken a vacation for two years ; **ça ne fait rien** it doesn't matter
fait *(n)* fact ; **en fait** in fact ; **au fait** by the way
fait main handmade
fait maison home-made
falaise cliff
falloir : il faut faire attention you / we / *etc.* must/have to be careful ; **il faut se dépêcher** we must/have to hurry ; **il me faut de nouvelles chaussures** I need new shoes ; **il faut que j'y aille** I must/have to go ; **il faut que vous le voyiez** you must/have to see it
famille family
fard à joues blusher
fard à paupières eye shadow
fast-food fast-food restaurant
fatigant tiring
fatigué tired
faute *(erreur)* mistake
fauteuil roulant wheelchair
faux *(incorrect)* wrong ; *(mensonger)* false
fax fax
félicitations ! congratulations!
femme *(personne de sexe féminin)* woman ; *(épouse)* wife
fenêtre window
fer à repasser iron
férié : jour férié legal holiday ; **lundi est férié** Monday is a legal holiday
ferme *(agricole)* farm
fermé closed, shut
fermer to close, to shut
fermeture closing
fermeture Éclair® zipper
ferry ferry
fesses bottom
festival festival
fête party ; **faire la fête** to party
fête foraine amusement park
fête nationale national holiday
feu fire ; **tu as du feu ?** do you have a light? ; **au feu !** fire!
feu rouge red light
feux arrière taillights
feux d'artifice fireworks
feux de détresse warning lights
feux de recul backup lights
feux de signalisation traffic lights

feux de stop brake lights
feuille *(végétale)* leaf ; *(de papier)* sheet
feutre felt-tip pen
février February
fiancé fiancé ; **fiancée** fiancée ; **être fiancé** to be engaged
ficelle string
fier (de) proud (of)
fièvre fever ; **avoir de la fièvre** to have a fever
fil thread
fil dentaire dental floss
fille girl ; *(de ses parents)* daughter
film movie, film
fils son
filtre à air air filter
filtre à essence fuel filter
filtre à huile oil filter
fin *(n)* end ; **en fin de / à la fin de** at the end of
fin *(adj)* fine
finalement finally
finir to finish
flash flash
flèche arrow
fleur flower
fleuriste florist
fleuve river
Floride Florida
flou *(photo)* blurry
foie liver
foire fair
foire commerciale trade fair
fois time ; **combien de fois… ?** how many times…? ; **une fois** once ; **deux fois** twice ; **trois / quatre fois** three / four times
folklorique traditional
foncé dark ; **bleu foncé** dark blue
fond bottom ; **au fond de** *(récipient)* at the bottom of ; *(espace)* at the back of
fond de teint foundation
football football
forêt forest
forfait *(pour transports, ski)* pass
formation *(apprentissage)* training
forme shape ; **en (pleine) forme** in (top) shape
formidable wonderful
formulaire form
formule *(menu)* set menu
fort *(personne, goût)* strong ; *(son)* loud
forteresse fortress
fou mad
foulard scarf
foulé sprained
fouler : se fouler la cheville to sprain one's ankle
foulure sprain
four oven
fourchette fork
fourmi ant
fourrière pound
foutu : mon appareil photo est foutu my camera has had it ; **c'est foutu pour ce soir** we can forget tonight
fracture fracture
fragile fragile
frais *(temps)* chilly ; *(aliment)* fresh ; *(boisson)* cold
Français French person
français French
France France
franchement frankly
frange fringe
frein brake
frein à main handbrake
freiner to brake
frère brother
frigidaire® fridge, refrigerator
froid cold ; **il fait froid** it's cold ; **avoir froid** to be cold ; **prendre froid** to catch cold
front forehead
frontière border
fruit fruit ; **un fruit** a piece of fruit ; **des fruits** (some) fruit
fuir *(se répandre)* to leak
fuite leak
fumer to smoke
fumeur smoker ; **non-fumeur** non-smoker ; **fumeurs** *(salle, compartiment)* smoking
fusible fuse
futur future

G

gâcher to waste
gagner to win ; *(de l'argent)* to earn ; *(du temps)* to save
galerie gallery
gant glove
gant de toilette facecloth
garage garage
garantie guarantee
garçon *(enfant)* boy ; *(serveur)* waiter
garder to keep
gare *(train)* station
gare routière bus station
garer (se) to park
gargarisme mouthwash
garniture de frein brake pad
gâter to spoil
gauche left ; **à gauche (de)** to the left (of)
gay gay
gaz gas
gaze *(bandage)* gauze
gazeux *(boisson)* fizzy
gazole diesel
gel *(eau gelée)* frost
gel douche shower gel
gencive gum
gendarmerie maritime coastguard
gêner to bother ; *(embarrasser)* to embarrass
généraliste *(médecin)* family doctor
génial great
genou knee
genre *(sorte)* kind, sort ; **quel genre de… ?** what kind of…?
gens people ; **les gens** people
gentil nice
gilet vest
gilet de sauvetage life jacket
glace *(eau gelée)* ice ; *(à manger)* ice cream ; *(miroir)* mirror
glacière ice box
glaçon ice cube ; **avec ou sans glaçons ?** with or without ice?
gluten gluten ; **avoir une intolérance au gluten** to be gluten intolerant
golf golf
Golfe du Mexique Gulf of Mexico
gomme rubber
gorge throat
gothique Gothic
gourde canteen
goût taste
goûter *(n)* (afternoon) snack ; *(v)* *(tester)* to taste
gouttes *(pour les oreilles, les yeux)* drops
gouvernement government
GPS GPS
grâce à thanks to
grammaire grammar
grammes grams
grand big ; *(haut)* tall ; **les Grands Lacs** the Great Lakes ; **les Grandes Plaines** the Great Plains
grandir to grow ; **j'ai grandi en France** I grew up in France
grand-mère grandmother
grand-père grandfather
grands-parents grandparents
gras fat
grasse matinée : faire la grasse matinée to sleep in
gratte-ciel skyscraper
gratuit free
grave serious ; **ce n'est pas grave** *(c'est sans gravité)* it's not serious ; *(ça n'a pas d'importance)* it doesn't matter
graver *(CD)* to burn
Grec Greek
grec Greek
Grèce Greece
grève strike ; **faire grève** to be on strike
grippe flu
grippe intestinale stomach flu
gris gray
gros big
gros mot swearword
grotte cave
groupe group
groupe sanguin blood group
guêpe wasp
guérir *(aller mieux)* to get better
gueule de bois hangover

guichet counter
guide *(livre)* guidebook ; *(personne)* guide
guide des spectacles entertainment guide
guidon handlebars
gynécologue gynecologist, ob/gyn

H

habiller (s') to get dressed
habiter to live
habitude habit ; **d'habitude** usually ; **j'ai l'habitude** I'm used to it ; **je n'ai pas l'habitude de manger aussi tôt** I'm not used to eating so early
halal halal
hamac hammock
hanche hip
handicapé *(adj)* disabled, handicapped ; *(n)* disabled person, handicapped person ; **les handicapés** the disabled, the handicapped
harcèlement harassment
haschich hashish
haut *(adj)* high ; *(n) (niveau supérieur)* top ; **en haut** at the top ; *(à l'étage supérieur)* upstairs
hauteur height
hebdomadaire weekly
héberger to put up
hématome bruise
hémorroïdes piles, hemorrhoids
herbe grass
hésiter to hesitate
heure hour ; **à quelle heure… ?** what time…? ; **à 5 heures** at five o'clock ; **à l'heure** on time ; **à tout à l'heure !** see you later!
heures d'ouverture opening hours
heureusement luckily
heureux happy
hier yesterday ; **hier soir** yesterday evening, last night
hindou Hindu
histoire *(passé)* history ; *(récit)* story
hiver winter
Hollandais Dutch
hollandais Dutch
Hollande Holland
homéopathie homeopathy
homme man
homosexuel homosexual
honnête honest
honte shame ; **avoir honte** to be ashamed
hôpital hospital
horaires *(de transports)* timetable
hors service out of order
hôtel hotel
hôtel de ville town hall
huile oil
huile de moteur engine oil
humeur : être de bonne / mauvaise humeur to be in a good / bad mood
humide damp
humour humor
hypertension high blood pressure
hypotension low blood pressure

I

ibuprofène ibuprofen
ici here ; **d'ici un quart d'heure** in a quarter of an hour
idée idea
idiot *(n)* idiot ; *(adj)* stupid
il he
il y a : il y a un château there is a castle ; **il y a deux musées** there are two museums ; **il y a deux ans** two years ago
île island
illégal illegal
ils they
immeuble *(bâtiment)* building ; *(d'habitation)* apartment building
impatient impatient ; **être impatient de…** to be impatient to…
imperméable *(n)* raincoat ; *(adj)* waterproof
important important
importer : n'importe quoi anything ; **dire n'importe quoi** to talk nonsense
impossible impossible
impôt tax

impression impression ; **j'ai l'impression que…** I have the feeling that…
impressionnant impressive
imprimante printer
imprimer to print
incendie fire
inclus included
incroyable *(étonnant)* amazing, incredible ; *(peu vraisemblable)* unbelievable
indépendant independent
indicatif *(téléphonique)* country code
indigestion indigestion
industrie industry
infecté infected
infection infection
infirmière nurse
informations *(renseignements)* information ; *(nouvelles)* news
ingrédient ingredient
inhalateur inhaler
initiales initials
inondation flood
inoubliable unforgettable
inquiéter (s') to worry
inscrire (s') to sign up
insecte insect
insecticide insecticide
insolation sunstroke
insomnie insomnia
instant : un instant, s'il vous plaît one moment, please
instrument *(de musique)* instrument
insulte insult
intention : avoir l'intention de… to intend to…
interdit forbidden
intéressant interesting
intérieur : à l'intérieur inside
international international
Internet Internet ; **sur Internet** on the Internet
interprète interpreter
interrupteur light switch
intoxication alimentaire food poisoning
inutile useless
inventer to invent
invité guest
inviter to invite
iode iodine
Italie Italy
Italien Italian
italien Italian
itinéraire itinerary
itinérance roaming
ivre drunk

J

jamais never ; **ne… jamais** never ; **si jamais** if ever ; **le meilleur spectacle que j'aie jamais vu** the best show I've ever seen
jambe leg
janvier January
jardin garden
jardin botanique botanic garden
jauge : jauge d'huile / d'essence oil / gas gauge
jaune yellow
je I
jean jeans
jetable disposable
jeter to throw ; *(à la poubelle)* to throw out
jeton token
jeu game
jeu vidéo video game
jeudi Thursday
jeune *(adj)* young ; *(n)* young person
jogging *(sport)* jogging ; *(tenue)* jogging suit
joli pretty
jouer to play ; **ça joue à…** it's on at…
jouet toy
jour day ; **de nos jours** nowadays
jour férié legal holiday
journal newspaper
journée day
juif Jewish
Juif Jew
juillet July
juin June
jumeaux twins
jumelles *(pour voir)* binoculars
jupe skirt
jus juice

jusqu'à until
juste *(adj) (équitable)* fair ; *(adv)* **juste avant / un peu** just before / a little

K

kasher kosher
kayak kayak
kilométrage mileage
kilomètre kilometer
kiosque à journaux newsstand
klaxon horn
Kleenex® Kleenex®
K-way® waterproof jacket

L

la *(article)* the ; *(pronom)* her
là there
là-bas over there
lac lake
lactose lactose
là-haut up there ; *(à un étage supérieur)* upstairs
laine wool
laisse lead
laisser *(permettre)* to let ; *(abandonner)* to leave ; **laissez-moi tranquille** leave me alone ; **laisser tomber** to drop
lait milk
lait après-soleil aftersun (lotion)
lait en poudre powdered milk ; *(pour bébé)* formula
lait hydratant moisturizer
lame de rasoir razor blade
lampe lamp
lampe de poche flashlight
langue *(organe)* tongue ; *(langage)* language
langue des signes sign language
lapin rabbit
laque hairspray
large wide
largeur width
lavabo washbasin
laver to wash ; **se laver** to wash (oneself) ; **se laver les dents** to brush one's teeth ; **se laver les cheveux** to wash one's hair
laverie laundromat
lave-vaisselle dishwasher
laxatif laxative
le *(article)* the ; *(pronom)* him
lecteur MP3 MP3 player
légal legal
léger light
lendemain : le lendemain the next day
lentement slowly
lentilles *(de contact)* contact lenses
les *(article)* the ; *(pronom)* them
lesbienne lesbian
lessive detergent ; **faire la lessive** to do the washing
lettre letter
leur *(adj possessif)* their ; *(pronom personnel)* them ; **leurs** their ; **le / la leur** *(pronom possessif)* theirs ; **les leurs** theirs
levée *(postale)* collection
lever (se) to get up
lever du soleil sunrise
levier de vitesses gearshift
lèvre lip
librairie bookstore
libre *(chambre)* available ; *(toilettes, place, personne)* free
lieu place ; **au lieu de** instead of
ligne line ; **ligne de métro** subway line ; **ligne de bus** bus route
lime à ongles nail file
limitation de vitesse speed limit
linge sale (dirty) washing
lingette baby wipe
liquide *(argent)* cash ; **payer en liquide** to pay cash
liquide de freins brake fluid
liquide de refroidissement coolant
liquide vaisselle dishwashing liquid
lire to read
lisseur hair straighteners
liste des vins wine list
lit bed
lit de camp camp bed
lit d'enfant crib
lit superposé bunkbed

litre liter
livre book
location *(de logement)* rental ; *(de voiture, vélo, skis)* rental
logement accommodations
loi law
loin far ; **loin de** far from
longtemps a long time
lorsque when
lotion après-rasage aftershave
lotion tonique toner
louer *(logement)* to rent ; *(voiture, vélo, skis)* to rent
loupe magnifying glass
lourd heavy ; *(temps)* close
loyer rent
lui *(homme)* him ; *(femme)* her
lumière light
lundi Monday
lune moon
lune de miel honeymoon
lunettes glasses
lunettes de soleil sunglasses
luxe : de luxe luxury
lycée high school

M

ma my
machine à laver washing machine
machine à laver la vaisselle dishwasher
mâchoire jaw
Madame *(avant un nom propre)* Mrs., Ms. ; **pardon, Madame** excuse me
Mademoiselle *(avant un nom propre)* Miss, Ms. ; **pardon, Mademoiselle** excuse me
magasin shop ; **grand magasin** department store
magazine magazine
magnifique wonderful
mai May
maigre thin
maillet mallet
maillot de bain *(pour femme)* bathing suit, swimsuit ; *(pour homme)* swimming trunks
main hand
maintenant now
mairie town hall
mais but
maison house ; **à la maison** at home
mal *(n)* **ça fait mal** it hurts ; **avoir mal au cœur** to feel sick ; **avoir mal à la tête / à la gorge / au ventre** to have a headache / a sore throat / a stomachache ; **avoir le mal de mer** to be seasick ; **avoir du mal à faire quelque chose** to have trouble doing something
mal *(adj)* bad ; **c'est pas mal** it's not bad
mal *(adv)* badly ; **pas mal de** quite a lot of
malade ill
maladie illness
malentendant *(n)* hearing-impaired person ; *(adj)* hearing-impaired
malentendu misunderstanding
malheureusement unfortunately
malpoli rude
malvoyant *(n)* partially sighted person ; *(adj)* partially sighted
manche sleeve
mandat international international money order
manège merry-go-round
manger to eat
manière way ; **de toute manière** in any case
manifestation demonstration, protest
manquer *(rater)* to miss ; **il manque deux valises** there are two suitcases missing ; **il me manque deux…** I'm two… short ; **tu me manques** I miss you
manteau coat
manucure manicure
maquillage make-up
marchand shopkeeper
marchand de journaux newsagent
marchandises goods
marche step ; **faire de la marche** to go walking ; **marche avant / arrière** forward / reverse (gear)
marché market
marcher *(à pied)* to walk ; *(fonctionner)* to work

mardi Tuesday
marée tide ; **marée basse / haute** low / high tide
mari husband
mariage marriage ; *(cérémonie)* wedding
marié married
marre : en avoir marre (de) to be fed up (with)
marron *(couleur)* brown ; *(fruit)* chestnut
mars March
marteau hammer
mascara mascara
massage massage
mât de tente tent pole
match match
matelas mattress
matelas pneumatique airbed
matériel equipment ; **matériel de camping** camping equipment
matin morning
mauvais bad ; **il fait mauvais** the weather's bad
maximum maximum
me me
mec guy
mécanicien mechanic
méchant bad
mèches : se faire des mèches to have highlights put in
médecin doctor
médicament medicine
médiéval medieval
méduse jellyfish
meilleur better ; **le meilleur** the best ; *(de deux)* the better ; **meilleur que…** better than…
mélanger to mix
membre *(d'un club)* member
même *(adj)* same
même *(adv)* even ; **même si** even if ; **moi-même** myself ; **lui-même** himself
ménage : faire le ménage to do the housework
mentir to lie
menton chin
menu menu ; *(formule)* set menu
mer sea
mercerie notions store
merci thank you, thanks ; **merci beaucoup** thank you very much ; **non merci** no, thank you
mercredi Wednesday
mère mother
merveilleux wonderful
mes my
message message
messagerie instantanée instant messaging
messe mass
météo *(n)* weather forecast
métier occupation
mètre meter
métro subway
mettre to put
Mexique Mexico
Mexicain Mexican
mexicain Mexican
meuble : un meuble a piece of furniture ; **des meubles** furniture
micro-ondes microwave
microphone microphone
midi noon, midday
mien : le mien / la mienne mine ; **les miens / miennes** mine
mieux better ; **mieux que…** better than…
mignon cute
migraine migraine
milieu middle ; **au milieu (de)** in the middle (of)
minibar minibar
minimum minimum
minuit midnight
minute minute
mi-temps *(n)* half-time ; **à mi-temps** part-time
MMS picture message
Mobylette® moped
moche ugly
mode *(goût du jour)* fashion ; **à la mode** fashionable
moderne modern
moi me
moins less ; **au moins** at least ; **moins que** less than ; **dix heures moins le quart** a quarter to ten

mois month
moitié half
molaire molar
mollet calf
moment moment ; **un moment !** just a moment! ; **en ce moment** at the moment ; **pour le moment** for the moment ; **à ce moment-là** then
mon my
monastère monastery
monde world ; **tout le monde** everybody, everyone ; **il y a du monde** there are lots of people
moniteur instructor
monnaie *(devise)* currency ; *(pièces)* change
monospace people carrier
Monsieur *(avant un nom propre)* Mr. ; **pardon, Monsieur** excuse me
montagne mountain
monte-escaliers stairlift
montre watch
montrer to show
monument monument
morceau : un morceau de a piece of
morsure bite
mort *(adj)* dead
mosquée mosque
mot word ; *(note écrite)* note
mot de passe password
moteur engine
moto motorcycle, motorbike
mouche fly
mouchoir handkerchief
mouillé wet
moulin windmill
mourir to die
mousse à raser shaving foam
moustache moustache
moustiquaire mosquito net
moustique mosquito
mouton sheep
moyen *(n)* way
moyen *(adj)* average
muet mute ; *(film)* silent
mur wall
mûr ripe
muscle muscle
musculation weight training
musée museum
musique music
musulman *(adj & n)* Muslim

N

nager to swim ; **est-ce que tu sais nager ?** can you swim?
naître : je suis né le / en… I was born on the / in…
natation swimming
nationalité nationality
nature nature
nausée : avoir la nausée to feel sick
navette shuttle
ne *voir* **pas**, **plus**, **jamais**, **rien**
nécessaire necessary
négatif *(photographique)* negative
neige snow
neiger to snow
nerf nerve
nerveux nervous
nettoyer to clean
neuf *(nouveau)* new
neveu nephew
nez nose
ni… ni… neither… nor…
nièce niece
nocturne *(n)* late-night store opening
Noël Christmas ; **joyeux Noël !** Merry Christmas!
noir black ; **noir et blanc** black and white
nom name
nombre number
nom de famille surname, last name
nom de jeune fille maiden name
non no ; **je ne fume pas – moi non plus** I don't smoke – neither do I
nord north ; **au nord** in the north ; **au nord de** (to the) north of
normal normal
nos our
note *(facture)* bill, check
noter *(écrire)* to write down
notre our
nôtre : le / la nôtre ours ; **les nôtres** ours
nounours teddy bear
nourriture food
nous *(sujet)* we ; *(complément)* us

nouveau new ; **à nouveau** again ; **Nouvelle-Angleterre** New England
nouvel an New Year
nouvelle *(livre)* short story ; **bonne / mauvaise nouvelle** good / bad news ; **les nouvelles** the news
novembre November
noyer (se) to drown
nu naked
nuage cloud
nuit night ; **bonne nuit !** goodnight!
nul *(personne)* useless
nulle part nowhere
numéro number
numéro de téléphone phone number
numéro d'immatriculation registration number

O

objectif *(photographique)* lens
occasion *(opportunité)* opportunity ; **d'occasion** second-hand
occupé *(WC)* occupied ; *(ligne téléphonique, personne)* busy
occuper : s'occuper de to look after ; *(soigner)* to take care of
océan ocean ; **l'océan Atlantique** the Atlantic Ocean; **l'océan Pacifique** the Pacific Ocean
octobre October
odeur smell
œil eye
œuvre d'art work of art
office de tourisme tourist office
offrir to offer ; *(cadeau)* to give
oiseau bird
ok OK
ombre shade ; **à l'ombre** in the shade
omnibus local train
on one ; *(nous)* we
oncle uncle
ongle nail
opéra opera
opérer : se faire opérer to have an operation
opinion opinion
opticien optician
or *(métal)* gold ; **en or** gold
orage storm
orange orange
orchestre orchestra
ordinateur computer
ordinateur portable laptop
ordonnance prescription
ordre du jour agenda
ordures garbage
oreille ear
oreiller pillow
organiser to organize
original original
origine origin ; **être d'origine…** to be of… origin
orteil toe
os bone
oser to dare
ou or
où where ; **où est… ?** where is…? ; **où sont… ?** where are…? ; **où vas-tu ?** where are you going? ; **d'où viens-tu ?** where are you from?
oublier to forget
ouest west ; **à l'ouest** in the west ; **à l'ouest de** (to the) west of
oui yes
ouragan hurricane
ouvert open
ouvre-boîtes can opener
ouvre-bouteilles bottle opener
ouvrir to open

P

page page
Pages Jaunes® Yellow Pages®
pain bread
paix peace
palais palace
pâle pale
panier-repas packed lunch
panne breakdown ; **tomber en panne** to break down ; **être en panne d'essence** to have run out of gas
panneau sign ; *(de signalisation)* road sign
pansement bandage ; *(adhésif)* Band-Aid®
pantalon pants, trousers

papeterie stationery, stationery store
papier paper
papier à cigarette cigarette paper
papier alu aluminum foil
papier cadeau gift wrap
papiers d'identité identity papers
papier toilette toilet paper
Pâques Easter ; **joyeuses Pâques !** Happy Easter!
paquet pack ; *(colis)* parcel
par by ; **une fois par jour / heure** once a day / an hour
paraître : il paraît que… it seems that…
parapluie umbrella
parasol beach umbrella
parc park
parc d'attractions theme park, amusement park
parc national national park
parce que because
parcmètre parking meter
pardon *(je suis désolé)* sorry ; *(pour attirer l'attention)* excuse me
pare-brise windshield
pare-chocs bumper
pareil same
parents parents
parfum *(cosmétique)* perfume ; *(arôme)* flavor
parier to bet
parking parking lot
parler to speak
parmi among
paroles *(de chanson)* lyrics, words
partager to share
partie part ; **faire partie de** to be a part of
partir to leave ; **à partir de…** from…
partout everywhere
pas : ne… pas not ; **pas du tout** not at all
passage : être de passage to be passing through
passager passenger
passé past
passeport passport
passer *(du temps)* to spend ; **je suis passé vers 6 heures** I came by around six o'clock ; **passer prendre quelqu'un** to go and pick someone up ; **passer un coup de téléphone** to make a phone call ; **se passer de…** to go without…
passionnant fascinating
patient *(adj & n)* patient
pâtisserie *(gâteau)* cake ; *(magasin)* pastry shop
patron boss
pauvre poor
payant : l'entrée est payante there's an admission charge
payer to pay
pays country
paysage *(site)* landscape ; *(vue)* scenery
Pays-Bas Netherlands
PCV reverse-charge call
péage toll
peau skin
pêcher to fish
pédale pedal
pédalo paddleboat
peigne comb
peine : à peine hardly ; **ça vaut la peine** it's worth it
peintre painter
peinture painting
peler *(peau)* to peel
pellicule *(photo)* film
pellicules *(dans les cheveux)* dandruff
pendant during ; **pendant une heure** for an hour ; **pendant que** while
pénicilline penicillin
penser to think ; **penser à** to think about
pension complète American plan
perdre to lose ; **se perdre** to get lost ; **être perdu** to be lost ; **perdre du temps** to waste time
père father
perforatrice hole punch
périmé out of date
périphérique (highway) bypass
permettre to allow
permis de conduire driver's license
personne *(n)* person ; **personnes** people
personne *(pronom)* nobody

pèse-personne bathroom scale
peser to weigh
petit déjeuner breakfast ; **prendre le petit déjeuner** to have breakfast
petit small, little ; **petit à petit** little by little
petite-fille granddaughter
petit-fils grandson
peu *(avec un verbe)* not much ; *(avec un adjectif)* not very ; *(un petit nombre)* few ; **peu de** *(nombre)* few, not many ; *(quantité)* little, not much ; **un peu** a little ; **un peu de vin** a little wine ; **à peu près** *(presque)* almost ; *(environ)* around
peuple people
peur fear ; **avoir peur (de)** to be scared (of)
peut-être maybe, perhaps
phare *(tour)* lighthouse ; *(de véhicule)* headlight
pharmacie drug store
pharmacie de garde 24-hour pharmacy/drug store
photo photo ; **prendre quelqu'un en photo** to take someone's photo ; **prendre une / des photo(s)** to take a photo / photos
photo numérique digital photo
photocopie photocopy ; **faire une photocopie** to make a photocopy
photocopier to photocopy
phrase sentence
pièce *(de monnaie)* coin ; *(lieu)* room
pièce d'identité ID
pièce de rechange spare part
pièce de théâtre play
pied foot ; **aller à pied** to walk, to go on foot
pierre stone
piéton pedestrian ; **rue piétonne** pedestrian-only street ; **zone piétonne** pedestrian zone
pile battery ; **3 heures pile** three o'clock on the dot
pilule pill ; **prendre la pilule** to be on the pill
pilule du lendemain morning-after pill
pince à épiler tweezers
pince à linge clothespin
pipe pipe
pipi pee ; **faire pipi** to pee
pique-nique picnic
pique-niquer to have a picnic
piquer to sting ; **se faire piquer (par)** to get stung (by)
piquet *(de tente)* tent peg
piqûre *(injection)* injection ; *(d'insecte)* sting
pire worse ; **c'est pire (que)** it's worse (than)
piscine swimming pool ; **piscine découverte** outdoor swimming pool
piste cyclable bicycle path
placard closet
place *(siège)* seat ; *(lieu public)* square ; **il n'y a plus de place** there's no more room ; **sur place** on the spot
place de parking parking space
plage beach
plaie wound
plaindre (se) to complain
plaire to please ; **s'il te / vous plaît** please ; **ça me plaît** I like it
plaisanter to joke
plaisir pleasure ; **cela leur fera plaisir** they'll be pleased
plan *(carte)* map
planche à repasser ironing board
planche à voile *(sport)* windsurfing
planche de surf surfboard
planétarium planetarium
plante plant
plaque électrique hotplate
plaque minéralogique license plate
plaqué : plaqué or / argent gold- / silver-plated
plaquettes de freins brake pads
plastique plastic
plat *(adj)* flat
plat *(n)* dish
plat de résistance entrée, main course
plat du jour today's special, dish of the day
plateau tray

plateau-repas *(dans un avion)* in-flight meal
plâtre : avoir un plâtre to be wearing a plaster (cast)
plein full ; **plein de** full of ; **faire le plein (d'essence)** to fill up (with gas)
pleurer to cry
pleuvoir : il pleut it's raining
plombage filling
plombier plumber
plongée (sous-marine) (scuba) diving ; **faire de la plongée** to go diving
plongeoir diving board
pluie rain
plupart : la plupart most ; **la plupart des gens** most people
plus more ; **il n'y a plus de…** *(nombre)* there are no more… ; *(quantité)* there's no more… ; **il ne me reste plus que deux jours** I have only two days left ; **ce que j'ai le plus aimé** what I liked most
plusieurs several
plutôt rather
pneu tire
poche pocket
poêle frying pan
poids weight
poignet wrist
poil hair
point point ; **être sur le point de faire** to be about to do ; **à point** *(viande)* medium
pointure size
poisson fish
poissonnerie fish store
poitrine chest
polaire *(tissu, vêtement)* fleece
poli polite
police police
policier policeman
politique *(adj)* political ; *(n)* politics
pollen pollen
pollution pollution
pommade ointment
pompe à vélo bicycle pump
pompe d'alimentation fuel supply pump
pompe de direction assistée power-assisted steering pump
pompier firefighter
pompiers fire department
pont bridge
populaire popular
porcelaine porcelain
port port
portable *(téléphone)* cell ; *(ordinateur)* laptop
porte door ; *(d'aéroport)* gate
porte-bébé baby carrier
portefeuille wallet
porte-mine mechanical pencil
porte-monnaie coin purse
porter to carry ; *(vêtement, lunettes)* to wear
portrait portrait
Portugais Portuguese person
portugais Portuguese
Portugal Portugal
possible possible ; **le plus tôt possible** as soon as possible
poste *(service, fonction)* mail ; *(lieu)* post office ; *(d'un standard)* extension
poste restante general delivery
pot *(récipient)* pot ; *(en verre)* jar ; *(pour enfant)* potty
pot d'échappement exhaust (pipe)
potable : eau potable drinking water ; **eau non potable** non-drinking water
pote pal, buddy
poterie pottery
poubelle (dust)bin ; **mettre à la poubelle** to throw out
pouce thumb
poudre powder
poulailler *(au théâtre)* gallery
poumon lung
pour for ; **pour que** so that ; **pour cent** percent ; **être pour quelque chose** to be in favor of something
pourboire tip
pourquoi why
pousser to push
poussette stroller

pouvoir to be able to ; **je ne peux pas** I can't ; **on peut y aller demain** we can go tomorrow
pratique practical
précédent previous
préféré favorite
préférer to prefer
préjugé prejudice
premier first
premiers soins first aid
prendre *(avion, médicament)* to take ; **ça prend deux heures** it takes two hours
prénom first name
préparer to prepare
près near ; **(tout) près de** (right) next to
présenter to introduce ; **je te présente…** this is…
préservatif condom
président *(d'un pays)* president ; *(d'un club, d'une réunion)* chairperson
presque almost
presse à pantalons pants press
pressé : être pressé to be in a hurry
pressing (dry) cleaner's
pression *(bière)* beer (on draft); *(d'un pneu)* pressure
prêt ready ; **être prêt à** to be ready to
prêter to lend
prêtre priest
prévenir to warn
prévisions météo weather forecast
prévoir *(activité)* to plan ; *(temps)* to forecast
prier : je t'en / vous en prie *(il n'y a pas de quoi)* you're welcome
principal main
printemps spring
prise *(électrique, femelle)* socket ; *(mâle)* plug
prison prison
privé private
prix price ; *(récompense)* prize
probablement probably
problème problem
procession procession
procès-verbal *(pour une contravention)* parking ticket
prochain next ; **à une prochaine !** see you (soon)!
proche near ; **le plus proche** the nearest
produit product
produits laitiers dairy products
professeur teacher
profession profession
profiter de to make the most of
profond deep
programme *(de télé, des spectacles)* program
progrès progress ; **faire des progrès** to make progress
promener (se) to walk ; **aller se promener** to go for a walk
promettre to promise
promotion *(dans le commerce)* special offer
prononcer to pronounce
proposer to propose, to suggest
propre clean ; *(particulier)* own
propriétaire owner ; *(d'une location, homme)* landlord ; *(femme)* landlady
protéger to protect ; **se protéger** to protect oneself
protestant Protestant
prothèse prosthesis
prothèse auditive hearing aid
prudent careful
public *(n)* public
public *(adj)* public
publicité *(secteur)* advertising, publicity ; *(message)* advertisement, ad
puce *(électronique)* chip
puisque since
puits well
pull sweater
punaise thumbtack
pyjama (pair of) pajamas

Q

quai *(de gare, de métro)* platform ; *(de port)* quay
qualité quality ; **de bonne qualité** good-quality

quand when ; **quand même** all the same
quarantaine *(isolement)* quarantine
quart quarter ; **un quart d'heure** a quarter of an hour
quartier area
que that ; **ne… que** only ; **que veux-tu ?** what do you want? ; **qu'est-ce que… ?** what…? ; **plus petit que** smaller than ; **je pense que…** I think (that)…
quel what, which
quelque chose something
quelque part somewhere
quelquefois sometimes
quelques some
quelques-uns some
quelqu'un someone, somebody
question question ; **poser une question** to ask a question
queue *(file)* line ; **faire la queue** to line up, to form a line
queue de cheval ponytail
qui who
quincaillerie hardware store
quitter to leave ; **ne quittez pas** hold on
quoi what ; **il n'y a pas de quoi** you're welcome
quoique although

R

rabais : faire un rabais à quelqu'un to give someone a discount
raccourci shortcut
raciste racist
raconter to tell
radiateur radiator
radio *(transistor)* radio ; *(rayons X)* X-ray
rage de dents severe toothache
raisonnable reasonable
râler to moan
rampe ramp
randonnée hiking ; **faire de la randonnée** to go hiking
ranger to tidy (up)
rapatrier to repatriate
rapide quick
rappeler *(au téléphone)* to call back ; **se rappeler** to remember ; **ça me rappelle…** that reminds me of…
raquette racket
rare rare
rarement rarely
raser (se) to shave
rasoir razor
rasoir électrique electric shaver
rater *(train, avion)* to miss
ravi delighted ; **ravi de faire votre connaissance** pleased to meet you
rayon *(d'un magasin)* department
rayons X X-rays
réalisateur director
réalité reality ; **en réalité** in reality
réanimer to resuscitate
récemment recently
récent recent
réception *(d'un hôtel)* reception ; *(sur portable)* signal ; **à la réception** at reception
réceptionniste receptionist
recette recipe
recevoir to receive, to get ; **je te reçois très mal** *(sur portable)* the signal's very bad
rechange : … de rechange spare…
recharge *(de portable)* refill
recharger *(portable)* to charge
réchaud camping stove
recommandé : en recommandé registered
recommander to recommend
reconnaissant grateful
reconnaître to recognize
reçu receipt
recycler to recycle
réduction reduction
réfléchir to think
réfrigérateur refrigerator, fridge
refuser to refuse
regarder to look (at) ; *(émission, film)* to watch
régime *(alimentaire)* diet ; **être au régime** to be on a diet
région area ; **dans la région** in the area
règle *(principe)* rule ; *(instrument)* ruler

règles periods ; **avoir ses règles** to be having one's period
regretter to regret
rehausseur booster seat
rein kidney
reine queen
rejoindre to meet
religieuse *(n)* nun
religion religion
remarquer to notice
rembourser to refund ; **se faire rembourser** to get a refund
remercier to thank
remorque trailer
remorquer to tow
remparts ramparts
remplir to fill ; *(formulaire)* to fill in, to fill out
rencontrer to meet ; **se rencontrer** to meet (each other)
rendez-vous appointment ; *(amoureux)* date ; **prendre un rendez-vous** to make an appointment ; **se donner rendez-vous** to arrange to meet ; **avoir rendez-vous (avec)** to meet ; *(professionnel, médical)* to have an appointment (with)
rendre to give back
renseignement information ; **les renseignements** directory assistance
rentrer *(à la maison)* to go home
renverser to knock over ; **se faire renverser** to get knocked down
réparer to repair ; **faire réparer** to get repaired
repas meal
repasser *(vêtement)* to iron
repère landmark ; **point de repère** landmark
répéter to repeat
répondeur answering machine
répondre to answer
réponse answer
reposer (se) to rest
réseau network
réservé *(table, chambre, place)* reserved, booked
réserver *(table, chambre, place)* to reserve, to book
réservoir *(de voiture)* tank
résidence universitaire dorm, dormitory
respirer to breathe
ressembler à to look like ; **se ressembler** to look like each other
restaurant restaurant
reste rest ; **le reste** the rest
rester to stay ; **est-ce qu'il reste des places ?** are there any tickets left?
retard delay ; **en retard** late
retardé delayed
retirer *(de l'argent)* to withdraw
retour return ; **être de retour** to be back
retrait des bagages baggage claim
retraite : être à la retraite to be retired
retraité *(n)* pensioner
retrouver (se) *(se rencontrer)* to meet
réunion meeting
rêve dream
réveil alarm clock
réveiller to wake up ; **se réveiller** to wake up
revenir to come back
rêver to dream
revoir : au revoir ! good-bye!
revoir (se) to see each other again
revue magazine
rez-de-chaussée ground floor
rhumatismes rheumatism
rhume cold
rhume des foins hay fever
riche rich
rien nothing ; **ne… rien** nothing, not… anything
rigoler *(rire)* to laugh ; *(s'amuser)* to have a laugh ; *(plaisanter)* to joke
rire to laugh
risque risk
risquer : il risque de pleuvoir it might rain
rivière river
robe dress
robinet tap
robinet d'arrêt stopcock
rocher rock

roi king
rollers rollerblades
roman *(n)* novel
rond-point traffic circle
ronfler to snore
rose *(couleur)* pink
roue wheel
roue de secours spare wheel, spare tire
rouge red
rouge à lèvres lipstick
routard *(auto-stoppeur)* hitchhiker ; *(touriste avec sac à dos)* backpacker
route road
route à péage toll road
rouvrir to reopen
roux *(cheveux)* red
rue street
rugby rugby
ruines ruins ; **en ruines** in ruins

S

sa *(possesseur masculin)* his ; *(possesseur féminin)* her
sable sand
sabot (de Denver) clamp
sac bag
sac à dos backpack, knapsack
sac à main purse
sac de couchage sleeping bag
sac plastique plastic bag
sac poubelle garbage bag
sac vomitoire sick bag
sage *(avisé)* wise ; *(calme)* good
saignant *(viande)* rare
saigner to bleed
saison season
salade salad
sale dirty
salé *(additionné de sel)* salted ; *(au goût)* salty ; *(non sucré)* savory
salir to (get) dirty ; **se salir** to get dirty
salle room ; *(de cinéma)* movie theater
salle d'attente waiting room
salle de bains bathroom
salle de concert concert hall
salle de gym gym
salle de réunion meeting room
salon living room
salopette overalls ; *(de ski)* salopette
salut ! *(bonjour)* hi! ; *(au revoir)* bye!
samedi Saturday
SAMU ambulance service, paramedics
sandales sandals
sang blood
sans without
sans plomb unleaded
santé health ; **être en bonne santé** to be in good health ; **santé !** cheers!
sauf except
saut à l'élastique bungee jumping
sauvage wild
sauvegarder to save
savoir to know ; **sais-tu nager ?** can you swim?
savon soap
scanner to scan
scanneur scanner
science science
scooter scooter
score score
scotch *(boisson)* scotch
Scotch® *(adhésif)* Scotch tape®
sculpteur sculptor
sculpture sculpture
séance *(de cinéma)* showing
seau bucket
sec dry
sèche-cheveux hair dryer
sèche-linge clothes dryer
sécher to dry ; **faire sécher** *(linge)* to dry
séchoir *(pliant)* clotheshorse
seconde second
secouriste rescue worker ; *(dans une ambulance)* paramedic
secours help ; **au secours !** help! ; **appeler au secours** to call for help
secours de montagne mountain rescue
secret secret
secrétaire secretary
sécurité security, safety ; **en sécurité** secure, safe
sein breast
séjour stay

sel salt
selle saddle
semaine week ; **en semaine** during the week ; **toute la semaine** all week
sens *(direction)* direction ; *(signification)* sense ; **avoir le sens de l'orientation** to have a good sense of direction ; **avoir le sens de l'humour** to have a good sense of humor ; **avoir le sens de l'hospitalité** to be very hospitable
sensible sensitive
sentier path
sentiment feeling
sentir *(percevoir)* to feel ; *(dégager une odeur)* to smell ; **sentir bon / mauvais** to smell good / bad ; **se sentir** to feel ; **se sentir bien / mal** to feel good / bad
séparément separately
séparer to separate ; **se séparer** *(couple)* to split up
septembre September
sérieux serious
seringue syringe
serré tight
serrure lock
serveur *(dans un bar)* bartender ; *(dans un restaurant)* waiter
serveuse *(dans un bar)* bartender ; *(dans un restaurant)* waitress
service *(pourboire)* tip ; **rendre un service à quelqu'un** to do someone a favor
service de chambre room service
serviette *(de toilette)* towel ; *(de table)* napkin
serviette de bain bath towel
serviette en papier paper napkin
serviette hygiénique sanitary napkin
servir à to be used for ; **se servir de** to use
ses *(possesseur masculin)* his ; *(possesseur féminin)* her
seul *(unique)* only ; *(isolé)* alone ; **un seul** just one ; **voyager seul** to travel alone
seulement only
sexe sex
shampooing shampoo
shopping shopping ; **aller faire du shopping** to go shopping
short (pair of) shorts
si *(tellement)* so ; *(oui)* yes ; *(exprime la condition)* if
sida AIDS
siècle century ; **au XIXᵉ siècle** in the 19th century
siège seat
siège auto *(pour bébé)* baby seat ; *(pour enfant)* child seat
sien : le sien *(possesseur masculin)* his ; *(possesseur féminin)* hers ; **la sienne** *(possesseur masculin)* his ; *(possesseur féminin)* hers ; **les siens / siennes** *(possesseur masculin)* his ; *(possesseur féminin)* hers
sieste nap ; **faire la sieste** to take a nap
signature signature
signer to sign
signifier to mean
silence silence
silencieux silent
simple simple
sinon otherwise
sirop *(médicament)* syrup
site Internet website
site touristique tourist attraction
situation *(circonstances)* situation ; *(emploi)* job
ski *(matériel)* ski ; *(activité)* skiing ; **faire du ski** to go skiing
ski nautique waterskiing
Skype® Skype®
slip briefs
slip de bain swimming trunks
smoking tuxedo
SMS text message
société *(entreprise)* company ; *(communauté)* society
sœur sister
soie silk
soif : avoir soif to be thirsty
soir evening ; **ce soir** this evening, tonight ; **le soir** in the evenings

Lexique français-anglais

soirée *(soir)* evening ; *(fête)* party ; **dans la soirée** in the evening
sol *(dehors)* ground ; *(à l'intérieur)* floor
soldes sales ; **en solde** on sale
soleil sun ; **au soleil** in the sun
solénoïde de démarreur starter solenoid
sommeil : avoir sommeil to be sleepy
sommet summit
somnifère sleeping pill
son *(possesseur masculin)* his ; *(possesseur féminin)* her
sonnerie ringtone
sortie exit, way out ; *(d'autoroute)* exit
sortie de secours emergency exit
sortir to go out ; *(film)* to come out ; **sortir avec quelqu'un** to go out with someone ; **sortir les poubelles** to take the garbage out
souci worry ; **se faire du souci (pour)** to worry (about)
souffrir to suffer
souhait wish ; **à tes / vos souhaits !** bless you!
soûl drunk
sourd deaf
sourd-muet *(n & adj)* deaf-mute
sourire *(v)* to smile ; *(n)* smile
souris mouse
sous under
sous-titré subtitled
sous-vêtements underwear
soute hold ; **bagages en soute** hold baggage
soutien-gorge bra
souvenir *(n)* memory ; *(objet)* souvenir ; **en souvenir de** in memory of
souvenir *(v)* **se souvenir (de)** to remember
souvent often ; **pas souvent** seldom
sparadrap adhesive bandage
spécial special
spécialiste specialist
spécialité specialty
spectacle show
sport sport
sports d'hiver winter sports
sports extrêmes extreme sports
sportif sports ; *(personne)* sporty
stade stadium
stage training course ; **stage de voile / d'anglais** sailing / English classes
standardiste (switchboard) operator
station balnéaire seaside resort
station de métro subway station
station de radio radio station
station de ski ski resort
station de taxis cab stand, taxi stand
station-service gas station
statue statue
stérilet coil
stop *(auto-stop)* hitchhiking ; **faire du stop** to hitchhike
string thong
studio *(appartement)* studio
stylo pen
succès success ; **avoir du succès** to be successful
sucre sugar
sucré sweet
sucreries candy
sud south ; **au sud** in the south ; **au sud de** (to the) south of
suffire to be enough ; **ça suffit** that's enough ; **il suffit d'appuyer sur ce bouton** you just have to press this button
Suisse *(personne)* Swiss person ; *(pays)* Switzerland
suisse Swiss
suivant next
suivre to follow ; **faire suivre** to forward
super *(adj)* great
super *(n)* *(essence)* premium gasoline
superbe superb
supermarché supermarket
supplément additional charge, supplement
supplémentaire extra
supporter *(tolérer)* to put up with ; **je ne supporte pas…** I can't stand…
sur on
sûr sure ; **bien sûr** of course
surchauffer to overheat
surf surfing ; **faire du surf** to go surfing

surfer to surf
surgelé frozen
surligneur highlighter
surnom nickname
surprise surprise
surveillant de baignade lifeguard
surveiller to look after
suspension suspension
sweat sweater ; *(à capuche)* hoodie
sympa nice
synagogue synagogue
syncope blackout

T

ta your
tabac *(à fumer)* tobacco ; *(magasin)* tobacco store
table table
table à langer diaper-changing table
tableau *(d'art)* painting
tabouret stool
tache stain
taie d'oreiller pillowcase
taille *(grandeur)* size ; *(partie du corps)* waist
taille-crayon pencil sharpener
tailleur tailor
talc talc
talon heel ; **chaussures à talons** high heels
tampon *(hygiénique)* tampon
tant : tant mieux all the better ; **tant pis** too bad
tante aunt
taper *(à l'ordinateur)* to type
tapis rug
tapis de bain bath mat
tapis de sol ground sheet
tard late ; **à plus tard !** see you later!
tarif price ; *(de transport)* fare ; **plein tarif** full price ; *(de transport)* full fare ; **tarif réduit** reduced fare ; *(de transport)* discount fare
tarte tart
tasse cup ; *(grande)* mug
tatouage tattoo
taux de change exchange rate
taxe tax ; **hors taxes** tax-free
taxe d'aéroport airport tax
taxi taxi, cab
te you
tee-shirt T-shirt
télé telly
télécharger to download
télécommande remote control
téléconférence teleconference
téléphone telephone
téléphone portable cell phone
téléphoner (à) to (tele)phone
télésiège chairlift
télévision television
témoin witness
température temperature ; **prendre sa température** to take one's temperature
tempête storm
temple temple ; *(protestant)* church
temporaire temporary
temps *(météo)* weather ; *(durée)* time ; **de temps en temps** from time to time ; **tout le temps** all the time ; **ces derniers temps** lately ; **avoir le temps de** to have (the) time to
tenir to hold
tennis *(sport)* tennis ; *(chaussure)* tennis shoe
tension blood pressure
tente tent
terminal *(d'aéroport)* terminal
terrain de camping campsite
terrain de golf golf course
terrain de sport sports grounds
terrasse *(balcon)* terrace ; *(de café, restaurant)* outside seating ; **en terrasse** outside
terre *(matière)* earth ; **par terre** *(dehors)* on the ground ; *(à l'intérieur)* on the floor
terrible terrible ; **pas terrible** nothing special
tes your
test de grossesse pregnancy test
tétanos tetanus
tête head
tétine *(sucette)* pacifier ; *(de biberon)* nipple
théâtre theater
thermomètre thermometer

thermos® thermos
thermostat thermostat
ticket ticket
ticket de caisse receipt
tiède lukewarm
tien : le tien / la tienne yours ; **les tiens / tiennes** yours
timbre stamp
timide shy
Tipp-Ex® Liquid Paper®
tire-bouchon corkscrew
tirer to pull
tissu material
toi you
toilettes restrooms, bathrooms ; **toilettes pour hommes** men's room ; **toilettes pour femmes** ladies' room
toit ouvrant sunroof
tombe tomb
tomber to fall ; **tomber malade** to get sick
ton your
tongs flip-flops
torchon dish towel
tôt early
toucher to touch
toujours always ; *(encore)* still
tour *(édifice)* tower ; *(d'habitation)* high-rise apartment building ; **c'est ton tour** it's your turn
touriste tourist
touristique tourist
tournée : c'est ma tournée this round's on me
tourner to turn
tous all ; **tous / toutes les deux** both ; **tous les jours** every day
tousser to cough
tout all ; **tout le temps** all the time ; **tout le monde** everybody, everyone ; **toute la journée** all day ; **tout de suite** right away ; **tout droit** straight ahead
toutes *voir* **tous**
toux cough ; **avoir de la toux** to have a cough
TPE pinpad
tradition tradition
traditionnel traditional
traducteur translator
traduire to translate
train train
train-couchettes sleeper train
traiteur deli
tramway streetcar
tranche slice
tranquille quiet
transfert aéroport airport transfer
transmission *(d'une voiture)* transmission
transpirer to sweat
travail work, job
travailler to work ; **travailler dans** to work in
travaux works
travers : à travers across
traversée crossing
traverser *(rue)* to cross
tremblement de terre earthquake
trépied tripod
très very
triangle : triangle de sécurité / signalisation warning triangle
tricher to cheat
triste sad
trombone *(agrafe)* paper clip
tromper (se) to make a mistake
trop *(suivi d'un adjectif ou adverbe)* too ; *(avec un verbe)* too much ; *(quantité)* too much ; *(nombre)* too many ; **trop de** *(quantité)* too much ; *(nombre)* too many
trottoir pavement
trou hole
trousse pencil case
trousse de secours first-aid kit
trousse de toilette toiletries bag
trouver to find ; **trouver quelque chose difficile** to find something difficult
truc thing
tu you
tuba *(de plongée)* snorkel
tuer to kill
Tupperware® Tupperware®
turquoise turquoise

TVA sales tax
type *(sorte)* type ; *(homme)* guy
typique typical

U

UE EU
un *(nombre)* one
un, une *(article)* a ; *(devant voyelle ou h muet)* an
Union européenne European Union
université university
urgence emergency ; **en cas d'urgence** in an emergency ; **appeler les urgences** to call emergency services
urgent urgent
usine factory
utile useful
utiliser to use

V

vacances vacation ; **en vacances** on vacation
vacciner : être vacciné contre to be vaccinated against
vague wave
vaisselle : faire la vaisselle to do the dishes
valable (pour) valid (for)
validité : en cours de validité valid
valise suitcase ; **faire ses valises** to pack one's bags
vallée valley
valoir to be worth ; **ça vaut…** *(somme)* it's worth… ; **il vaut mieux…** it's better to…
végétalien vegan
végétarien vegetarian
vélo bike
vendeur sales clerk
vendre to sell ; **à vendre** for sale
vendredi Friday
venir to come ; **je viens de Paris** I come from Paris ; **je viens d'arriver** I've just arrived
vent wind
ventilateur fan
ventre stomach
vérifier to check
vernis à ongles nail polish
verre glass ; **verre d'eau / de vin** glass of water / of wine ; **prendre un verre** to have a drink
verrou lock
verrouillage central central locking
vers *(en direction de)* towards ; *(environ)* around
version : en version originale in the original (language)
vert green
vessie bladder
veste jacket
vestiaire cloakroom
vêtement piece of clothing ; **vêtements** clothes
vétérinaire vet
veuf widower ; **veuve** widow
vide empty
vidéo video
vie life
vieux old
villa villa
village village
ville town ; *(grande)* city ; **vieille ville** old town
vin wine ; **vin blanc / rouge / rosé** white / red / rosé wine
viol rape
violence violence
violent violent
violet purple
virement *(bancaire)* transfer
virus virus
visa visa
visage face
visite visit ; **rendre visite à…** to visit…
visite guidée guided tour
visiter to visit
vitamine vitamin
vite fast, quickly
vitesse speed ; **à toute vitesse** at full speed
vitraux stained-glass windows
vitre window
vitrine : en vitrine in the window
vivant living, alive

vivre to live
vœux : meilleurs vœux best wishes
voici *(suivi d'un singulier)* here is ; *(suivi d'un pluriel)* here are
voilà *(suivi d'un singulier)* there is ; *(suivi d'un pluriel)* there are
voile *(de bateau)* sail ; *(activité)* sailing ; **faire de la voile** to go sailing
voir to see
voisin neighbor
voiture car ; *(d'un train)* coach ; **en voiture** by car
voiture électrique electric car
voix voice ; **à voix haute** aloud ; **à voix basse** in a low voice
vol *(criminel)* theft ; *(d'avion)* flight ; **vol en hélicoptère** helicopter flight
volant steering wheel
voler *(dérober)* to steal ; *(dans l'air)* to fly
voleur thief
volley(-ball) volleyball
voltage voltage
vomir to vomit ; **avoir envie de vomir** to feel sick
vos your
votre your
vôtre : le / la vôtre yours ; **les vôtres** yours
vouloir to want ; **vouloir dire** to mean ; **je voudrais…** I'd like…
vous you
voyage trip ; **bon voyage !** have a good trip!
voyage d'affaires business trip
voyage de noces honeymoon
voyage organisé vacation package
voyager to travel
voyelle vowel
vrai *(indéniable)* true ; *(réel)* real
vraiment really
VTC hybrid
VTT mountain bike
vue view ; **vue panoramique** panoramic view ; **vue sur mer** sea view

W

wagon-lit sleeping car
wagon-restaurant dining car
WC restroom, bathroom
webcam webcam
week-end weekend
WiFi WiFi

Xyz

y there ; **il y a** *(suivi d'un singulier)* there is ; *(suivi d'un pluriel)* there are
yeux eyes

zéro zero
zoo zoo
zoom zoom (lens)

Lexique anglais-français

A

a un, une
able : to be able to pouvoir
about au sujet de, sur, environ ; **to be about to do** être sur le point de faire
above au-dessus (de), dessus
abroad à l'étranger
abscess abcès
accelerator accélérateur
accept accepter
access accès
accident accident
accommodations logement
acknowledgment of receipt accusé de réception
across à travers
ad publicité
adaptor adaptateur
address adresse
addressee destinataire
adhesive bandage sparadrap
admission entrée
advance : in advance à l'avance
advertisement publicité
advice conseils ; **to ask someone's advice** demander conseil à quelqu'un
advise conseiller
affordable abordable
after après
afternoon après-midi
aftersun (lotion) crème après-soleil
again encore, à nouveau
against contre
age âge
agenda ordre du jour
agree être d'accord
air air
air conditioning climatisation
air filter filtre à air
airbed matelas pneumatique
airline compagnie aérienne
airmail par avion
airport aéroport
airport tax taxe d'aéroport
airport transfer transfert aéroport
alarm clock réveil
alcohol alcool
alive vivant
all tout ; **all day / week** toute la journée / semaine ; **all the best!** bonne continuation ! ; **all the better** tant mieux ; **all the same** quand même ; **all the time** tout le temps ; **all inclusive** tout compris
allergic allergique
almost à peu près, presque
alone seul
already déjà
also aussi
alternator alternateur
although quoique, bien que
aluminum foil papier alu
always toujours
ambulance ambulance
America Amérique, États-Unis
American *(n)* Américain ; *(adj)* américain
American plan pension complète
among parmi
amusement park fête foraine, parc d'attractions
and et
anemic anémique
anesthetic anesthésie
animal animal
ankle cheville
anniversary anniversaire
annoyed embêté
annoying embêtant
another un autre
answer *(n)* réponse ; *(v)* répondre
answering machine répondeur
ant fourmi
antibiotic antibiotique
antifreeze antigel
antihistamine antihistaminique
anybody n'importe qui
anyone n'importe qui
anything n'importe quoi
anyway de toute façon
apartment appartement

aperitif apéritif
appendicitis crise d'appendicite
appetizer hors d'œuvre
appointment rendez-vous ; **to make an appointment** prendre un rendez-vous ; **to have an appointment (with)** avoir rendez-vous (avec)
April avril
aquarium aquarium
architecture architecture
area quartier, région ; **in the area** dans la région
argue se disputer
argument dispute
arm bras
around à peu près, vers
arrange arranger ; **to arrange to meet** se donner rendez-vous
arrival arrivée
arrive arriver
arrow flèche
art art
arthouse cinema cinéma d'art et essai
artist artiste
arts and crafts artisanat
as comme ; **as soon as possible** le plus tôt possible ; **as soon as** dès que ; **as well as** aussi bien que
ashamed : to be ashamed avoir honte
ashtray cendrier
ask demander ; **to ask a question** poser une question
aspirin aspirine
asthma asthme
at à
at (sign) arobase
ATM distributeur (automatique de billets)
attack agresser
attention : to the attention of… à l'attention de…
August août
automated teller machine distributeur (automatique de billets)
available libre, disponible
avenue avenue
away : two kilometers away à deux kilomètres
axle essieu

B

B&B chambre d'hôte
baby bébé
baby bottle biberon
baby carrier porte-bébé
baby seat siège auto
baby wipe lingette
babysitter baby-sitter
back dos ; **at the back of** au fond de ; **to be back** être de retour
backup lights feux de recul
backpack sac à dos
backpacker routard *(touriste avec sac à dos)*
bad mauvais, mal ; **it's not bad** c'est pas mal
bag sac
baggage bagages
baggage claim retrait des bagages
baggage drop dépôt des bagages
baggage hold soute à bagages
bake cuire
bakery boulangerie
balcony balcon
bandage bandage, pansement
Band-Aid® sparadrap
bank banque
bank account compte bancaire
banknote billet
bar bar
barbecue barbecue
barhopping tournée des bars
barrette barrette
bath bain ; **to take a bath** prendre un bain
bath mat tapis de bain
bath towel serviette de bain
bathing suit maillot de bain
bathroom salle de bains
bathroom scale pèse-personne
battery batterie, pile
be être
beach plage
beach umbrella parasol
beard barbe
beautiful beau

become : that is becoming to you ça vous va bien
because parce que ; **because of** à cause de
bed lit ; **to go to bed** se coucher
bed and breakfast chambre d'hôte
bed linen draps
bee abeille
before avant ; **before doing** avant de faire
begin commencer
beginner débutant
beginning début ; **at the beginning** au début ; **at the beginning of** en début de
behind derrière
beige beige
Belgian *(n)* Belge ; *(adj)* belge
Belgium Belgique
believe croire
below en dessous (de)
berth couchette
best meilleur ; **the best** le meilleur ; **best wishes** meilleurs vœux
bet parier
better *(adj)* mieux ; *(adv)* meilleur ; **better than…** mieux que… ; **to get better** s'arranger, guérir ; **it's better to…** il vaut mieux… ; **better than…** meilleur que…
between entre
bib bavoir
bicycle bicyclette
bicycle pump pompe à vélo
big grand, gros
bike vélo
bill facture, addition, note
bin poubelle
binoculars jumelles
birthday anniversaire
bit bout, morceau
bite *(n)* morsure ; *(v)* mordre
black noir ; **black and white** noir et blanc
blackout syncope
bladder vessie
blanket couverture
bleed saigner
bless : bless you! à tes / vos souhaits !
blind aveugle
blister ampoule
blond blond
blonde blonde
blood sang
blood group groupe sanguin
blood pressure tension
blow-dry *(n)* Brushing® ; *(v)* sécher *(avec un séchoir)*
blue bleu
blurry flou
blusher fard à joues
board embarquer
boarding embarquement
boarding pass carte d'embarquement
boat bateau
body corps
bodywork carrosserie
bone os
book *(n)* livre ; *(v)* réserver ; **book of tickets** carnet de tickets
book store librairie
booster seat rehausseur
boot botte
borrow emprunter
boss chef, patron
botanic garden jardin botanique
both tous les deux
bottle bouteille, biberon
bottle opener décapsuleur, ouvre-bouteilles
bottom fond, fesses ; **at the bottom** en bas ; **at the bottom of** au fond de
bowl bol
boxer shorts, boxers caleçon
bra soutien-gorge
brake *(n)* frein ; *(v)* freiner
brake fluid liquide de freins
brake lights feux de stop
brake pad garniture de frein
bread pain
break casser ; **to break one's leg** se casser la jambe
break down tomber en panne
breakdown panne
breakfast petit déjeuner ; **to have breakfast** prendre le petit déjeuner
breast-feed allaiter
breathe respirer
bridge pont

Lexique anglais-français

bring apporter, amener ; **to go and bring someone / something** aller chercher quelqu'un / quelque chose
Brit Britannique
Britain Grande-Bretagne
British britannique
broadband ADSL
brochure brochure
broken cassé
bronchitis bronchite
brother frère
brother-in-law beau-frère
brown marron
bruise hématome
bruised contusionné
brush brosse
brush one's teeth se laver les dents
bubble bath bain moussant
bucket seau
Buddhist *(n)* Bouddhiste ; *(adj)* bouddhiste
buddy pote
buggy poussette-canne
build construire
building bâtiment
bump bosse
bumper pare-chocs
bungee jumping saut à l'élastique
bunkbed lit superposé
buoy bouée
burn *(n)* brûlure ; *(v)* brûler ; **to burn oneself** se brûler
burst *(v)* crever ; *(adj)* crevé
bus (auto)bus, (auto)car
bus route ligne de bus
bus station gare routière
bus stop arrêt de bus
business affaires ; **on business** pour affaires
business card carte de visite
business class classe affaires
business lunch déjeuner d'affaires
business trip voyage d'affaires
busy occupé, animé
but mais
butcher's boucherie
buttocks fesses
buy acheter
by par ; **by car** en voiture ; **by the way…** au fait…
bye! salut ! *(au revoir)*
bypass périphérique

C

cab taxi
cab driver chauffeur de taxi
cab stand station de taxis
café café
calculator calculatrice
calendar calendrier
calf mollet
call *(n)* appel ; *(v)* appeler ; **to be called** s'appeler
call back rappeler
camera appareil photo, caméra
camp bed lit de camp
camper camping-car
camping camping ; **to go camping** faire du camping
camping stove camping-gaz®
campsite (terrain de) camping
can *(n)* boîte (de conserve) ; *(v)* pouvoir ; **can you swim?** est-ce que tu sais nager ? ; **I can't** je ne peux pas
can opener ouvre-boîtes
Canada Canada
Canadian *(n)* Canadien ; *(adj)* canadien
cancel annuler
candle bougie
candy bonbon
candy store confiserie
cane canne
canker sore aphte
car voiture ; **by car** en voiture
car rental voiture de location
carburetor carburateur
card *(n)* carte ; *(v)* **to card someone** demander une pièce d'identité à quelqu'un ; **to get carded** se voir demander une pièce d'identité
cardiac arrest crise cardiaque
carry porter
carry-on (luggage) bagages à main
cart Caddie®
case : in case of… en cas de…

cash *(n)* liquide ; *(v)* encaisser *(chèque)* ; **to pay cash** payer en liquide
castle château
cat chat *(animal)*
catch attraper
cathedral cathédrale
cave grotte
cavity : to have a cavity avoir une carie
CD CD
CD player lecteur de CD
cell (phone) (téléphone) portable
cemetery cimetière
center centre
centimeter centimètre
Central America Amérique centrale
central locking verrouillage central
century siècle
chair chaise
chairlift télésiège
chairman président
chairperson président
chairwoman présidente
chance hasard ; **by chance** par hasard
change *(n)* changement, monnaie ; *(v)* changer
channel chaîne
chapel chapelle
charge recharger
charger *(pour portable)* chargeur
cheap bon marché
cheat tricher
check *(n)* facture, addition, note ; chèque
check *(v)* vérifier
checkbook chéquier
check in enregistrer
check-in enregistrement
checkout caisse
checkroom consigne
cheers *(en trinquant)* à la tienne / vôtre !
chess échecs
chest poitrine
child enfant ; **children** des enfants
chilly : it's chilly il fait frisquet
chimney cheminée
chin menton
china porcelaine
Chinese restaurant restaurant chinois
Christian chrétien
Christmas Noël
Christmas Day le jour de Noël
Christmas Eve la veille de Noël
church église, temple
cigar cigare
cigarette cigarette
cigarette paper papier à cigarette
circus cirque
city ville
clamp sabot (de Denver)
class cours, classe
classic classique
classical classique
clean *(adj)* propre ; *(v)* nettoyer
cleaner's pressing
cliff falaise
climate climat
climbing escalade
cloakroom vestiaire
clogged bloqué
close fermer
closed fermé
closet placard
closing fermeture
closing time heure de fermeture
clothes vêtements
clothespin pince à linge
clutch embrayage
coach voiture *(de train)*
coast côte
coastguard gendarmerie maritime
coat hanger cintre
cockroach cafard
code code
coffee café
coil *(contraceptif)* stérilet
coin pièce
coin purse porte-monnaie
Coke® Coca®
cold *(n)* rhume ; *(adj)* frais, froid ; **to have a cold** être enrhumé ; **it's cold** il fait froid ; **I'm cold** j'ai froid
colic colique
colleague collègue
collection levée *(postale)*
color couleur
color blind daltonien
comb peigne

come venir
come back revenir
come in entrer
come out sortir
comfortable à l'aise, confortable
comic strip bande dessinée
commission commission
company entreprise, société
compartment compartiment
compass boussole
complain se plaindre
completely complètement
comprehensive insurance assurance tous risques
computer ordinateur
concert concert
concert hall salle de concert
conditioner après-shampooing
condom préservatif
conductor contrôleur
conference conférence
conference call téléconférence
confirm confirmer
congratulations! félicitations !
connection correspondance
consonant consonne
constipated constipé
consulate consulat
contact *(n)* contact ; *(v)* contacter
contact lenses lentilles
contagious contagieux
contain contenir
contemporary contemporain
contraceptive contraceptif
contract contrat
convertible *(n)* décapotable
cook cuire
cooked cuit
cooking cuisine ; **to do the cooking** faire la cuisine
cool branché
coolant liquide de refroidissement
corkscrew tire-bouchon
corner coin
corner shop petite épicerie
correct correct
corridor couloir
cost coûter
cot lit d'enfant
cotton coton
cotton swab coton-tige®
cough *(n)* toux ; *(v)* tousser ; **to have a cough** avoir de la toux
count compter
count on compter sur
counter guichet
country pays, campagne
country code indicatif
countryside campagne
courier coursier ; **by courier** par coursier
course : of course bien sûr
cousin cousin
cover *(n)* couverture ; *(v)* couvrir
cramp crampe
crayon crayon de couleur
credit card carte de crédit
crisis crise
cross *(n)* croix ; *(v)* traverser
crossing traversée
crossroads carrefour
crown couronne
cruise croisière
crutch béquille
cry pleurer
cultured cultivé
cup tasse
curfew couvre-feu
currency devise
customs douane
customs duty droits de douane
cut *(n)* coupure ; *(v)* couper ; **to cut oneself** se couper
cycle *(v)* faire du vélo
cycle path piste cyclable
cylinder head culasse
cystitis cystite

D

dairy products produits laitiers
damaged abîmé
damp humide
dance *(n)* danse ; *(v)* danser
dandruff pellicules *(dans les cheveux)*
danger danger
dangerous dangereux
dare oser ; **to dare to do something** oser faire quelque chose
dark foncé ; **dark blue** bleu foncé

Lexique anglais-français

date *(n)* date, rendez-vous ; *(v)* **to date from** dater de ; **what's today's date?** on est le combien ?
date of birth date de naissance
daughter fille
daughter-in-law belle-fille
dawn aube
day jour, journée ; **the day after tomorrow** après-demain ; **the day before yesterday** avant-hier
dead mort
deaf sourd
deaf-mute sourd-muet
dear cher
debit card Carte Bleue®
December décembre
deck chair chaise longue
declare déclarer
deep profond
degree degré
dehydrated déshydraté
delay retard
delayed retardé
deli traiteur
delicious délicieux
dental floss fil dentaire
dentist dentiste
dentures appareil dentaire
deodorant déodorant
department rayon
department store grand magasin
departure départ
depend : that depends (on) ça dépend (de)
deposit caution
depressed déprimé
depression dépression
desert désert
desk bureau *(meuble)*
dessert dessert
detail détail
detergent lessive
develop : to get film developed faire développer une / des pellicule(s)
diabetes diabète
diabetic diabétique
diaper couche
diaper-changing (area) coin bébé
diaper-changing table table à langer
diarrhea : to have diarrhea avoir la diarrhée
diary journal *(carnet)*
dice dé
die mourir
diesel diesel
diet régime ; **to be on a diet** être au régime
different (from) différent (de)
difficult (to) difficile (à)
digital camera appareil photo numérique
digital photo photo numérique
dime pièce de dix cents
dinner dîner ; **to have dinner** dîner
direct direct
direction direction, sens
director réalisateur, directeur *(d'une entreprise)*
directory annuaire
directory assistance, directory inquiries les renseignements
dirty *(v)* salir ; *(adj)* sale ; **to get dirty** se salir
disability handicap
disabled handicapé
disagree ne pas être d'accord
disappear disparaître
disappointed déçu
disappointing décevant
disaster catastrophe
disco discothèque, boîte (de nuit)
discount rabais ; **to give someone a discount** faire un rabais à quelqu'un
discount fare tarif réduit
discover découvrir
dish plat ; **dish of the day** plat du jour
dish towel torchon
dishes vaisselle ; **to do the dishes** faire la vaisselle
dishwasher lave-vaisselle
dishwashing liquid liquide vaisselle
disinfect désinfecter
disinfectant désinfectant
dislocated déboîté
disposable jetable
distributor distributeur *(pour voiture)*
disturb déranger ; **do not disturb** ne pas déranger
dive plonger

diversion déviation
diving : to go diving faire de la plongée
diving board plongeoir
divorced divorcé
do faire ; **do you have a light?** tu as du feu ?
d.o.b. date de naissance
docking station station d'accueil *(pour lecteur MP3)*
docks docks
doctor docteur, médecin
doctor's office cabinet (médical)
dog chien
doll poupée
door porte
door code code d'entrée
dorm dortoir ; résidence universitaire
dormitory dortoir ; résidence universitaire
dosage dosage
double bed grand lit
double room chambre double
download télécharger
downstairs en bas
downtown centre-ville
dozen douzaine
drain égout
draining rack égouttoir
draft beer pression
draw dessiner
drawer tiroir
dream *(n)* rêve ; *(v)* rêver
dress *(n)* robe ; *(v)* habiller ; **to get dressed** s'habiller
dress code code vestimentaire
dressing pansement
dressing room cabine d'essayage
drink *(n)* boisson, consommation ; *(v)* boire, consommer ; **to go for a drink** aller prendre un verre ; **to have a drink** prendre un verre
drinking water eau potable
drive conduire ; **to go for a drive** faire une balade (en voiture)
driver conducteur
driver's license permis de conduire
drops gouttes
drown (se) noyer
drug drogue
drug store pharmacie
drunk ivre
dry *(adj)* sec ; *(v)* (faire) sécher
dry cleaner's pressing
dryer séchoir (à linge)
duck canard
during pendant ; **during the week** en semaine
duty-free hors taxes
duvet couette
duvet cover housse de couette
DVD DVD
DVD player lecteur de DVD

E

each chaque ; **each one** chacun
ear oreille
early en avance, tôt
earphones écouteurs
earplugs boules Quiès®
earrings boucles d'oreilles
earth terre
earthquake tremblement de terre
east est ; **in the east** à l'est ; **(to the) east of** à l'est de
Easter Pâques
easy (to) facile (à)
eat manger
economy class classe économique
edible comestible
education éducation
egg œuf
elbow coude
elderly : the elderly les personnes âgées
electric électrique
electric car voiture éléctrique
electric shaver rasoir électrique
electrician électricien
electricity électricité
electric meter compteur électrique
electronic ticket billet électronique
elevator ascenseur
e-mail e-mail
e-mail address adresse électronique
embassy ambassade
emergency urgence ; **in an emergency** en cas d'urgence
emergency exit sortie de secours

emergency lights feux de détresse
empty vide
end fin ; **at the end of** en fin de, à la fin de ; **at the end of the street** au bout de la rue
engaged fiancé
engine moteur
engine oil huile de moteur
English anglais
enjoy : enjoy your meal! bon appétit ! ; **to enjoy oneself** s'amuser
enlarge agrandir
enough assez (de) ; **that's enough** ça suffit
entertainment divertissement
entertainment guide guide des spectacles
entrance entrée
envelope enveloppe
epileptic épileptique
equipment matériel
escalator escalier mécanique
EU UE
euro euro
Europe Europe
European *(n)* Européen ; *(adj)* européen
European Union Union européenne
evening soir, soirée ; **in the evening** dans la soirée, **in the evenings** le soir
every tout ; **every day** tous les jours
everybody tout le monde
everyone tout le monde
everywhere partout
excellent excellent
except sauf
exceptional exceptionnel
excess excédent
exchange échanger
exchange rate taux de change
excuse : excuse me pardon, excusez-moi
exhaust pot d'échappement
exhausted épuisé
exhibition exposition
exhibition catalog catalogue d'exposition
exit sortie
expensive cher
expiration date date d'expiration
express *(adj)* express ; *(v)* exprimer ; **to express oneself** s'exprimer
extension poste *(d'un standard)*
extra supplémentaire
extraordinary extraordinaire
extreme sports sports extrêmes
eye œil
eyeliner eye-liner
eye shadow fard à paupières

F

face visage
facecloth gant de toilette
fact fait ; **in fact** en fait
factory usine
faint s'évanouir
fair *(n)* foire ; *(adj)* juste
fair-skinned blanc de peau
fall automne
fall tomber ; **to fall asleep** s'endormir ; **to fall in love (with)** tomber amoureux (de)
family famille
famous célèbre
fan ventilateur
fan belt courroie de ventilateur
fantastic fantastique
far loin ; **far from** loin de
fare tarif
farm ferme
farmers' market marché fermier
fashion mode *(goût du jour)*
fashionable à la mode
fast vite
fast-food restaurant fast-food
fat gras
fat-free sans matières grasses
father père
father-in-law beau-père *(père du conjoint)*
faulty défectueux
favor service ; **to do someone a favor** rendre un service à quelqu'un ; **to be in favor of** être pour
favorite préféré
fax *(n)* fax ; *(v)* faxer
February février

fed up : to be fed up (with) en avoir marre (de)
feed donner à manger à
feel (se) sentir ; **to feel good / bad** se sentir bien / mal
feel like : do you feel like…? ça te dit de… ?
feeling sentiment
feet pieds
felt-tip pen feutre
ferry ferry
festival festival
fever fièvre ; **to have a fever** avoir de la fièvre
few peu (de)
fiancé fiancé
fiancée fiancée
fiber fibres
field champ
fight bagarre
fill remplir
fill in remplir
fill out remplir
fill up : to fill up with gas faire le plein d'essence
filling plombage
film film, pellicule *(photo)*
finally enfin, finalement
find trouver
fine *(n)* amende ; *(adj)* fin ; **I'm fine** ça va
finger doigt
finish finir
fire feu, incendie ; **fire!** au feu !
fire alarm alarme d'incendie
fire blanket couverture pare-flamme
fire department pompiers
fire extinguisher extincteur
firefighter pompier
fireplace cheminée
fireworks feux d'artifice
firm entreprise
first premier ; **first (of all)** d'abord
first aid premiers soins
first class première classe
first name prénom
fish *(n)* poisson ; *(v)* pêcher
fish seller poissonnerie
fish store poissonnerie
fix réparer
fizzy gazeux
flag drapeau
flash flash
flashlight lampe de poche
flask gourde
flat *(adj)* plat, dégonflé
flavor parfum
flaw défaut
fleece polaire *(vêtement)*
flight vol
flip-flops tongs
flood inondation
floor étage, sol ; **on the floor** par terre
florist fleuriste
flower fleur
flower shop fleuriste
flu grippe
flush chasse d'eau
fly *(n)* mouche ; *(v)* voler
flysheet double toit
fog brouillard
fold plier
folder chemise *(du carton)*
follow suivre
food nourriture
food poisoning intoxication alimentaire
foot pied
football football américain
footpath sentier
for pour ; **for an hour** pendant une heure
forbidden interdit
forecast *(v)* prévoir ; *(n)* prévisions
forehead front
foreign étranger
foreigner étranger
forest forêt
forget oublier
fork fourchette
form formulaire
former ancien
fortress forteresse
forward *(v)* faire suivre ; *(adj)* avant
forward (gear) marche avant
foundation fond de teint
four-lane highway route à quatre voies
fracture fracture
fragile fragile

France France
free libre, gratuit
freezer congélateur
French français
fresh frais
Friday vendredi
fridge frigidaire®
fried frit
friend ami, copain
fringe frange
from (à partir) de ; **from… to…** de… à…
font avant ; **in front of** devant
front wheel roue avant
frozen gelé
frozen food surgelés
fruit fruit ; **to eat fruit** manger des fruits ; **a piece of fruit** un fruit
fry (faire) frire
frying pan poêle
fuel carburant, combustible
fuel filter filtre à essence
fuel supply pump pompe d'alimentation
full complet, plein ; **full of** plein de
full board pension complète
full fare plein tarif
full price plein tarif
funeral enterrement
funny drôle
furnished meublé
furniture meubles
fuse fusible
fuse box boîte à fusibles
future futur

G

gallery galerie
game jeu
garage garage
garbage ordures ; **to take the garbage out** sortir les poubelles
garbage can poubelle
garden jardin
gas gaz, essence
gas pump pompe à essence
gas station station-service
gas cylinder bouteille de gaz
gate barrière ; *(d'aéroport)* porte
gauze gaze
gay gay
gear vitesse
general delivery poste restante
general practitioner généraliste
German *(n)* Allemand ; *(langue)* allemand ; *(adj)* allemand
Germany Allemagne
get recevoir, obtenir
get along : to get along well (with someone) bien s'entendre (avec quelqu'un)
get off descendre
get up se lever
ghost fantôme
gift cadeau
gift wrap papier cadeau
girl fille
girlfriend petite amie
give donner, offrir
give back rendre
gland glande
glass verre ; **a glass of water / of wine** un verre d'eau / de vin
glasses lunettes
glove gant
glove compartment boîte à gants
go aller ; **to go to Paris / to France** aller à Paris / en France ; **I'm going home** je rentre chez moi
go away s'en aller
go in entrer
go out sortir ; **to go out with someone** sortir avec quelqu'un
go with accompagner
go without se passer de
goat chèvre *(animal)*
gold or
golden doré
gold-plated plaqué or
golf golf
golf club club de golf
golf course terrain de golf
good bon, bien ; **good luck!** bon courage !, bonne chance ! ; **good morning** bonjour ; **good afternoon** bonjour ; **good evening** bonsoir ; **good night** bonne nuit
good-bye au revoir
goods marchandises

Gothic gothique
government gouvernement
GPS GPS
grammar grammaire
grams grammes
grandchildren petits-enfants
granddaughter petite-fille
grandfather grand-père
grandmother grand-mère
grandparents grands-parents
grandson petit-fils
grass herbe
gray gris
great super
Great Britain Grande-Bretagne
Great Lakes Grands Lacs
green vert
grocery store épicerie
ground sol ; **on the ground** par terre
ground sheet tapis de sol
group groupe
grow grandir
guarantee garantie
guest invité
guest house chambre d'hôte
guide guide
guide dog chien d'aveugle
guidebook guide
guided tour visite guidée
gum gencive
guy rope corde de tente
gym salle de gym
gynecologist gynécologue

H

hair cheveux
hair straighteners lisseur
hairbrush brosse à cheveux
haircut coupe de cheveux
hairdresser coiffeur
hair dryer sèche-cheveux
hairspray laque *(pour cheveux)*
halal halal
half demi, moitié ; **half a liter / kilo** un demi-litre / -kilo ; **half an hour** une demi-heure
half-time mi-temps
hall entrée
hammer marteau
hammock hamac
hand main
handbag sac à main
handbrake frein à main
handicap handicap
handicapped handicapé
handkerchief mouchoir
handlebars guidon
handmade fait main
hands-free appareil mains libres
hangover gueule de bois
happen arriver
happy heureux ; **happy birthday!** bon anniversaire ! ; **Happy Easter!** joyeuses Pâques ! ; **Happy New Year!** bonne année !
harassment harcèlement
hard difficile, dur
hard disk disque dur
hardware quincaillerie
hardware store quincaillerie
hashish haschich
hat chapeau
hate détester
have avoir ; **to have a headache / a sore throat / a stomachache** avoir mal à la tête / à la gorge / au ventre
have to devoir
hay fever rhume des foins
he il
head tête
headlight phare
headphones casque *(à écouteurs)*
health santé
hear entendre
hearing aid prothèse auditive
hearing loop boucle d'induction
hearing-impaired malentendant
heart cœur
heart attack crise cardiaque
heat chaleur
heating chauffage
heavy lourd
heel talon
height hauteur
helicopter hélicoptère
helicopter flight vol en hélicoptère
hello bonjour, bonsoir, allô
helmet casque

help *(n)* aide, secours ; *(v)* aider ; **to call for help** appeler au secours ; **help!** au secours !
hemorrhoids hémorroïdes
her la, lui, son, sa, ses
herbal tea tisane
here ici ; **here is / are** voici
hers le sien, la sienne, les siens / siennes
herself elle-même
hi! salut ! *(bonjour)*
hide cacher
hi-fi chaîne (hi-fi)
high haut
high blood pressure hypertension
high chair chaise haute
high heels chaussures à talons hauts
high school lycée
high tide marée haute
highlighter surligneur
highlights : to have highlights put in se faire des mèches
highway autoroute
hiking randonnée ; **to go hiking** faire de la randonnée
hiking boots chaussures de marche
hiking path, hiking trail sentier
hill colline
him le, lui
himself lui-même
Hindu *(n)* Hindou ; *(adj)* hindou
hip hanche
hire *(n)* location ; *(v)* louer
his son, sa, ses, le sien, la sienne, les siens / siennes
hitchhike faire du stop
hitchhiker routard *(auto-stoppeur)*
hitchhiking (auto)stop
hold tenir ; **hold on** *(au téléphone)* ne quittez pas
Holland Hollande
home maison ; **at home** à la maison, chez soi ; **to go home** rentrer
homemade fait maison
homosexual homosexuel
honest honnête
honeymoon lune de miel
hood capot
hooded sweatshirt sweat à capuche
horn klaxon
horse cheval
horseback-riding équitation
hospital hôpital
hot chaud ; **it's hot** il fait chaud ; **hot drinks** boissons chaudes
hotel hôtel
hotplate plaque électrique
hot-water bottle bouillotte
hour heure ; **an hour and a half** une heure et demie
house maison
housework ménage ; **to do the housework** faire le ménage
how comment ; **how are you?** ça va ?, comment allez-vous ?
hubcap enjoliveur
hug *(n)* étreinte ; *(v)* serrer dans les bras
humor humour
hunger faim
hundred : one hundred cent ; **two hundred** deux cents
hungry : to be hungry avoir faim
hurricane ouragan
hurry *(v)* se dépêcher ; *(n)* **to be in a hurry** être pressé ; **to hurry up** se dépêcher
hurt : it hurts ça fait mal ; **my head hurts** j'ai mal à la tête
husband mari
hybrid *(vélo)* VTC

I

I je ; **I'm French** je suis français ; **I'm 22 (years old)** j'ai 22 ans
ibuprofen ibuprofène
ice glace
ice box glacière
ice cube glaçon
ID papiers d'identité
idea idée
identity card carte d'identité
identity papers papiers d'identité
if si ; **if ever** si jamais
ignition allumage
ignition key clé de contact
ill malade
illegal illégal
illness maladie

important important
impressive impressionnant
in dans, en ; **in France / 2010 / English** en France / 2010 / anglais ; **in the 19th century** au XIXe siècle ; **in an hour** dans une heure
inbox boîte de réception
included compris
independent indépendant
indicator clignotant
infected infecté
infection infection
information renseignements, informations
inhaler inhalateur
initials initiales
injection piqûre
injured blessé
injury blessure
inner tube chambre à air
insect insecte
insecticide insecticide
inside à l'intérieur, dedans
insomnia insomnie
instant messaging messagerie instantanée
instead of au lieu de
instructions mode d'emploi
instructor moniteur
insurance assurance
intelligent intelligent
intend : to intend to… avoir l'intention de…
interesting intéressant
international international
international money order mandat international
Internet Internet
Internet café café Internet, cybercafé
interpreter interprète
interval entracte
invent inventer
invitation invitation
invite inviter
invoice facture
iodine iode
Ireland Irlande
Irish irlandais
iron *(n)* fer à repasser ; *(v)* repasser
ironing board planche à repasser
ISIC card carte ISIC
island île
it ce, il ; **it's beautiful** c'est beau ; **it's warm** il fait chaud
Italian *(n)* Italien ; *(langue)* italien ; *(adj)* italien
Italy Italie
itchy : it's itchy ça me démange
item article
itinerary itinéraire

J

jack cric
jacket veste, blouson
January janvier
jaw mâchoire
jetlag décalage (horaire)
Jew Juif
jeweler's bijouterie
jewelry bijoux
Jewish juif
job travail, boulot, emploi
jogging jogging
john toilettes, WC
joke *(n)* blague ; *(v)* plaisanter
journey voyage
juice jus
July juillet
jump sauter
jump cables câbles de démarrage
junction sortie *(sur route)*
June juin
just : just before / a little juste avant / un peu ; **just one** un seul ; **I've just arrived** je viens d'arriver ; **just in case** au cas où

K

kayak kayak
keep garder
kettle bouilloire
key clé
keyboard clavier
kick-off coup d'envoi
kid gamin
kidney rein, rognon
kill tuer

kilometer kilomètre
kind : what kind of…? quel genre de… ?
king roi
kiss *(n)* bise ; *(v)* embrasser
kitchen cuisine
knapsack sac à dos
knee genou
knife couteau
knock down renverser ; **to get knocked down** se faire renverser
knock over renverser ; **to get knocked over** se faire renverser
know connaître, savoir
kosher kasher

L

label étiquette
ladder échelle
ladies' room toilettes pour femmes
lager bière blonde
lake lac
lamp lampe
landing atterrissage
landmark (point de) repère
landscape paysage
language langue
laptop (ordinateur) portable
last *(v)* durer ; *(adj)* dernier ; **last year** l'année dernière
late en retard, tard
Latin America Amérique latine
Latin-American *(n)* Latino-Américain ; *(adj)* latino-américain
latte café crème
laugh rigoler, rire
laundromat laverie
laundry linge
laundry service blanchisserie
law loi
lawyer avocat
laxative laxatif
lead *(n)* laisse
leaf feuille *(végétale)*
leaflet dépliant
leak *(n)* fuite ; *(v)* fuire *(se répandre)*
learn apprendre
least : the least le / la moins ; **at least** au moins
leather cuir
leave partir, laisser
left gauche ; **to the left (of)** à gauche (de)
leg jambe
legal légal
legal holiday jour férié
lend prêter
lens objectif, lentille
lens cap bouchon d'objectif
lesbian lesbienne
less moins ; **less than** moins que
let laisser
letter lettre
library bibliothèque
license plate plaque minéralogique
lie down se coucher
life vie
life jacket gilet de sauvetage
lifeboat canot de sauvetage
lifeguard surveillant de baignade
light *(n)* lumière ; *(adj)* clair, léger ; *(v)* allumer ; **light blue** bleu clair
light bulb ampoule
light switch interrupteur
lighter briquet
lighthouse phare
like *(adv)* comme ; *(v)* aimer ; **I'd like…** j'aimerais…
line *(n)* queue ; **to stand in line** faire la queue
line up faire la queue
lip lèvre
lip balm baume à lèvres
liquor alcool
liquor store magasin de vins et spiritueux
list liste
listen écouter ; **to listen to someone / something** écouter quelqu'un / quelque chose
liter litre
little *(adj)* petit ; *(adv)* peu de ; **a little** un peu ; **little by little** petit à petit
live vivre, habiter
liver foie
living vivant
living room salon
local local, de quartier ; **the locals** les gens du coin

local time heure locale
lock *(n)* serrure, verrou ; *(v)* fermer à clé
locker casier
long long ; **a long time** longtemps ; **how long…?** combien de temps…? ; **how long have you been here?** depuis quand êtes-vous ici ?
look regarder ; **to look tired** avoir l'air fatigué
look after surveiller, s'occuper de
look at regarder
look for chercher
look like ressembler à
lose perdre
lost: to get lost se perdre ; **to be lost** être perdu
lost and found bureau des objets trouvés
lot : a lot (of) beaucoup (de)
loud fort
love aimer
low bas
low blood pressure hypotension
low tide marée basse
luck chance
lucky : to be lucky avoir de la chance
luggage bagages
luggage cart chariot à bagages
lukewarm tiède
lunch déjeuner ; **to have lunch** déjeuner
lung poumon
Luxembourg Luxembourg
luxury *(n)* luxe ; *(adj)* de luxe

M

mad fou
magazine magazine, revue
magnifying glass loupe
maiden name nom de jeune fille
mail *(n)* poste, courrier ; *(v)* mettre à la poste
mail box boîte aux lettres
mail carrier facteur
main principal
main course plat de résistance
main street rue principale
make faire, fabriquer
make-up maquillage
make-up remover démaquillant
mallet maillet
man homme
manage se débrouiller ; **to manage to do something** arriver à faire quelque chose
management direction
manager directeur, gérant
manicure manucure
many beaucoup (de) ; **how many?** combien ? ; **how many times?** combien de fois ?
map plan
March mars
market marché
marriage mariage
married marié
mass messe
masterpiece chef-d'œuvre
match allumette, match
material tissu
matter : it doesn't matter ça ne fait rien, ce n'est pas grave
mattress matelas
May mai
maybe peut-être
me me, moi ; **me too** moi aussi
meal repas
mean vouloir dire, signifier
measure mesurer
measurement mesure
meat viande
mechanic mécanicien
medicine médicament
medium à point
meet rejoindre, rencontrer
meeting réunion
meeting room salle de réunion
member membre
memory souvenir ; **in memory of** en souvenir de
memory card carte mémoire
memory stick clé USB
men hommes
men's room toilettes pour hommes
menu carte, menu
Merry Christmas! joyeux Noël !
merry-go-round manège

message message
meter mètre
Mexican *(n)* Mexicain ; *(adj)* mexicain
Mexico Mexique
Mexico City Mexico
microphone microphone
microwave micro-ondes
middle milieu ; **in the middle (of)** au milieu (de)
midnight minuit
might : it might rain il risque de pleuvoir
migraine migraine
mileage kilométrage
milk lait
mind : I don't mind ça m'est égal
mine le mien, la mienne, les miens / miennes
mineral water eau minérale
minibar minibar
minister ministre, pasteur
minute minute ; **at the last minute** au dernier moment
minutes *(d'une reunion)* compte rendu
mirror glace
Miss Mademoiselle
miss rater, manquer ; **I miss him** il me manque ; **there are two… missing** il manque deux…
mist brume
mistake erreur, faute ; **to make a mistake** se tromper
misty brumeux
mix mélanger
modem modem
modified American plan demi-pension
modern moderne
moisturizer crème hydratante
molar molaire
moment moment ; **at the moment** en ce moment ; **for the moment** pour le moment ; **just a moment!** un instant !
Monday lundi
money argent
month mois
monument monument
mood : to be in a good / bad mood être de bonne / mauvaise humeur
moon lune
mop balai à franges
moped Mobylette®
more plus ; **more than** plus que ; **a lot more** beaucoup plus ; **there's no more room** il n'y a plus de place ; **there are no more…** il n'y a plus de…
morning matin
morning-after pill pilule du lendemain
mosque mosquée
mosquito moustique
mosquito net moustiquaire
most : the most le plus ; **most people** la plupart des gens ; **to make the most of** profiter de
mother mère
motorbike moto
motorcycle moto
mountain montagne
mountain bike VTT
mountain rescue secours de montagne
mouse souris
moustache moustache
mouth bouche
mouthwash gargarisme
movie film ; **the movies** le cinéma
movie theater cinéma
moving émouvant
MP3 player lecteur MP3
Mr. Monsieur
Mrs. Madame
much : how much? combien ? ; **how much is it?, how much does it cost?** combien ça coûte ?
muscle muscle
museum musée
music musique
musical comédie musicale
Muslim musulman
must devoir ; **it must be five o'clock** il doit être 5 heures ; **I must go** il faut que j'y aille
my mon, ma, mes
myself moi-même

N

nail ongle, clou
nail file lime à ongles
nail polish vernis à ongles
nail polish remover dissolvant *(pour ongles vernis)*
naked nu
name nom ; **my name is...** je m'appelle...
nap sieste ; **to take a nap** faire la sieste
napkin serviette
national national
national holiday fête nationale
national park parc national
nationality nationalité
nature nature
near près, proche ; **near the beach** près de la plage ; **the nearest** le plus proche
necessary nécessaire
neck cou
necklace collier
need avoir besoin de
needle aiguille
negative négatif
neighbor voisin
neither : neither do I moi non plus ; **neither... nor...** ni... ni...
nephew neveu
nerve nerf
nervous nerveux
Netherlands Pays-Bas
network réseau
never ne... jamais
new nouveau, neuf
New Year nouvel an
New Year's Day jour de l'an
New Year's Eve Saint-Sylvestre
news informations
newsagent marchand de journaux
newspaper journal
newsstand kiosque à journaux
next *(adv)* ensuite ; *(adj)* prochain, suivant ; **next to** à côté de ; **the next day** le lendemain
nice agréable, sympa
nickel pièce de cinq cents
nickname surnom
niece nièce
night nuit
nightclub boîte de nuit
nightgown chemise de nuit
nightlife vie nocturne
nightmare cauchemar
no non, aucun ; **no, thank you** non merci ; **no idea** aucune idée ; **no one** personne
nobody personne
noise bruit ; **to make a noise** faire du bruit
noisy bruyant
non-drinking water eau non potable
none aucun
non-smoker non-fumeur
noon midi
north nord ; **in the north** au nord ; **(to the) north of** au nord de
North America Amérique du Nord
nose nez
not ne... pas ; **not yet** pas encore ; **not any** aucun ; **not at all** pas du tout
note mot
notebook cahier
nothing rien, ne... rien
novel roman
November novembre
now maintenant
nowadays de nos jours
nowhere nulle part
number nombre, numéro
nurse infirmière

O

obvious évident
ocean océan
ocean view vue sur la mer
o'clock : one o'clock une heure ; **three o'clock** trois heures
October octobre
of de
offer *(v)* offrir ; *(n)* offre
office bureau *(lieu de travail)*
often souvent
oil huile
oil filter filtre à huile
ointment pommade
OK d'accord, ok

old vieux, ancien ; **how old are you?** quel âge as-tu ?
old town vieille ville
on sur ; **it's on at…** ça joue à…
once une fois ; **once a day / an hour** une fois par jour / heure
one un, on
one-way (ticket) aller simple
on line en ligne
only ne… que, seulement
open *(v)* ouvrir ; *(adj)* ouvert
opening hours heures d'ouverture
open-top bus bus panoramique
opera opéra
operate opérer
operation : to have an operation se faire opérer
opinion avis, opinion ; **in my opinion** à mon avis
opportunity occasion
opposite *(n)* contraire ; *(préposition)* en face de
optician opticien
or ou
orange *(n & adj)* orange
orchestra orchestre
order *(n)* commande ; *(v)* commander ; **out of order** hors service
organic biologique, bio
organize organiser
original original
other autre ; **others** d'autres
otherwise sinon
ounce once
our notre, nos
ours le / la nôtre, les nôtres
ourselves nous-mêmes
out of date périmé
outbox boîte d'envoi
outside en plein air, dehors
oven four
over : over there là-bas
overdone trop cuit
overheat surchauffer
overweight : my luggage was eleven pounds overweight j'avais un excédent de bagages de cinq kilos
owe devoir
own *(v)* posséder ; *(adj)* propre
owner propriétaire

P

Pacific : the Pacific (Ocean) l'océan Pacifique
pacifier tétine *(sucette)*
pack *(v)* **to pack one's bags** faire ses valises
packed bondé
packed lunch panier-repas
packet paquet
paddle boat pédalo
padlock cadenas
page page
pain douleur
painful douloureux
painkiller analgésique
painter peintre
painting peinture, tableau
pair paire ; **a pair of pajamas** un pyjama ; **a pair of shorts** un short
pal pote
palace palais
pan casserole
pants pantalon
paper papier
paper clip trombone
paper napkin serviette en papier
paramedic secouriste
parcel colis
pardon? comment ?
parents parents
park *(n)* parc ; *(v)* se garer
parka anorak
parking lot parking
parking meter parcmètre
parking space place de parking
parking ticket procès-verbal *(pour une contravention)*
part partie ; **to be a part of** faire partie de
part-time à mi-temps
party soirée, fête
pass *(n)* forfait ; *(v)* passer ; **to be passing through** être de passage
passenger passager
passport passeport
passport control contrôle des passeports
password mot de passe

past passé ; **a quarter past ten** dix heures et quart
path chemin, sentier
patient *(n et adj)* patient
pavement trottoir
pay payer
payment paiement
peace paix
pedal pédale
pedestrian piéton
pedestrian route parcours pédestre
pedestrian street rue piétonne
pee *(v)* faire pipi
peel peler
pen stylo, Bic®
pencil crayon
pencil case trousse
pencil sharpener taille-crayon
penicillin pénicilline
penny penny
pensioner retraité
people peuple ; (les) gens
people carrier monospace
percent pour cent
perfect parfait
perfume parfum
perhaps peut-être
periods règles
person personne
pet animal domestique
phone *(n)* téléphone ; *(v)* téléphoner (à)
phone booth cabine téléphonique
phone call coup de téléphone ; **to make a phone call** passer un coup de téléphone
phone number numéro de téléphone
phonecard carte de téléphone
photo photo ; **to take a photo / photos** prendre une photo / des photos ; **to take someone's photo** prendre quelqu'un en photo
photocopy photocopie ; **to make a photocopy** faire une photocopie
pick choisir
picnic pique-nique ; **to have a picnic** pique-niquer
picture image, photo
picture message MMS
piece morceau ; **a piece of** un morceau de ; **a piece of advice** un conseil ; **a piece of fruit** un fruit ; **a piece of cake** une part de gâteau
piles hémorroïdes
pill pilule ; **to be on the pill** prendre la pilule
pillow oreiller
pillowcase taie d'oreiller
PIN (number) code confidentiel
pink rose
pitch terrain (de sports)
pitcher carafe
pity : it's a pity c'est dommage
place lieu
plan *(v)* prévoir
plane avion
planetarium planétarium
plant plante
plaster (cast) plâtre
plastic plastique
plastic bag sac plastique
plate assiette
platform quai
play *(n)* pièce de théâtre ; *(v)* jouer
playground aire de jeu
please *(adv)* s'il te / vous plaît ; *(v)* plaire
pleased content ; **pleased to meet you!** enchanté !
pleasure plaisir
plug bonde, prise
plug in brancher
plumber plombier
plumbing plomberie
pocket poche
pocketknife canif
point point
police police
police station commissariat
policeman policier
policewoman policier *(femme)*
polite poli
political politique *(adj)*
politics politique *(n)*
pollen pollen
pollution pollution
ponytail queue de cheval
poor pauvre
popular populaire

porcelain porcelaine
port port
portrait portrait
Portugal Portugal
Portuguese *(n)* Portugais ; *(langue)* portugais ; *(adj)* portugais
possible possible
post office bureau de poste
postbox boîte aux lettres
postcard carte postale
poster affiche
postman facteur
pot pot
pottery poterie
potty pot *(pour enfant)*
pound fourrière
powder poudre
power steering direction assistée
practical pratique
prefer préférer
pregnancy test test de grossesse
pregnant enceinte
prejudice préjugé
premium (gas) super
prepare préparer
prescription ordonnance
present cadeau
president président *(d'un pays)*
press appuyer
pressure pression
previous précédent
price prix, tarif
pricey chérot
priest prêtre
print imprimer
printer imprimante
priority boarding embarquement prioritaire
prison prison
private privé
prize prix
probably probablement
problem problème
procession procession
product produit
profession profession
program émission, programme
progress progrès ; **to make progress** faire des progrès
promise *(v)* promettre ; *(n)* promesse
pronounce prononcer
propose proposer
prosthesis prothèse
protect protéger ; **to protect oneself** se protéger
proud (of) fier (de)
public public
public holiday jour férié
public restrooms toilettes publiques
pull tirer
pump pompe
pupil élève
purple violet
purpose : on purpose exprès
purse sac à main
push pousser
put mettre
put out éteindre
put up héberger
put up with supporter

Q

quality qualité ; **of good / bad quality** de bonne / mauvaise qualité
quarantine quarantaine
quarter quart ; *(pièce de monnaie)* pièce de 25 cents ; **a quarter of an hour** un quart d'heure ; **a quarter to ten** dix heures moins le quart
quay quai
queen reine
question question
quick rapide
quickly vite, rapidement
quiet calme, tranquille
quite assez de ; **quite a lot of** pas mal de

R

rabbit lapin
racist raciste
racket raquette
radiator radiateur
radiator cap bouchon de radiateur
radiator hose durite
radio radio
radio station station de radio

railway chemin de fer
rain *(n)* pluie ; *(v)* pleuvoir ; **it's raining** il pleut
rainbow arc-en-ciel
raincoat imperméable
ramp rampe
random : at random au hasard
rape *(n)* viol ; *(v)* violer
rare rare, saignant *(viande)*
rarely rarement
rather plutôt
raw cru
razor rasoir
razor blade lame de rasoir
reach arriver à
read lire
ready prêt
real estate agency agence immobilière
reality réalité ; **in reality** en réalité
reasonable raisonnable
receipt reçu, ticket de caisse
receive recevoir
recent récent
recently récemment
reception accueil, réception ; **at reception** à la réception
receptionist réceptionniste
recipe recette
recognize reconnaître
recommend recommander
record *(n)* disque ; *(v)* enregistrer
record store disquaire
recorded delivery courrier recommandé
recreational vehicle camping-car
recycle recycler
red rouge, roux
red light feu rouge
reduce diminuer
reduced fare tarif réduit
reduction réduction
refrigerator réfrigérateur
refund *(n)* remboursement ; *(v)* rembourser ; **to get a refund** se faire rembourser
refuse refuser
registered en recommandé
registration number numéro d'immatriculation
regret regretter
relax se détendre
religion religion
remember se rappeler, se souvenir (de)
remind rappeler ; **that reminds me of...** ça me rappelle...
remote control télécommande
remove enlever
rent *(n)* loyer ; *(v)* louer
rental location
reopen rouvrir
repair réparer ; **to get something repaired** faire réparer quelque chose
repatriate rapatrier
repeat répéter
reply *(v)* répondre ; *(n)* réponse
rescue worker secouriste
reserve réserver
reserved réservé
rest *(n)* reste ; *(v)* se reposer
restaurant restaurant
restrooms toilettes, WC
resuscitate réanimer
retired : to be retired être à la retraite
return retour
reverse (gear) marche arrière
reverse-charge call PCV
review critique
rheumatism rhumatismes
rib côte
right *(n)* droit, droite ; *(adj)* bon ; **to have the right to...** avoir le droit de... ; **to the right (of)** à droite (de) ; *(adv)* **right away** tout de suite ; **right next to** tout près de
ring bague, coup de fil ; **to give someone a ring** passer un coup de fil à quelqu'un
ringtone sonnerie *(de téléphone portable)*
ripe mûr
rip-off arnaque
risk risque
river fleuve, rivière
road route
road atlas atlas routier
road sign panneau
roaming itinérance *(sur portable)*

rock rocher
rollerblades rollers
rollerblading : to go rollerblading faire du roller
roof toit
room chambre, pièce, salle
room service service de chambre
rope corde
round tournée
round-trip ticket aller-retour
rubber gomme
rubber band élastique
rubbing alcohol alcool à 90°
rug tapis
ruins ruines ; **in ruins** en ruines
rule règle *(principe)*
ruler règle *(instrument)*
run courir
run out : to have run out of gas être en panne d'essence
RV camping-car

S

sad triste
saddle selle
safe *(n)* coffre-fort ; *(adj)* en sécurité
safety sécurité
sail voile
sailing voile ; **to go sailing** faire de la voile
salad salade
sale : for sale à vendre ; **on sale** en solde
sales soldes
sales associate, sales clerk vendeur
salesman vendeur
saleswoman vendeuse
salt sel
salted salé
salty salé
same même, pareil ; **the same** le / la même, les mêmes, la même chose
sand sable
sandals sandales
sanitary napkin serviette hygiénique
Saturday samedi
saucepan casserole
save gagner, sauvegarder
saw scie
say dire ; **how do you say...?** comment dit-on... ?
scale balance
scan scanner
scanner scanneur
scared : to be scared (of) avoir peur (de)
scarf écharpe
scenery paysage
school école
scissors ciseaux
scoop *(de glace)* boule
scooter scooter
score score
scotch *(whisky)* scotch
Scotch tape® Scotch®
Scotland Écosse
Scottish écossais
screen écran, salle de cinéma
scuba diving plongée sous-marine
sculptor sculpteur
sculpture sculpture
sea mer
seafood fruits de mer
seashore : at the seashore au bord de la mer
seasick : to be seasick avoir le mal de mer
seaside resort station balnéaire
season saison
seat chaise, siège, place
seat belt ceinture de sécurité
seaweed algues
second *(n)* seconde
second class deuxième classe
second-hand d'occasion
secret secret
secretary secrétaire
secure en sécurité
security sécurité
see voir ; **see you later!** à plus tard !, à tout à l'heure ! ; **see you soon!** à une prochaine !, à bientôt ! ; **see you tomorrow!** à demain !
seem paraître ; **it seems that...** il paraît que...
seldom pas souvent
self-confidence confiance en soi
self-service check-in auto-enregistrement

self-tanner autobronzant
sell vendre
send envoyer
sender expéditeur
senior personne âgée
sense sens
sensitive sensible
sentence phrase
separate séparer
separately séparément
September septembre
serious grave, sérieux
service service ; **service included/ not included** service compris/non compris
service charge service
set menu menu (à prix fixe)
several plusieurs
sew coudre
sex sexe
shade ombre ; **in the shade** à l'ombre
shame honte
shampoo shampooing
shape forme
share partager
shave se raser
shaving brush blaireau *(pour se raser)*
shaving cream crème à raser
shaving foam mousse à raser
she elle
sheep mouton
sheet drap, feuille
shellfish crustacés
shirt chemise
shock choc
shocking choquant
shoemaker's cordonnerie
shoes chaussures
shopping courses, shopping ; **to do some / the shopping** faire des / les courses
shopping mall centre commercial
short court ; **I'm two… short** il me manque deux…
shortcut raccourci
short story nouvelle
shorts short
short-sleeved en / à manches courtes
shoulder épaule ; bande d'arrêt d'urgence
show *(n)* spectacle ; *(v)* montrer
shower averse, douche ; **to take a shower** prendre une douche
shower gel gel douche
showing séance *(de cinéma)*
shut fermer
shuttle navette
shy timide
sick malade ; **to get sick** tomber malade
sick bag sac vomitoire
side côté
sign *(n)* panneau ; *(v)* signer
sign up s'inscrire
signal réception
signature signature
silence silence
silent muet
silk soie
silver argent
silver-plated plaqué argent
silverware argenterie
SIM card carte SIM
since depuis (que), puisque
sing chanter
singer chanteur
single célibataire
sister sœur
sit : to sit down s'asseoir
situation situation *(circonstances)*
size taille, pointure
skateboard skateboard
skateboarding : to go skateboarding faire du skate
ski ski
ski boots chaussures de ski
ski lift remontée mécanique
ski pole bâton de ski
ski resort station de ski
skiing ski ; **to go skiing** faire du ski
skin peau
ski suit salopette
skirt jupe
skull crâne
sky ciel
Skype® Skype®
skyscraper gratte-ciel
sleep *(v)* dormir ; **to sleep with** coucher avec
sleeper train train-couchettes

sleeping bag sac de couchage
sleeping pill somnifère
sleepy : to be sleepy avoir sommeil
sleeve manche
slice tranche
sliced coupé en tranches
slide diapositive
slow lent
slowly lentement, doucement
small petit ; **smaller than** plus petit que
smell *(n)* odeur ; *(v)* sentir ; **to smell good / bad** sentir bon / mauvais
smile *(n)* sourire ; *(v)* sourire
smoke *(n)* fumée ; *(v)* fumer
smoker fumeur
snack casse-croûte
sneakers baskets
snore ronfler
snorkel tuba *(de plongée)*
snow *(n)* neige ; *(v)* neiger
so si, alors ; **so that** pour que
soap savon
society société *(communauté)*
socks chaussettes
some *(adj)* quelques ; *(pronom)* quelques-uns
somebody quelqu'un
someone quelqu'un
something quelque chose ; **something else** autre chose
sometimes quelquefois
somewhere quelque part ; **somewhere else** ailleurs
son fils
song chanson
son-in-law beau-fils *(gendre)*
soon bientôt
sore : to have a sore throat avoir une angine
sorry désolé ; **sorry!** pardon !
sound son
south sud ; **in the south** au sud ; **(to the) south of** au sud de
souvenir souvenir *(objet)*
Spain Espagne
Spaniard Espagnol
Spanish espagnol
spare de rechange
spare part pièce de rechange
spare tire roue de secours
spare wheel roue de secours
spark plug bougie
sparkling water eau gazeuse
speak parler
special spécial ; **it's nothing special** ça n'a rien d'exceptionnel ; **by special delivery** en exprès ; **today's special** plat du jour
special offer promotion *(dans le commerce)*
specialist spécialiste
specialty spécialité
speed vitesse ; **at full speed** à toute vitesse
speed limit limitation de vitesse
speedometer compteur de vitesse
spell épeler
spend dépenser, passer
spice épice
spicy épicé
spider araignée
spine colonne vertébrale
splinter écharde
split up se séparer
spoil gâter
sponge éponge
spoon cuillère
sport sport
sports grounds terrain de sports
sporty sportif
spot emplacement, bouton ; **on the spot** sur place
sprain : to sprain one's ankle se fouler la cheville
spring printemps
square place *(espace urbain)*
stadium stade
stain tache
stained-glass windows vitraux
stairlift monte-escaliers
stairs escalier
stamp timbre
stand stand
stapler agrafeuse
start commencer
starter solenoid solénoïde de démarreur
state état ; **the State** l'État
statement déclaration

station gare
stationery papeterie *(matériel)*
stationery store papeterie *(magasin)*
statue statue
stay *(n)* séjour ; *(v)* rester ; **to stay in touch** rester en contact
steal voler
steering column colonne de direction
steering wheel volant
step marche
step ladder escabeau
stepfather beau-père *(conjoint de la mère)*
stepson beau-fils *(fils du conjoint)*
still encore, toujours
still water eau plate
sting *(n)* piqûre ; *(v)* piquer ; **to get stung (by)** se faire piquer (par)
stock : out of stock épuisé
stomach estomac, ventre
stomach flu grippe intestinale
stone pierre
stool tabouret
stop *(n)* arrêt ; *(v)* (s')arrêter
stopcock robinet d'arrêt
store magasin
storekeeper marchand
storm orage, tempête
story histoire
straight droit, raide
straight ahead tout droit
strange bizarre
street rue
streetcar tramway
strike *(n)* grève ; *(v)* faire la grève
string ficelle
stroller poussette
strong fort
stuck bloqué, coincé
student étudiant, élève
studies études
studio studio
study étudier ; **to study biology** faire des études de biologie
stupid idiot
style style
subtitled sous-titré
suburb banlieue
subway métro
subway line ligne de métro
subway station station de métro
suffer souffrir
suggest proposer
suit *(n)* costume
suitcase valise
summer été
summit sommet
sun soleil ; **in the sun** au soleil
sunbathe bronzer
sunburned : to get sunburned prendre un coup de soleil
sun cream crème solaire
sun hat chapeau de soleil
Sunday dimanche
sunglasses lunettes de soleil
sunrise lever du soleil
sunroof toit ouvrant
sunset coucher du soleil
sunstroke insolation ; **to get sunstroke** attraper une insolation
supermarket supermarché
supplement supplément
sure sûr
surf surfer
surfboard planche de surf
surfing surf ; **to go surfing** faire du surf
surname nom de famille
surprise *(n)* surprise ; *(v)* étonner
suspension suspension
swallow avaler
swearword gros mot
sweat transpirer
sweater pull
sweet sucré
swim nager ; **to go for a swim** se baigner
swimming natation
swimming pool piscine
swimming trunks slip de bain
swimsuit maillot de bain
Swiss suisse
switch off éteindre
switch on allumer
switchboard operator standardiste
Switzerland Suisse
swollen enflé
synagogue synagogue
syringe séringue
syrup sirop

T

table table
tablespoon cuillère à soupe
tablet cachet, comprimé
taillights feux arrière
tailor tailleur
take prendre, emmener, emporter ; **it takes two hours** ça prend deux heures
take off décoller *(avion)*
takeaway à emporter
talc talc
talk parler
tall grand
tampon tampon
tan bronzer
tank réservoir *(de voiture)*
tank top débardeur *(pour femmes)*
tanned bronzé
tap robinet
taste *(n)* goût ; *(v)* goûter
tattoo tatouage
tax taxe
tax-free hors taxes
taxi taxi
taxi driver chauffeur de taxi
taxi stand station de taxis
T-bar tire-fesses
teacher professeur
team équipe
tearoom salon de thé
teaspoon cuillère à café
teddy bear nounours
teenager adolescent
teeth dents
telephone *(n)* téléphone ; *(v)* téléphoner (à)
telephone directory annuaire (téléphonique)
television télévision
tell raconter
tell off engueuler
temperature température ; **to take one's temperature** prendre sa température
temple temple
temporary temporaire
tennis tennis *(sport)*
tennis court court de tennis
tennis racket raquette de tennis
tennis shoe tennis *(chaussure)*
tent tente
tent peg piquet (de tente)
tent pole mât de tente
terminal terminal
terrace terrasse
terrible terrible
tetanus tétanos
text : to text someone envoyer un SMS à quelqu'un
text (message) SMS
thank remercier ; **thank you** merci ; **thank you very much** merci beaucoup
thanks merci ; **thanks to** grâce à
that cela, ça, ce, cette, que ; **that one** celui-là, celle-là
the le, la, l', les
theater théâtre
theft vol
their leur, leurs
theirs le / la leur, les leurs
them les, eux, leur
theme park parc d'attractions
themselves eux-mêmes
then alors, ensuite
there y, là ; **there is** il y a ; **there are** il y a ; **there is a castle** il y a un château ; **there are two museums** il y a deux musées
therefore donc
thermometer thermomètre
thermos thermos®
thermostat thermostat
these ces ; **these ones** ceux-ci, celles-ci
they ils, elles ; **they say that…** on dit que…
thief voleur
thigh cuisse
thin maigre
thing chose ; **things** affaires
think penser, croire, réfléchir
think about penser à
third-party insurance assurance aux tiers
thirst soif
thirsty : to be thirsty avoir soif

this ce, cette, ça ; **this one** celui-ci, celle-ci ; **this evening** ce soir ; **this is…** *(pour introduire quelqu'un)* je te présente…
thong string
those ces ; **those ones** ceux-là, celles-là
thread fil
throat gorge
throw jeter
throw out jeter, mettre à la poubelle
thumb pouce
Thursday jeudi
ticket billet, ticket
ticket office billetterie
tidy *(v)* ranger ; *(adj)* bien rangé
tie cravate
tight serré
tights collants
time temps, fois ; **what time is it?** quelle heure est-il ? ; **from time to time** de temps en temps ; **to have (the) time to…** avoir le temps de… ; **on time** à l'heure ; **three / four times** trois / quatre fois
time difference décalage (horaire)
timetable horaires
tip *(n)* pourboire ; *(v)* donner un pourboire à
tire pneu
tired fatigué
tobacco tabac
tobacco store bureau de tabac
today aujourd'hui
toe orteil
together ensemble
toilet paper papier toilette
toiletries affaires de toilette
toiletries bag trousse de toilette
token jeton
toll péage
tomb tombe
tomorrow demain ; **tomorrow evening** demain soir
toner lotion tonique
tongue langue
tonight ce soir
tonsils amygdales
tonsillitis angine
too aussi, trop ; **too bad** tant pis ; **too many** trop de ; **too much** trop de
tooth dent
toothbrush brosse à dents
toothpaste dentifrice
toothpick cure-dent
top haut ; **at the top** en haut
top-up *(de portable)* recharge
touch toucher
tourist touriste
tourist attraction site touristique
tourist office office de tourisme
tourist trap attrape-touristes
tow remorquer
tow truck dépanneuse
towards vers
towbar barre de remorquage
towel serviette
tower tour *(édifice)*
towing service service de dépannage
town ville
town hall hôtel de ville, mairie
towrope câble de remorque
toy jouet
toy store magasin de jouets
trade fair foire commerciale
tradition tradition
traditional traditionnel, folklorique
traffic circulation
traffic circle rond-point
traffic jam bouchon, embouteillage
traffic lights feux de signalisation
trail sentier
trailer bande-annonce ; caravane ; remorque
train train ; **the train to Boston** le train en direction de Boston
train station gare
training formation *(apprentissage)*
training course stage de formation
tranquilizer calmant
transfer *(n)* virement *(bancaire)* ; *(v)* virer *(argent)*
translate traduire
translator traducteur
transmission transmission
travel voyager
travel agency agence de voyages
travel insurance assurance voyage
traveler's cheque chèque de voyage

tray plateau
trip voyage, excursion ; **have a good trip!** bon voyage !
tripod trépied
trouble : to have trouble doing something avoir du mal à faire quelque chose
trousers pantalon
truck camion
true vrai
trunk coffre *(de voiture)*
try essayer ; **to try to do something** essayer de faire quelque chose
try on essayer
Tuesday mardi
tumble dryer sèche-linge
Tupperware® Tupperware®
turn *(n)* tour ; *(v)* tourner ; **it's your turn** c'est ton tour
turn off éteindre
turn on allumer
turn signal clignotant
turquoise turquoise
TV télé ; **to watch TV** regarder la télé
tweezers pince à épiler
twenty-four-hour drug store pharmacie de garde
twice deux fois
twins jumeaux
type *(n)* type ; *(v)* taper
typical typique

U

ugly moche
umbrella parapluie
uncle oncle
uncomfortable mal à l'aise
under sous
underneath dessous
understand comprendre
underwear sous-vêtements
unemployed : to be unemployed être au chômage
unemployment chômage
unforgettable inoubliable
unfortunately malheureusement
United Kingdom Royaume-Uni
United States États-Unis
unleaded sans-plomb
until jusqu'à
upset vexé
upstairs en haut, là-haut
urgent urgent
us nous
use se servir de, utiliser ; **to be used for** servir à ; **I'm used to it** j'ai l'habitude ; **I'm not used to eating so early** je n'ai pas l'habitude de manger aussi tôt
useful utile
useless inutile
usually d'habitude
U-turn demi-tour

V

vacancies chambres libres ; **no vacancies** complet
vacation vacances ; **on vacation** en vacances
vacation package voyage organisé
vacation rental location de vacances
vaccinated (against) vacciné (contre)
vaccination vaccination
vacuum cleaner aspirateur
valid (for) valable (pour)
valley vallée
vegan végétalien
vegetarian végétarien
very très
vest gilet
vet vétérinaire
video vidéo
video camera caméra vidéo
view vue
villa villa
village village
virus virus
visa visa
visit *(n)* visite ; *(v)* visiter, rendre visite à
vitamin vitamine
voicemail messagerie vocale
volleyball volley(-ball)
voltage voltage
vomit vomir

W

waist taille
wait attendre ; **to wait for / something** attendre quelqu'un / quelque chose
waiter serveur
waiting room salle d'attente
waitress serveuse
wake up (se) réveiller
Wales pays de Galles
walk *(n)* marche, promenade ; *(v)* marcher, se promener ; **to go for a walk** aller se promener, se balader
walker déambulateur
walking : to go walking faire de la marche
walking stick canne
wallet portefeuille
want vouloir ; **to want to do something** avoir envie de faire quelque chose
warm chaud, chaleureux
warn prévenir
warning triangle triangle de sécurité / signalisation
wash laver ; **to wash oneself** se laver ; **to wash one's hair** se laver les cheveux
washbasin lavabo
washing : to do the washing faire la lessive
wash line corde à linge
washing machine machine à laver
wasp guêpe
waste gâcher ; **to waste time** perdre du temps
watch *(n)* montre ; *(v)* regarder ; **watch out!** attention !
water eau
water heater chauffe-eau
waterproof imperméable
waterproof jacket K-way®
waterskiing ski nautique
wave vague
wax *(v)* (s')épiler (à la cire)
way chemin, façon, manière
way in entrée
way out sortie
waymark balise *(sur sentier)*
we nous
weak faible
wear porter
weather temps ; **the weather's bad** il fait mauvais
weather forecast prévisions météo
webcam webcam
website site Internet
Wednesday mercredi
week semaine
weekend week-end
weekly hebdomadaire
weigh peser
weight poids
welcome bienvenu ; **welcome!** bienvenue ! ; **you're welcome** il n'y a pas de quoi
well *(n)* puits ; *(adv)* bien ; **I'm very well** je vais bien ; **well done** *(viande)* bien cuit ; **well done!** bravo !
well-known connu
Welsh gallois
west ouest ; **in the west** à l'ouest ; **(to the) west of** à l'ouest de
wet mouillé
wetsuit combinaison de plongée
what qu'est-ce que, quoi ; **what do you want?** que veux-tu ? ; **what I liked most** ce que j'ai le plus aimé
wheel roue
wheelchair fauteuil roulant
when quand
where où ; **where is / are…?** où est / sont… ? ; **where are you from?** d'où viens-tu ? ; **where are you going?** où vas-tu ?
which quel
while pendant que
white blanc
white stick canne blanche
who qui ; **who's calling?** qui est à l'appareil ?
whole entier ; **the whole cake** le gâteau en entier
whose dont
why pourquoi
wide large
widow veuve
widower veuf
width largeur

wife femme *(épouse)*
WiFi WiFi
wild sauvage
wind vent
windmill moulin
window fenêtre, vitre ; **in the window** en vitrine
windshield pare-brise
windshield wiper essuie-glace
windsurfing planche à voile
wine vin
wine list liste des vins
winter hiver
wisdom tooth dent de sagesse
with avec
withdraw retirer
without sans
witness témoin
woman femme
wonderful magnifique
wood bois
wool laine
work *(n)* travail ; *(v)* travailler, marcher ; **to work in** travailler dans
work of art œuvre d'art
works travaux
world monde
worry *(n)* souci ; *(v)* s'inquiéter
worse pire ; **to get worse** s'aggraver ; **it's worse (than)** c'est pire (que)
worth : to be worth valoir ; **it's worth…** ça vaut… ; **it's worth it** ça vaut la peine
wound plaie
wrist poignet
write écrire
wrong faux

Xyz

X-rays rayons X

year an, année
yellow jaune
Yellow Pages® Pages jaunes®
yes oui
yesterday hier ; **yesterday evening** hier soir
you tu, vous, te, toi
young jeune
your ton, ta, tes, votre, vos
yours le tien, la tienne, les tiens / tiennes, le / la vôtre, les vôtres
yourself toi-même, vous-même
yourselves vous-mêmes
youth hostel auberge de jeunesse

zero zéro
zip code code postal
zipper fermeture Éclair®
zoo zoo
zoom (lens) zoom
zoom in zoomer

Dépôt légal : août 2014
Imprimé en Espagne par Graficas Estella
314980-04/11037355 - décembre 2017

Lexique anglais-français